L'OUTRAGE

LIBRAIRIES DE MICHEL LÉVY FRÈRES

OUVRAGES

DE

AURÉLIEN SCHOLL

Format grand in-18

LES GENS TARÉS..	1 vol.
HÉLÈNE HERMANN, 2ᵉ édition.	1 —
LES AMOURS DE THÉATRE, 2ᵉ édition.	1 —
SCÈNES ET MENSONGES PARISIENS, 2ᵉ édition.	1 —
L'OUTRAGE	1 —
LES PETITS SECRETS DE LA COMÉDIE.	1 —

THÉATRE

JALOUX DU PASSÉ, comédie en un acte.

LA QUESTION D'AMOUR, comédie en un acte.

ROSALINDE, OU NE JOUEZ PAS AVEC L'AMOUR, comédie en un acte.

SINGULIERS EFFETS DE LA FOUDRE, comédie en un acte.

POISSY. — TYP. ET STÉR. DE A. BOURET.

L'OUTRAGE

PAR

AURÉLIEN SCHOLL

PARIS

MICHEL LÉVY FRÈRES, LIBRAIRES ÉDITEURS
RUE VIVIENNE, 2 BIS, ET BOULEVARD DES ITALIENS, 15
A LA LIBRAIRIE NOUVELLE
—
1867
Tous droits réservés

L'OUTRAGE

PREMIÈRE PARTIE

MADEMOISELLE DE NOELLIS

I

L'auberge de l'*Appareillage* se présente entre Brest et le Conquet, comme une virgule entre deux mots.

Un verger en forme de crochet court le long de la falaise. Rien de charmant, au printemps, comme l'antithèse de la roche couleur de rouille et des pommiers en fleurs.

En été, le regard, étourdi par la verdure, se repose avec satisfaction sur le granit sévère, brûlé par le soleil et balafré par la tempête. En revanche, les tons sombres de la pierre, son aspect farouche et ses monstrueuses cicatrices s'adoucissent, s'égayent et se dissimulent au sommet sous l'opulente et joyeuse frondaison.

Sous les arbres, il y a des tables, et, au bout du verger, une tonnelle.

Lorsqu'elle se fâche, la mer escalade la falaise, enlève les tables, grimpe aux arbres et secoue les pommes sur les branches.

En belle humeur, elle s'étend à vingt pieds au-dessous de la tonnelle, comme un miroir où l'image des buveurs, accoudés sur la balustrade, se double et se reflète avec une netteté triomphante.

La façade principale du bâtiment rit au grand chemin par une large porte que quatre fenêtres accotent, à droite et à gauche, comme des fossettes.

La porte donne accès dans une vaste cuisine, gréée d'une appétissante chaudronnerie.

Les fenêtres de bâbord appartiennent *à la salle commune*.

Celles de tribord ouvrent sur le carré de l'état-major, car MM. les officiers ont leur carré dans l'établissement de maître Trémentin. Biniou — du Falgoët...

Du Falgoët, entendez-vous?

Le bas Breton avait été cook — maître-d'hôtel — de l'amiral Dupetit-Thouars, alors que celui-ci stationnait aux Marquises.

En ce temps-là, le roi Taméah-Méah admettait volontiers les Européens à sa table, sous forme de côtelettes et de biftecks.

En réciprocité de ces bons procédés, l'amiral l'invita à son bord.

Sa Majesté Polynésienne y goûta d'un certain filet sauce madère...

Et, le lendemain, elle abjura solennellement l'idolâtrie et l'anthropophagie pour elle et pour ses peuples !

M. Scribe a écrit, je crois, là-dessus, une comédie qui s'appelle *le Verre d'eau, ou les Effets et les Causes*.

Or, ce filet — victoire de la civilisation et du progrès sur le rumsteak humain cuit dans son sang — sortait de l'imagination et des fourneaux de maître Trémentin, lequel figure évidemment dans la comédie de M. Scribe, sous le pseudonyme de Bolingbroke.

Notre aubergiste avait chevillé à son nom de famille celui du Falgoët, sa bourgade natale, afin de se distinguer des Trémentin de Quimperlé, et des Biniou de Concarneau, qui sont en nombre.

L'*Appareillage* était jadis le Broken des corsaires de la République et de l'Empire.

Les lingots de la Compagnie des Indes s'y fondaient à la flamme des ripailles sardanapalesques et des caprices babyloniens.

O le beau temps passé des galions anglais éventrés et des punchs qui avaient des maisons pour bol !

Nos marins d'aujourd'hui connaissent le prix, la valeur et le rapport de l'argent, aussi bien que les loups-cerviers de la Bourse...

Quoi que puisse chanter M. Darcier, ils placent sur l'État les *doublons de leur ceinture* et achètent des chemins de fer avec leurs parts de prise !

Eugène Sue serait, en vérité, fort empêché de trouver un pendant au fameux épisode de l'un de ses premiers et de ses meilleurs livres : *C'est la Salamandre qui a reçu sa paye hier !...*

De nos jours, *la Salamandre*, après avoir reçu sa paye, en mangerait peut-être un quart au cabaret ; mais elle porterait, à coup sûr, les trois autres à la caisse d'épargne.

Je ne veux pas avancer pour cela que l'établisse- de maître Trémentin Biniou — du Falgoët — soit actuellement pur de tout *bastringue*.

Lorsqu'une division ou un bâtiment de la flotte débarque ou embarque, la vieille auberge s'emplit encore, à en craquer, de bruit, de mouvement et de lumière.

Or, le matin du jour où commence ce récit, le télégraphe avait jasé à Brest, et aussitôt une rumeur s'était répandue par la ville, que la frégate *la Foudroyante* allait quitter la rade pour tenir croisière au Japon.

Le soir, les fenêtres de l'*Appareillage* s'étaient allumées subitement, et le vent avait secoué aux oreilles des promeneurs, qui savouraient paisiblement la fraîcheur sur le cours d'Ajot, tout un ouragan de chocs de verres, de hourras belliqueux et de de refrains bachiques.

Sur quoi, les promeneurs avaient hoché la tête, cligné de l'œil et s'étaient regardés d'un air d'intelligence.

— Décidément, *la Foudroyante* met à la voile demain.

Chez maître Trémentin, la salle commune avait quatre murailles rhabillées, chaque année, d'une chemise d'ocre jaune; un plafond *culotté* par plusieurs générations de fumeurs, des tables écloppées, des bancs scellés dans le plancher et un billard sabordé de tant d'avaries, qu'il menaçait de couler bas et que les rapins nautiques du *Borda* l'avaient baptisé *le Vengeur!*...

Cinquante gabiers étaient là — qui tonnaient comme une batterie de trente-six !

L'absinthe, le vin, le rhum incendiaient les cerveaux, les poitrines et les yeux.

De l'autre côté de la cuisine, le carré de MM. les officiers n'était ni moins tumultueux, ni moins flamboyant, ni moins assoiffé, malgré ses prétentions au décorum, au savoir-vivre, à l'aristocratie, — ses rideaux de perse, sa tapisserie à personnages et son meuble de velours d'Utrecht qui datait pour le moins de la prise de cette place par le maréchal de Villars.

Branle-bas de gala! Toute la cave sur le pont!

Maître Trémentin s'était surpassé!

Mais la plus appréciée de ses œuvres était sans contredit sa fille Mouette, — une Bretonne aux joues de pomme d'api et au mollet trapu, qui faisait le plus grand honneur aux pâturages du Finistère...

Mouette avait — heureusement! — la poigne aussi solide que la vertu... Gare à qui voulait l'aborder par le bossoir d'avant ou le gaillard d'arrière!

— A bas *les pattes!* disait-elle aux hommes de l'équipage.

— A bas les mains! disait-elle aux messieurs de l'état-major.

La formule seule variait; le coup de poing restait le même.

Le carré s'abouche avec le verger par une porte vitrée.

Au début du dessert, comme l'artillerie du champagne commençait à petiller, deux des convives s'étaient esquivés de la table, avaient ouvert cette porte, traversé le verger et étaient venus fumer sous la tonnelle.

La lune nageait sur la mer transparente, qui réfléchissait au lointain la ligne blanche des fortifications de la ville, et, au-dessus de cette ligne, les mille mâts des navires endormis dans la rade.

A l'opposé, les lumières du Conquet mouchetaient la brume.

A Brest, la retraite passait sur le rempart, et la mélopée des clairons, ponctuée et martelée par les tambours, arrivait à l'oreille, indécise et mélancolique.

Bientôt ce bruit s'éteignit dans l'éloignement, et l'on n'entendit plus que la respiration de la nature...

Les deux officiers, appuyés sur le parapet de la tonnelle, regardaient les vagues mourir au-dessous d'eux, sur la plage, avec des rayonnements mélodieux et phosphorescents.

L'un était un jeune homme aux épaules carrées, à la tête un peu forte, aux cheveux puissants et touffus, physionomie douce et grave à la fois, regard clair, ferme et franc, à la peau légèrement tannée par les atteintes du froid, du soleil, de la pluie et du vent. Rien n'est plus discordant que ces teintes foncées sous une chevelure blonde. Ce défaut se corrigeait chez notre marin par l'éclat des lèvres et des dents, de même que l'épaisseur de sa musculature se relevait par un grand air d'intelligence, de noblesse et de bonté. Le vieil homme de l'Armorique, l'ancien compagnon de la mer, revivait, rajeuni, dans ce type, qui suintait par tous les pores la prud'homie inaltérable, le courage réfléchi, l'habitude du danger et celle du commandement. Les épaulettes de lieutenant étincelaient sur son frac bleu boutonné militairement.

Son compagnon, qui portait à ses parements les galons d'enseigne de première classe, était d'une taille plus élevée, plus mince, plus élégante. Ses traits, découpés à pans hardis, offraient un remarquable caractère de régularité, de finesse et de distinction ; mais l'âge, les passions et l'ouragan de la vie les avaient sinon flétris, du moins fripés d'une façon évidente. La bouche était bridée aux coins. La paupière nageait dans le bistre ; les tempes dénudées donnaient au front une hauteur paradoxale, et, sur ce front, les rides avaient déjà creusé quelques-unes de ces ravines profondes qui sont la fosse des illusions.

L'œil était vif, mobile, lumineux, et le sourire avait parfois des tendresses, des tristesses adorables ; mais l'un et l'autre, le plus souvent, débordaient d'une malice d'esprit inquiétante. Rien, du reste, dans la pose de l'enseigne, dans ses mouvements, dans sa tenue, ne dénonçait l'individu accoutumé à respirer sous la double pression de la discipline et de l'uniforme. Quoique d'une nature éminemment nerveuse et capable, selon les circonstances, de se roidir et de se tendre jusqu'aux dernières limites du possible et de l'imprévu, toute sa personne semblait flotter à l'aventure, molle, alanguie, paresseuse. Sa tunique débraillait ses revers autour d'un gilet de piqué blanc, démesurément échancré, d'où s'échappait en bouillonnant une chemise de batiste au jabot de dentelles.

Son pantalon de coutil anglais, bâti certainement sur les plans d'un architecte parisien, laissait à découvert son pied microscopique, chaussé d'une bottine de chevreau qui aurait dansé dans la pantoufle de Cendrillon. Enfin, lorsque, du bout de son ongle poli, luisant, rosé, taillé en flèche, il secouait la cendre de son havane, on ne pouvait s'empêcher de s'apercevoir que cet ongle était emmanché à un doigt et à une main dont la forme princière rappelait le plâtre de la Lescombat. Jamais, dans ses bons jours, Préault n'avait rien fouillé de si parfait.

Les deux officiers s'étaient mis à causer...

Tout à coup, sur une phrase de l'enseigne, le lieutenant fit un brusque haut-le-corps.

— En vérité, Bruyères, s'écria-t-il, vous n'avez pas fait cette folie?

— Mon cher, répondit l'autre, j'ai depuis longtemps passé l'âge où l'on se vante des folies que l'on ne fait pas.

— Comment! vous avez envoyé votre démission?

— Elle a dû partir ce matin à Paris, et, si, comme je l'espère, l'amiral en est immédiatement avisé, —

j'ai chargé le secrétaire du ministre, qui est un peu de mes cousins, d'insister surtout sur ce point près de Son Excellence, — j'aurai le regret demain de vous fausser compagnie, et la frégate *japonnera* autant qu'il lui plaira sans votre serviteur.

I

Le lieutenant haussa les épaules.

— En attendant, que dira-t-on, que pensera-t-on à bord de cette sorte de désertion ?

— L'on dira et l'on pensera que l'enseigne Albert de Bruyères, après avoir affronté tout aussi bien qu'un autre la mitraille russe en Crimée et les boulets juaristes au Mexique, a reculé devant les ennuis d'une croisière illimitée : voilà ce que l'on dira et ce que l'on pensera. Que s'il y avait par hasard une autre opinion, d'autres bruits sur mon compte, eh bien, vous seriez là, Philippe, pour affirmer aux curieux que je me tiens tout prêt à leur fournir sur ma conduite toutes les explications désirables...

— Vous vous êtes mépris sur la portée de mes

paroles, mon ami; il est évident que personne, pas plus sur *la Foudroyante* que dans le reste de la flotte, ne suspectera votre courage; vous en avez donné assez de preuves dans les campagnes que nous avons faites ensemble; mais, enfin, l'on pourra s'étonner à bon droit, parmi nos supérieurs, nos camarades et nos subordonnés, de vous voir briser ainsi, subitement, à plaisir et par un caprice qui ne s'explique pas, une carrière si brillamment commencée, et l'on regrettera, j'en suis sûr, que la marine française perde, par ce coup de tête, un de ses officiers les plus distingués...

— Ce que vous appelez un coup de tête est l'effet d'une résolution longuement méditée... Qu'y a-t-il d'étonnant, d'ailleurs, à ce qu'un homme qui n'aime pas un métier le quitte?

— Vous n'aimez pas notre état? s'écria le lieutenant comme si son ami avait proféré un blasphème.

L'enseigne jeta son cigare, qui rebondit sur le galet en poignée d'étincelles.

Puis, avec gravité :

— Non, je ne l'aime pas, dit-il, et le malheur est que je n'y vois qu'un métier, quand vous y voyez un état. Il en est de même de ce métier, de cet état si vous voulez, que de celui de prêtre. Je ne comprends pas qu'on l'embrasse par des raisons autres que les indéfinissables puissances de la vocation.

Comme le prêtre ne doit appartenir qu'à Dieu, le

marin ne doit appartenir qu'à l'Océan. N'ayant pas la vocation, j'aurais fait un mauvais prêtre, et je fais un mauvais marin. — A dix-huit ans, j'entrais dans la vie par un arc de triomphe: j'avais cinquante mille livres de rente, un bon cœur et un excellent estomac! Du diable s'il n'y avait pas là de quoi faire quelque chose, quand ce n'eût été qu'un homme heureux!... Oui, mais j'avais compté sans mes amis, mes maîtresses et mes passions. J'en hébergeai une notable quantité.

» *Or, qui compte sans son hôte s'expose à compter deux fois*, dit le proverbe. Quand je comptai pour la deuxième fois avec moi-même, il me restait des dettes, un cœur tout rabougri et un estomac délabré! Un autre n'aurait pas hésité à se faire sauter la cervelle. J'y songeai bien un instant. Mais j'avais, outre l'horreur du lieu commun, des principes... et vingt-cinq ans... Je ne me tuai point. Il me poussa une idée héroïque: la pauvreté et l'obscurité m'épouvantaient; je résolus de me reconstruire une fortune à force de courage, de patience et de travail, et de ne reparaître sur l'asphalte du boulevard des Italiens qu'avec un million en portefeuille ou assez de gloire autour du front pour pouvoir en monnayer les rayons, et m'en faire un revenu de prince régnant. La résolution prise, il fallait l'exécuter.

» Le commerce exigeait pour cela une mise de fonds dont je ne possédais pas le premier sou; l'armée était encombrée de *sujets ;* la diplomatie, la magistrature, les grandes administrations de l'État m'étaient fermées par l'âge, l'absence d'études spéciales et aussi, je l'avoue, par la franchise et l'éclat de mes fredaines ; enfin, pour comble de guignon, la Californie était usée jusqu'à la corde qui avait failli pendre de Pindray ; et Raousset-Boulbon venait de payer de son sang sa sublime défaite. Aussi le pistolet était revenu se placer fatalement sous ma main, lorsque, tout à coup, je me souvins que j'avais des mathématiques, une superbe écriture, le pied leste, l'œil sûr, du sang-froid, une certaine bravoure et un parent au ministère de la marine. Huit jours après, le vicomte Albert de Bruyères était inscrit sous le numéro matricule 482 sur le rôle de *la Foudroyante*. Il couchait dans un cadre, buvait de l'eau, mangeait du biscuit, des *fayots*, des gourganes, grimpait aux mâts, pointait les canons et *fauberdait* le pont comme s'il n'avait jamais appris que cela dans les salons du faubourg, les coulisses de l'Opéra et les cabinets du café Anglais.

» Ah ! quel bagne ! L'accouplement de l'intelligence à la discipline, la tête rasée, une livrée au dos, la gamelle commune, quatre cents compagnons de chaîne, une chiourme de sous-officiers et un code qui frappe plus souvent, plus vite et plus fort que le bâton d'un argousin ! Les fers pour une parole ; pour un geste, la mort. L'infériorité de la supériorité! Rougir d'aimer le linge fin et de sentir autre chose que le trois-six ou le goudron! avoir honte de penser! être pris en pitié par des brutes pour son esprit! se plaindre soi-même sincèrement de son éducation, de ses mains blanches et de sa fierté! casser les ailes à ses instincts! s'étudier à devenir stupide sans y réussir! pleurer, enfin, toutes ses larmes, de ne pouvoir donner sans motifs un coup de pied à un mousse, ni préférer une carotte de tabac à un sac de pralines!

» Voilà quel a été mon apprentissage. Je ne suis pas moins devenu, en peu de temps, une excellente machine à carguer une voile et à relever le point. Mon avancement, si j'en crois tout le monde, a été rapide, exceptionnel, vertigineux! il a fait crier aux protections! On me l'envie! on me le conteste! Eh bien, examinons-le donc ensemble : je suis enseigne de première classe et j'ai trente-cinq ans; à quarante, je serai lieutenant; à cinquante, capitaine. Alors, eussé-je un million sonnant haut dans ma poche ou de la gloire à revendre à tous les conquérants qui reviennent bredouille, je n'en serai pas moins un vieillard précoce, et je ne saurai plus jouir de rien.

» Mais ma gloire tiendra tout entière à ma boutonnière, nouée par un chiffon de ruban, et mon million se réduira au millier d'écus de ma pension de retraite : juste de quoi achever de mourir, au

fond d'une province, d'ennui, de dépit et de regrets !
Tel est mon bilan. J'en connais peu de plus minces,
de plus tristes et de plus inflexibles. Étonnez-vous
maintenant que je veuille faire banqueroute !...

Le lieutenant tendit la main à son ami.

— Vous souffrez, Albert, lui dit-il ; aussi n'ai-je
pas essayé de vous interrompre. On pardonne tout
aux malades, leurs amertumes, leurs emportements,
leurs injustices...

— Surtout lorsque la maladie est incurable, n'est-
ce pas?

— La vôtre n'est que dangereuse, tout au plus.
Nous vous sauverons malgré vous.

L'enseigne eut un mouvement d'impatience.

— Que penseriez-vous, reprit-il d'un médecin
qui, appelé au chevet d'un malade, commencerait
par se tâter le pouls à lui-même, au lieu de le tâter
à son client, se palperait, s'ausculterait, s'interroge-
rait, et finirait par prescrire au pauvre alité le trai-
tement qu'exigerait son état de santé, à lui docteur,
sa constitution et son tempérament ?

Le lieutenant affecta de sourire.

— Cette question est une feinte habile. Mais,
quoique je devine votre jeu, je n'hésiterai pourtant
pas à m'exposer, en répondant, à une riposte mortelle...

— Eh bien?

— Eh bien, je condamnerais à la fois le malade

et le médecin ; ce malade serait à moitié mort, le médecin serait à moitié fou.

— Alors, vous venez de vous condamner vous-même.

— Moi ?

— Oui, vous qui vous improvisez docteur pour me guérir à l'aide des raisonnements que vous vous appliqueriez à vous-même, comme si notre tempérament et notre constitution, qu'on appelle au moral le caractère, ne différaient pas essentiellement ! La nature vous a bâtis, vous autres Bretons, de la pierre de vos menhirs et de vos dolmens : vous en avez l'inébranlable solidité et la majesté tranquille, mais aussi, je le crois, l'insensibilité et l'immobilité. Les chemins de fer ne vous ont pas encore corrompus. Vous, tenez, Philippe, vous êtes si bon, que vous n'êtes pas de ce siècle. Un soir du moyen âge, vous vous êtes endormi, et voici qu'après avoir sommeillé pendant trois ou quatre cents ans, vous venez de vous réveiller, portant sur la poitrine, contre nos passions mesquines et notre égoïsme odieux, la cuirasse que votre Duguesclin portait contre les Anglais. Breton et gentilhomme, vous avez tenu à l'honneur de de suivre une carrière que vos ancêtres ont si noblement remplie.

» L'un d'eux — si mes études et mes souvenirs historiques sont fidèles, Jean de Villepré, — combattit à Lépante sur les galères de don Juan d'Autriche. Un autre, Guy de Villepré, eut le crâne fendu d'un coup de cimeterre au siége de Candie, en enclouant une bombarde turque. Un troisième, Hector, partagea les aventures et les dangers du chevalier de Forbin. Votre grand-oncle, Maximilien, après avoir servi en Amérique sous d'Estrées et dans les Indes avec le bailli de Suffren, accompagna M. de la Peyrouse dans cette expédition dont nul n'est revenu.

— Sur l'honneur, cher Albert, vous grimpez mieux que moi à mon arbre généalogique !

— Attendez !... Votre aïeul, après avoir été garde du pavillon sous Louis XVI, se fit, sous l'empereur, tuer à Trafalgar par un éclat de mitraille, lequel s'était peut-être croisé en route avec la balle qui allait frapper Nelson... Votre père, enfin, a succombé, il n'y a pas si longtemps, aux fatigues d'un voyage autour du monde accompli sous les ordres de Dumont d'Urville, vers les dernières années de la Restauration ; d'où je conclus ceci : c'est que vous, Philippe, vous mourrez debout sur votre banc de quart, commandant de *la Foudroyante*, ou amiral, au coin de votre feu, selon que le vent restera à la paix ou tournera à la guerre. — Vous êtes voué à la mer. Elle léchait les murs du château paternel, sa plainte mélancolique a bercé votre premier sommeil.

» Plus tard, vous vous êtes roulé sur les galets,

pêle-mêle avec ses lames caressantes; vous avez joué avec sa rude écume qui fortifiait vos chairs d'enfant, et, lorsque l'adolescent a fait place à l'homme, l'aspect du vaste Océan agrandissait votre âme en élargissant votre esprit.

» Vous avez voyagé et vous êtes revenu. Elle vous a reçu, l'austère nourrice, comme un vieil ami et comme un jeune maître. Vous parlez son langage mystérieux, vous comprenez sa sauvage poésie; il n'y a pas jusqu'à ses écarts, jusqu'à ses colères, jusqu'à ses révoltes que vous ne lui pardonniez généreusement, comme on pardonne au cheval favori qui bondit, se cabre et s'emporte pour mieux faire apprécier le sang-froid, la vigueur et l'adresse du cavalier.

» La mer vous serait une maîtresse, si vous n'aviez une fiancée. Or, vous devez, au retour de la campagne, épouser mademoiselle Berthe de Noëllis, — une charmante fille que vous aimez et qui vous aime...

La physionomie du lieutenant se transfigura par enchantement.

Il dressa la tête brusquement et la mit dans le vent, comme pour aspirer les effluves que semblait dégager le nom qu'Albert venait de prononcer.

Ses yeux, généralement rigides comme un glaçon, s'emplirent de flammes.

Il couvrit son cœur de sa main, et, d'une voix

dont une douceur infinie tempérait les notes mâles et sévères :

— Oui, Berthe de Noëllis est belle !... Et je l'aime.

Puis un nuage de tristesse s'abattit, en l'obscurcissant, sur cette effusion rayonnante...

— Je l'aime tant, continua le jeune homme, que je tremble souvent que la mer ne soit jalouse, et qu'elle ne me garde, comme elle a gardé autrefois Maximilien de Villepré, le compagnon de la Peyrouse !

Bruyères poursuivit avec une loquacité fébrile :

— Moi, je suis Parisien et orphelin. Mes parents sont morts de Paris : ma mère, d'une fluxion de poitrine trois jours après un bal des Tuileries ; mon père d'une chute de cheval, aux courses de Longchamps.

» Je devrais, direz-vous, détester la ville meurtrière.

» En ceci, il y a le pour et le contre, et les exemples sont partagés : Hamlet exècre Claudius, mais Chimène adore le Cid... — L'Océan est une superbe chose, j'en conviens ; il ne faudrait pourtant pas mépriser Paris outre mesure. Paris, d'abord, a aussi ses abimes, ses tempêtes, ses naufrages, ses pirates et ses requins !... Eau douce, mais eau trouble. On l'aime... pourquoi ? Par la même raison qui fait probablement que l'on aime l'absinthe, les truffes et les lorettes ! En face du Rhône, déchirant aux dernières arêtes des Alpes sa nappe bouillonnante, madame de Staël regrettait le ruisseau jaunâtre de la rue du Bac.

» Et elle le déclarait franchement, en femme d'esprit qu'elle était, quoi qu'en ait dit Napoléon. Que de fois, devant les magies sans cesse renaissantes des contrées lointaines et les féeries sublimes de l'Océan, j'ai éprouvé le même regret, sans avoir la même franchise! Il y a des gens qui ne peuvent asseoir leur vie autre part qu'à une table de Tortoni. C'est inouï, absurde, invraisemblable; mais c'est ainsi! Je suis de ces gens-là. Rien au monde ne me paraît comparable à ce coin du boulevard étouffé dans la parenthèse de la chaussée d'Antin et du faubourg Montmartre. Toutes les passions, toutes les races humaines se sont coudoyées sur ce morceau d'asphalte, et, dans cette traversée d'une rue à une rue, combien ont sombré, pour lesquels il eût mieux valu s'aventurer sur une coquille de noix à travers les typhons de l'Inde ou les banquises du Groënland!

» Ajoutez que, comme tous les Parisiens, je suis malingre, nerveux, fantasque, excessif, capricieux et sceptique. Le mélodrame de l'Ambigu m'a blasé sur le drame de l'élément. Croiriez-vous, par exemple, que, dans les premiers temps de mon engagement, je n'ai enduré avec vaillance toutes les misères dont je vous parlais tout à l'heure, que parce qu'elles me semblaient nouvelles et qu'elles éveillaient en moi des douleurs inconnues? Pour emporter une position, je m'étais grisé d'espérances, de même que le soldat se grise de poudre pour se lancer sur une redoute. Maintenant que je suis dégrisé et que la redoute est prise, je ne ferais pas un mouvement pour la défendre. Il y a plus, je me suis laissé tomber dans le fossé de toute la hauteur du rempart. Vous voulez bien, mon cher Philippe, me tenir pour un officier passable...

— Certes!

— Eh bien, j'ai peur de devenir un officier médiocre. Mes forces et mes facultés qui, pour atteindre un but, s'étaient démesurément tendues, s'affaissent et dépérissent au moment où tout me démontre que le but atteint ne peut être dépassé. Moi qui, par la nature de mes efforts, m'étais destiné aux grandes choses, je me trouve face à face avec les plus petites. J'avais rêvé de faire ma fortune et d'être utile à mon pays. Hélas! c'est dans *la Dame Blanche* seulement que les sous-lieutenants achètent des châteaux sur leurs économies. Quant au pays, il vous demande d'aller aux antipodes protéger par votre présence des épiciers en trafic!

» On s'est organisé pour remuer le globe, et l'on n'est parvenu qu'à apprendre la flûte dans sa cabine, à dormir en marchant, pendant son quart, sur la dunette, ou à priver de la ration un pauvre diable qui a laissé traîner une tache sur le plancher ! Les abordages à la Surcouf ont fait place à des soins de valet de chambre. On avait le poignard aux dents pour escalader les bastingages de l'ennemi ; on a le cigare à la bouche pour présider à la toilette du bâtiment. Le conquérant du monde est devenu l'homme de ménage de la frégate !... Mon Dieu ! mon ami, je sais bien que la France ne peut pas déclarer la guerre au reste de l'univers, tout exprès pour faire de moi un Jean Bart ou un Paul Jones. Il n'en est pas moins vrai que la paix me relègue dans l'inaction comme un outil au magasin. Je me rouille aujourd'hui, je me briserai demain !

III

Chez maître Trémentin Biniou — du Falgoët, — la chanson sévissait avec rage.

Dans la salle commune, le mousse Cancrelat — cet âge est sans pitié ! — venait d'entamer l'air de *la Favorite : O mon Fernand !* qu'il avait retenu d'un sapeur d'infanterie de marine, *ex-prima donna assoluta* de l'Opéra de Shang-Haï.

La fable nous apprend que le satyre Marsyas poussa des cris déchirants lorsqu'il fut si inhumainement écorché par Apollon. Entre la mélodie de Donizetti et le mousse Cancrelat, tout le contraire eut lieu : ce fut le bourreau qui cria.

Dans le carré, l'aspirant Chapuis attaquait — lâchement ! — le boléro des *Deux Aveugles*, lequel ne pouvait se défendre.

Le reste de l'état-major l'accompagnait avec des castagnettes empruntées à la porcelaine de maître Trémentin.

Un pas de fort calibre fit bruire l'herbe du verger. Toutes les jeunesses basses bretonnes ne passeraient pas sur les blés sans les courber, comme la Galathée de Virgile, ou ne danseraient point sur des œufs sans les casser, comme la Mignon de Gœthe.

En même temps, une voix s'éleva du côté de l'auberge.

— Où que vous êtes donc, le lieutenant? Eh! l'enseigne! où donc que vous êtes?

— C'est Mouette, la fille de notre hôte, dit Bruyères. Elle nous cherche. — Par ici, mon enfant!

En trois bonds, la fillette fut près des deux amis.

— Ah bien, par exemple! fit-elle en battant des mains de surprise; ah bien, par exemple! c'est l'enseigne Jean-Paul Montfort qui a joliment raison de dire que vous ne faites rien comme les autres!

— M. Jean-Paul Montfort s'occupe donc de nous? demanda Albert. Et à quel propos, je vous prie, mademoiselle Mouette, cet excellent camarade daigne-t-il nous faire cet honneur?

Mouette suivait son idée à la piste.

— D'abord, vous m'appelez mademoiselle, gros comme ma jambe. — *Mademoiselle !...* — C'est bon pour vos *crinolines* de la ville!

Il fallait entendre l'accent dont la fille de maître

2

Trémentin Biniou—du Falgoët—soulignait ce mot *crinolines !*

Toutes les protestations d'une paire de hanches contre une douzaine de cerceaux; de la nature contre l'acier, et de la vérité contre le mensonge, tenaient dans ces quatre syllabes.

La Bretonne continua :

— Ensuite, vous n'essayez jamais de m'embrasser...

— Dame! c'est que vous avez les mains trop vertueuses !

— Enfin, vous vous terrez ici, dans un coin, comme deux loups, quand on s'amuse là-bas à faire trembler la maison...

— Au fait, ma mignonne ! au fait !

— Eh bien, donc, l'enseigne Montfort m'a hélée : » Petite, il nous manque deux convives. On nous a égaré les inséparables, ces sournois de Bruyères et Villepré. Tâche de nous les retrouver *illico*, ou sinon gare à tes joues ! » Pour lors, je me suis mise à vous quérir. — Ah ! mais vous allez vous en revenir avec moi, n'est-ce pas, mes bons messieurs?

— Mes pauvres joues ! elles en ont vu des rouges ! Toute *la Foudroyante* est après depuis ce matin...

— Entendez-vous, Philippe ? Ces messieurs nous réclament. Il ne faut pas les faire attendre. Mademoiselle Mouette serait capable d'attraper une fluxion de baisers !...

Le lieutenant, plongé dans ses réflexion, ne s'était aucunement mêlé à ce dialogue, pendant lequel, on a pu le voir, l'enseigne, redevenu complétement maître de lui, avait repris le ton légèrement railleur qui lui était habituel.

— C'est bien, ma fille, nous te suivons, dit Villepré.

Puis, tandis que Mouette s'éloignait, passant son bras sous celui de son ami, et, marchant tous les deux vers la maison :

— Il vaut mieux qu'il en soit ainsi, reprit-il en secouant la tête. Vos paradoxes ont raison, quoique ce soient des paradoxes. Oui, vous avez bien fait d'envoyer votre démission. Soyez heureux et fier, mon cher Albert. Vous m'avez vaincu et convaincu, mais vous m'avez aussi profondément attristé.

— En quoi, mon cher Philippe?

— Vous estimez-vous assez peu pour penser que vous ne valiez pas un regret?

— Un proverbe dit : *Connais-toi toi-même*. Je me connais, et je suis modeste.

— Oh! quand je n'aurais pas apprécié — tellement vous prenez soin de le cacher! — tout ce qu'il y a en vous de noble, de délicat, de loyal; quand vous n'auriez rien de cette vaillance de cœur, de cette distinction d'esprit qui vous placent à l'égal des mieux doués et des plus riches; quand vous ne seriez qu'un homme ordinaire, enfin, croyez-vous que je ne souffrirais pas de cette séparation inattendue? Comment! voilà dix ans que nous vivons côte à côte, dans un espace plus étroit que le jardin de cette bicoque; nous avons souri aux mêmes dangers, bravé les mêmes misères, pâti ensemble du froid, du chaud, de l'ennui, de la discipline, de la tempête et de la bataille; nous partagions notre pain dans les tranchées de Sébastopol et notre eau sur les routes brûlantes du Mexique; sous Malakoff, un coup de baïonnette vous avait couché dans le fossé, et je suis allé vous y ramasser; à Puébla, un éclat de mitraille m'avait enseveli sous les ruines du *quadre*, et vous êtes venu m'y chercher; et vous voulez, après cela, que nous nous quittions sur une poignée de main, — oublieux et indifférents, — comme deux passants que le hasard a réunis pendant un bout de route, et qui tirent ensuite chacun de son côté, après avoir échangé un salut cérémonieux ou un adieu banal! — Allons donc! — Que les choses se fassent ainsi dans votre Paris, c'est possible...

» A Paris, tout est frelaté, les vins, les femmes et les amis! Moi, je suis un provincial naïf, ridicule, stupide même! je crois à l'amitié et à l'amour! — Tout à l'heure, tenez, tandis que vous parliez, savez-vous à quoi je songeais? — Hélas! ce n'était pas, comme je l'aurais dû, à protester contre vos échevellements de sarcasmes et vos bouillonnements d'ironie au nom de ce sentiment du devoir avec lequel l'homme supporte tout ce qu'une tâche peut offrir de pénible, de monotone et de mesquin; quand cette tâche, comme la nôtre, consiste à tenir haut et ferme le drapeau de la France.

» Ce n'était point non plus à ferrailler avec vous sur ce terrain. Les avocats sont les bretteurs de la discussion; je ne suis ni un avocat, ni un bretteur. Ce n'était pas même à m'étonner ou à rire de cette étrange maladie, que j'appellerais volontiers *hystérie de la capitale*, si j'étais médecin aliéniste. Non. Je songeais simplement qu'il me faudrait rembarquer seul demain sur *la Foudroyante*, et, à cette pensée, je me sentais devenir triste, bien triste, — triste comme si j'allais pleurer! — triste comme si j'allais mourir!...

Le lieutenant de Villepré ne passait point pour faire commerce d'éloquence.

Courtois, cordial, affectueux, il se montrait en même temps très-peu expansif dans ses relations. Il était franc sans être ouvert. Albert de Bruyères était le seul avec lequel il se fût départi de sa réserve. Cette liaison, qui faisait bien des envieux, avait surpris, par sa spontanéité, tous ceux qui ignorent la loi des contrastes.

Dans les circonstances ordinaires, Villepré parlait peu et s'animait difficilement.

Dans les circonstances critiques, son visage devenait de marbre et sa parole avait le calme souverain qui domine tous les tumultes.

Ses camarades, qui lui jalousaient ce sang-froid, l'auraient volontiers accusé de *manquer de moyens*, si, chaque fois qu'il l'avait fallu, il n'avait affirmé sa valeur intellectuelle par une élevation d'idées, une justesse de jugement et une originalité de forme remarquables.

Pour le moment, personne à bord ne l'eût reconnu.

Une émotion inexprimable adoucissait les lignes sévères de sa physionomie, — et, si vous l'aviez bien regardé dans les yeux!...

Albert de Bruyères s'absorbait — pour ne pas voir — dans la recherche d'un londrès.

L'attendrissement est un défaut. Il voulait paraître parfait, cet Albert!

— Bah! fit-il, vous vous consolerez. N'allez-vous pas avoir une nouvelle famille?

— Lequel de nous deux, demanda Villepré, est de granit ou porte une cuirasse?

» Voilà que vous me reprochez un bonheur dont je suis séparé par plusieurs mois d'une croisière pendant laquelle j'aurai sans cesse sur la tête, sous les pieds, autour de moi, les menaces du ciel, de la mer, d'un climat inconnu! Ah! je vous remercie de m'avoir rappelé ma chère Berthe. N'avais-je pas partagé mon cœur entre elle et vous? Elle l'aura tout entier, la fière et charmante fille, puisque vous en refusez votre moitié en vous moquant! La leçon est rude; elle profitera. Du diable si jamais un sentiment autre que l'adoration de ma femme s'installe chez moi! Passez votre chemin, sympathie, amitié, dévouement! un mauvais camarade a fermé la porte et perdu la clef.

J'ai vu des femmes et des enfants pleurer des Niagaras. Ces *cascades* m'ont laissé froid. Les femmes et les enfants pleurent le plus souvent à la lune, qu'ils ont aperçue dans un seau et qu'on ne peut pas leur donner...

J'ai vu pleurer des hommes — qui ressemblaient à des femmes et à des enfants. J'ai détourné la tête. Leurs sanglots étaient une comédie ou une faiblesse, un calcul ou une lâcheté...

Mais, quand je vois l'ombre d'une larme trembler sous la paupière d'un soldat, je me sens remué de fond en comble!...

Désormais, en regardant Albert de Bruyères, on pouvait crier : *Cœur gagné!*

— Ah! Philippe, mon cher Philippe! murmurat-il en jetant un bras au cou du lieutenant, que vous êtes grand! que vous êtes bon! et combien, auprès de vous, je suis une petite et méchante nature!

Dans la salle commune, le gabier Pamplemousse

avait entonné le refrain : *Cassons-nous les reins et buvons du groog !*

Ce refrain avait été immédiatement mis en action : l'eau flambait sur les tables, et plusieurs matelots avaient roulé dessous, hurlant des taloches reçues.

Dans le carré, l'enseigne de Kergaz était en train de greffer sur une romance de Léopold Amat l'audacieuse variante qui suit :

> J'étais aimé de Pétronille...
> Je l'écrivis étourdiment
> Sur l'éléphant de la Bastille...
> Souffla le vent...

Et c'étaient des éclats de rires, des bravos, des trépignements...

— Or, à présent, qu'allez-vous faire ? interrogea Philippe. Vous n'avez pas songé à abandonner une carrière sans en avoir une autre en vue, — peut-être sous la main, — plus conforme à vos goûts, à votre caractère...

L'enseigne allumait son cigare et ne paraissait pas disposé à répondre.

Le lieutenant insista :

— Êtes-vous décidé à rentrer dans le monde ?

— Je suis trop pauvre, mon ami, et trop orgueilleux pour devenir jamais un parasite de salon ou un écumeur d'asphalte !...

— A la bonne heure, morbleu!... Voilà un brave orgueil... D'ailleurs, vous nous avez donné la mesure de vos forces, et je ne doute pas qu'à quelque chose que vous les appliquiez...

— Je me sens bien vieux et bien fatigué pour recommencer quoi que ce soit qui ressemble à une lutte, à un travail, à un effort...

— Trop vieux! à trente-cinq ans!

— Sur mer, une année de service compte pour deux; à Paris, une année de plaisir compte pour trois. Calculez. Vous parlez à un sexagénaire, mon pauvre Villepré!

— Mon cher Albert, quelque cas que je fasse de vos admirables ressources d'imagination et d'énergie, une chose me trouble, m'inquiète et me tourmente...

— Laquelle?

— Celle que vous tenez là, renfermée à double tour, dans un tiroir à secret de votre cerveau. Et je partirais plus tranquille...

— Si vous aviez crocheté la serrure et forcé le tiroir, n'est-ce pas? — Eh bien, partez tranquille.

— Mon sort est fixé et l'avenir ne m'inspire aucune crainte; j'entends me reposer désormais dans un petit coin de terre que je saurai bien me trouver.

Villepré tressaillit.

— De quel air et avec quel accent vous me dites cela! fit-il.

— Moi ?

— Oui, je vous demande de me rassurer, et c'est tout au plus si vous ne m'épouvantez pas...

— Mon Dieu ! Philippe, je vous dis cela avec l'air et l'accent d'un homme qui a arrêté un projet...

— Ce projet, ne puis-je le connaître ?

— À quoi bon ? On nous désire là-bas à cor et à cris ; nous avons péroré ce soir comme les deux Chambres ; j'ai le gosier plus échauffé qu'un canon qui aurait, depuis deux heures, craché un boulet par minute ; rentrons, ou j'éclate ; aussi bien, si nous tardons davantage, ces gaillards-là auront vidé sans nous toute la cave de l'*Appareillage* en moins de temps que n'en mit jadis Bassompierre à vider la botte des Suisses !..

Le regard de Villepré s'arrêta longuement sur Albert, mais celui-ci restait muré. Sa gaieté factice et cassante repoussait la curiosité à la façon de ces semis de verre cassé dont se hérissent certaines murailles, repoussant indiscrets et voleurs nocturnes.

— Il est indéchiffrable ! pensa tout haut Philippe.

— Alors ne prenez pas la peine de lire mes hiéroglyphes, ô Champollion-Figeac de la marine et de l'amitié !... — Voici, d'ailleurs, notre hôte qui émerge de sa cuisine et qui nous fait des signes en dessous... Le digne gargotier a sans doute quelque chose à vous communiquer. — Holà ! maître Trémentin, nous avons fini de bavarder, M. de Villepré et moi. Vous pouvez accoster.

L'aubergiste porta militairement la main à la toque de calicot qui couronnait sa grosse figure empourprée du feu des fourneaux et qui le faisait ressembler à une tomate volumineuse coiffée d'un fromage à la crème.

— Mon lieutenant, annonça-t-il, l'horloge vient de piquer dix heures, et le poulet d'Inde est *paré*.

Maître Trémentin Biniou — du Falgoët — affectait de parler *matelot*.

C'était une façon adroite de rappeler à ses auditeurs qu'il avait navigué sous le pavillon de l'amiral Dupetit-Thouars.

Le nom de ce dernier évoquait — naturellement — celui de Taméah-Méah — le monarque sauvage ramené à la religion, à la vertu et à la viande de boucherie par l'influence du filet sauce madère.

Qu'il y avait loin entre l'*auteur* de ce filet et les obscurs Biniou de Qimperlé, entre l'*artiste* de cette sauce et les infimes Trémentin de Concarneau !

Philippe de Villepré consulta sa montre.

— C'est vrai ; il est déjà dix heures, et j'ai promis au comte de Montgeron et à sa fille d'aller prendre congé...

— Eh bien, montez à cheval, fit Albert. Un temps de galop, et vous serez au château. L'exactitude, qui est la politesse des rois, doit être aussi celle des maris et des futurs gendres. Je me charge de vous excuser près de nos camarades...

Philippe demeurait immobile.

Bruyères le poussa doucement.

— Allons, votre poulet d'Inde *refroidit*. — Que diable! puisque notre hôte parle comme un Jean Bart, moi, je puis bien parler comme un Vatel!

Le lieutenant passa sa main sur son front.

— C'est étrange! j'ai les pieds cloués ici; on dirait que nous ne devons plus nous revoir!...

L'enseigne s'était détourné et avait pris l'aubergiste à partie.

— Çà! maître Trémentin...

— Biniou du Falgoët, mon officier, sans vous commander.

— Biniou du Falgoët tant que vous voudrez, notre hôte! Au besoin, je vous appellerais Biniou du filet sauce madère, si vous le désiriez, tellement j'ai présent à l'esprit les titres glorieux qui vous distinguent du menu fretin de vos homonymes. Çà! dis-je, est-on suffisamment joyeux chez vous, et l'équipage de *la Foudroyante* se montre-t-il, dans ses adieux au plancher des biches, digne des illustrations en fait de beuverie qui se sont succédé en ces lieux?

— Dame! mon officier, c'est propre, décent, convenable; il y a déjà trois gabiers d'assommés, et je me verrai obligé de renouveler ma vaisselle.

Quelques minutes plus tard, le lieutenant Villepré s'élançait sur le meilleur trotteur de maître Biniou.

— Ainsi, demandait Philippe, vous m'accompagnerez demain ?... Nous levons l'ancre au point du jour.

— Jusqu'au canot d'embarquement, oui, mon ami.

— Au revoir, dit Villepré.

Le cheval partit comme un trait...

— Adieu ! répondit Bruyères.

Ce mot se perdit dans le vacarme assourdissant qui jaillissait de toutes les fenêtres de l'auberge.

L'enseigne était resté debout sur la dernière marche du seuil. Du haut de ce perron, il regardait le cheval et le cavalier s'enfoncer dans la nuit.

Puis, quand ils eurent disparu :

— Voilà qui est singulier ! murmura-t-il ; c'est moi qui veux me tuer, et il me semble que c'est *lui* qui va mourir.

IV

Il y avait une *embellie* dans le carré. On attendait le punch. En l'attendant, chacun vocalisait sur son thème favori.

— Vous me croirez si vous voulez, affirmait l'aide de camp Borel, mais les Japonais sont les premiers chimistes culinaires du monde. Tenez, à mon troisième voyage à Yeddo, sur *le Mogador*, j'ai goûté à la table du taïkoum, d'un certain potage aux œufs de serpent pochés dans du vin de palmier...

— Ce n'est plus de la chimie, cela, docteur, interrompit l'enseigne Montfort, c'est de l'alchimie!

— Voici comment la chose s'est passée, racontait Frontignac, le commissaire du bord. C'était à la Vera-Cruz, du temps de Juarez. Je jouais à l'écarté avec l'un des principaux fonctionnaires de l'État. Il y avait cinquante louis de France sur le tapis...

— Cinquante louis!

— Pas un centime de moins, messieurs, aussi vrai que je suis né rue de la Terrade, à Libourne, et que je m'appelle Anthime-Fortunat Frontignac de mon nom! Mon adversaire avait tourné le roi quatre fois : il ne lui restait plus qu'un point à faire... — J'étais volé, pour sûr. — Qu'est-ce que vous auriez fait à ma place? Je profite d'un moment où le Mexicain allumait sa cigarette pour retirer, sans qu'il s'en aperçoive, les quatre rois du jeu et pour les consigner adroitement dans ma poche... Mon homme mêle le jeu, il m'offre à couper, donne les cartes, et...

— Et?

— Et il tourne le roi de cœur, donc! Il aurait pu, du reste, tourner tout aussi bien celui de pique, de trèfle ou de carreau ; il avait un congrès de souverains dans sa manche!... Du diable si l'on me rattrapera désormais à hasarder un sou, même au loto! Perdre ainsi mille francs d'un seul coup! J'en suis revenu...

— Gascon, va! fit Montfort. Pour en être revenu, il faudrait y être allé.

A l'autre bout de la table, le lieutenant en second, Froissard, affirmait :

— Une marquise de *quinze onces*, cette Rosalba!

Mais, de la pointe de sa bottine, elle moucherait le fanal de la tour aux signaux. Je lui ai fait vis-à-vis à Mabille. Elle me passait le pied dans les cheveux : le pas *du démêloir*...

— Au moins, demanda Montfort, aviez-vous pris soin de conserver vos épaulettes, votre sabre et votre hausse-col pour ce bel exploit chorégraphique ?

L'aide-major, le commissaire et le lieutenant regardèrent l'interrupteur de travers.

— Ce Montfort, maugréa le docteur, entre dans la conversation comme un taureau dans un magasin de porcelaines.

— Il n'y a que Bruyères pour l'attaquer par les cornes, ajouta le lieutenant.

Et le commissaire appuya :

— Sandioux ! un malin, ce Bruyères !... D'ailleurs, comme dit le proverbe : « A bête qui rue, lame qui tue. »

— Bah ! murmura l'enseigne avec un méchant sourire, il ne faut qu'un coup de corne au taureau pour éventrer la meilleure *espada* des Espagnes.

— Ah çà ! mais où est-il ? interrogèrent plusieurs voix.

— Qui ?

— Bruyères. Il a disparu au dessert...

— Il s'est évaporé dans la fumée du premier cigare.

— Il n'est pas tombé dans son verre, — son verre est sec.

— Messieurs, prononça Montfort avec une gravité affectée, l'absence de notre spirituel camarade me préoccupant autant que vous, je me suis empressé de fréter un bâtiment léger, — très-léger, même, si vous voulez, — et de l'expédier à la recherche de M. de Bruyères et de M. de Villepré, lequel avait accompagné son ami dans sa fuite... Mademoiselle Mouette n'est pas revenue ; elle se sera perdue — corps et biens — sur la sagesse du lieutenant.

— Vous vous trompez, messieurs, riposta une voix sonore et gouailleuse, mademoiselle Mouette, — pour me servir du langage imagé, pittoresque et maritime de notre collègue, — mademoiselle Mouette, dis-je, un bâtiment qui n'est déjà pas si léger et qui jauge plus d'un tonneau... de la cave de monsieur son père, n'est nullement désemparée et n'a subi aucune avarie, n'ayant rien rencontré qui pût la faire sombrer. Seulement, elle serre le vent et court des bordées au large, de peur que sa vertu n'échoue en ces parages cannibalesques où elle aurait à redouter le sort du capitaine Cook et de ses infortunés compagnons...

Toute la table se tourna vers la porte.

— Bruyères ! voilà Bruyères !

— Bravo, Bruyères !

— Vive Bruyères !

— Un ban pour Bruyères !

Les verres s'apprêtèrent à battre un roulement.

Montfort étendit la main :

— Un instant et du silence ! Je désire adresser tout d'abord une question à notre camarade, et lui demander comme le Seigneur, jadis, au fils aîné d'Adam : *Caïn, Caïn, qu'as-tu fait de ton frère ?* « Monsieur de Bruyères, qu'avez-vous fait du lieutenant de Villepré ? »

— Messieurs, répondit Albert, en évitant de s'adresser directement à son interlocuteur, mon ami Philippe de Villepré vous prie d'agréer ses regrets ; des devoirs de famille et des engagements antérieurs l'empêchent d'achever la soirée avec nous.

— Ah ! oui, ricana l'enseigne, des adieux à faire, n'est-ce pas ?

— Pourquoi non ? qui n'a pas une main à serrer, alors que l'on va mettre entre soi et les siens un trou long de deux ans, profond comme l'Océan et large comme la moitié de la terre ? La veille d'un départ, j'embrasserais mes créanciers, ma portière, un tigre ou un alligator au besoin ! Et vous-même, mon cher Montfort, qui, j'en suis certain, accusez le lieutenant de sentimentalité et de sensibilité, ne nous avez-vous pas quitté, ce matin, quand nous prenions l'absinthe au café de la *Comédie,* afin d'aller offrir le déjeuner de l'étrier à mademoiselle Coralie,

là dugazon-corset de la troupe de la mère Castel?
— J'ajouterai que vous nous êtes revenu de fort
mauvaise humeur, parce que, tandis que vous l'attendiez au théâtre, Chapuis l'attendait chez lui, Kergaz chez elle, et Frontignac dans une allée du cours
d'Ajot. Mademoiselle Coralie, qui n'est pas fière,
achevait, elle, de faire ses adieux à notre mousse
Cancrelat dans un cabaret de Recouvrance.

Tous ceux qu'Albert n'avait pas nommés éclatèrent en rires et hourras.

— Charivari pour Montfort !
— Pour Chapuis !
— Pour Kergaz !
— Pour Frontignac ?
— Charivari ! charivari !

Bruyères s'était assis tranquillement et humait
un verre de champagne à petites gorgées.

Montfort le couvrit tout entier de son regard.

— Mademoiselle Coralie, reprit-il, est libre de
s'encanailler avec qui bon lui semble, et où elle l'entend. Il ne s'agit pas d'elle ici pour le moment...

— Et de qui s'agit-il, pour Dieu ! mon cher collègue ?

— Il s'agit de ces gens qui, faisant fi de la société
de leurs camarades et de leurs égaux, savent, pour
quitter cette société, inventer les prétextes les plus
ingénieux — et aussi les plus inadmissibles. Dans
l'argot, parisien on appelle, je crois, ces gens-là des

lâcheurs. M'est avis que, sur *la Foudroyante*, on pourrait bien les appeler des *Villepré*.

Albert leva la tête.

— Vous n'aimez pas le lieutenant? demanda-t-il.

— Je n'aime ni les cafards ni les orgueilleux.

— Alors, vous devez faire grand cas de M. de Villepré et éprouver pour lui une sympathie réelle : il n'est pas, que je sache, de camarade plus franc et plus modeste...

Et l'œil de Bruyères fit le tour de la table, — clair, ferme, impérieux, — exigeant une protestation affirmative que personne n'osa lui refuser.

Montfort, lui aussi, tâta la galerie du regard.

Mais il ne rencontra que des figures simplement curieuses.

A dire vrai, Bruyères et son adversaire n'étaient point adorés outre mesure à bord, où chacun avait eu à souffrir des allures agressives et frondeuses de leur esprit, — et la majeure partie des convives ne se montrait nullement fâchée de les voir s'entre-dévorer tous les deux ; cela servait de cure-dents et faisait attendre le punch.

Montfort continua, — toujours en s'adressant à Albert :

— L'opinion des autres m'importe peu. Ayez la vôtre, je garde la mienne. J'ai mes raisons pour détester le lieutenant, et je crois qu'il me le rend bien...

— Où avez-vous vu cela ? M. de Villepré ne vous aime ni ne vous hait ; vous lui êtes indifférent, voilà tout. Il ne vous connaît pas plus, d'ailleurs, que vous ne le connaissez vous-même...

— Je ne connais pas M. de Villepré, moi ?

— Eh! non, vous ne le connaissez pas, puisque vous l'accusez de je ne sais quels mauvais sentiments indignes d'un galant homme, quand tout le monde ici le tient pour l'une des natures les plus droites, les plus loyales et les plus élevées de l'armée.

Et, de nouveau, Albert fit, des yeux, à la galerie, sommation de se prononcer.

La galerie lui donna raison — du bonnet.

Quoique la réserve habituelle de Villepré eût été souvent taxée de fierté par ses camarades, ceux-ci, mis ainsi en mesure de s'expliquer à son endroit, ne purent s'empêcher de rendre justice à la bonté et à la noblesse de son caractère, et ils le firent d'autant plus volontiers, que ce témoignage public allait plus vivement exciter Montfort contre Bruyères.

Le lieutenant Froissard essaya de mettre le holà.

— La paix, messieurs! fit-il ; nous ne sommes pas ici pour nous chercher querelle.

— Il paraît, repartit Montfort, que je ne cherche pas querelle à M. de Bruyères, puisque M. de Bruyères ne se regarde pas comme provoqué.

— Ma foi, non, vous ne me cherchez pas querelle : vous attaquez M. de Villepré, qui est absent.

3.

— Je m'étonne alors que vous, son *alter ego*, vous ne preniez pas fait et cause pour lui.

— Et moi, je m'étonne bien davantage qu'ayant contre Philippe des motifs d'animosité si puissants, que vous allez ce soir les cornant à toutes les oreilles, — mais sans en préciser, veuillez le remarquer, la légitimité, la portée, ni la valeur, — vous n'ayez pas profité du long séjour que nous venons de faire en rade pour vous en expliquer directement avec lui. Que diable! une explication de ce genre ne se refuse point entre officiers et gens d'honneur! Et quand il en résulte que l'on s'exècre mutuellement, eh bien, mais il me semble que l'on peut, en cherchant, rencontrer

> Quelque endroit écarté
> Où de causer à deux on ait la liberté !...

Albert parlait avec un sang-froid inaltérable.
Tout le monde écoutait en silence.
Montfort pâlit.

— Vous oubliez que votre ami est notre supérieur.

— Eh! cher monsieur, si cette considération seule vous empêchait d'aller trouver Philippe, que ne le disiez-vous plus tôt? Je me fusse empressé d'être auprès du lieutenant l'interprète de vos désirs, et je ne doute pas que l'excellent garçon ne se soit arrangé de manière à vous débarrasser, à l'endroit de son grade, de toute crainte et de tout scrupule.

— Pardieu! voilà un renseignement qui est bon à noter.

— Quel dommage qu'il arrive si tard, n'est-ce pas? Ah! dame, il fallait me prévenir! Voici qu'on embarque demain, et que, pendant deux ou trois ans que vous allez vivre à bord, côte à côte avec votre ennemi, la discipline, qui ne badine pas, va vous contraindre à garder au fourreau votre sabre, votre langue et votre haine.

— Oh! grinça Montfort, on peut descendre à terre au premier port où la frégate relâchera...

— Oui, en effet, mais je ne vous le conseille pas.

— Pourquoi? est-ce parce que je m'expose à être fusillé si je vous tue votre Villepré? Eh bien, j'en veux courir le risque...

— Rassurez-vous; si vous vous rencontrez avec lui ailleurs que sur *la Foudroyante*, le lieutenant aura soin de laisser ses épaulettes dans sa cabine.

— Alors, vous me croyez bien lâche ou bien maladroit?

— Non pas, vraiment. Je rends, au contraire, tout hommage à votre courage, à votre adresse, voire même à votre bonne mine sur le terrain et à votre expérience dans ces sortes d'affaires. Malgré tout cela, je parierais mes aiguillettes contre un galon de quartier-maître que mon ami Philippe vous tuera.

— Oh !

— Et vous avez raison, sandioux ! s'écria bruyamment le commissaire. Vous rappelez-vous, messieurs, le fameux lansquenet que nous fîmes à Toulon, pendant la quarantaine avec les Russes du *Dnieper* et les Anglais de l'*Alacrity*? Montfort, qui tenait la banque, nous avait tous *nettoyés*. Arrive le lieutenant, qui a horreur des cartes. — Nous n'en avions qu'un jeu, entre parenthèses. — Pour ne pas avoir l'air de *faire sa Sophie* devant des étrangers, le lieutenant s'assied et dit : « Banco ! » Montfort amène un *dix* pour lui et un valet pour son partenaire. — *Coquinasse de sort!* les deux premiers valets étaient déjà sortis ; personne n'aurait fait un sou pour Villepré, et Montfort s'apprêtait à encaisser les louis, les roubles, les guinées, et à passer la main avec enthousiasme...

» Ah! ouiche ! va-t'en voir s'ils viennent ! Voilà-t-il pas le quatrième valet qui s'avise de sortir ! Pas de chance, mon pauvre Montfort, pas de chance ! — Ah! mais, par exemple, il faut avouer qu'avec ce gain inespéré, le lieutenant nous paya à tous un fier souper ! Anglais, Russes et Français en sortirent sur la tête, et notre estimable docteur s'en lèche encore les babines...

— Parbleu ! fit Chapuis, c'est comme en Crimée, si vous vous souvenez. On commande un officier et des hommes pour une reconnaissance. C'était le tour de Montfort à marcher. Oui; mais, au moment où il se prépare à partir, une attaque de choléra le cloue subitement sur son cadre, et Villepré, qui n'était alors qu'enseigne comme nous, le remplace et conduit ses propres affaires avec tant de bonheur, qu'il revient sain et sauf, lieutenant et décoré...

— Il y a plus, insista Kergaz. Au dernier bal de la préfecture maritime, Montfort découvrit une perle — dans un fumier de douairières, de bourgeoises et de provinciales. Cette perle, il se jura à lui-même de l'enchâsser dans un anneau de mariage: en d'autres termes, il dansa trois ou quatre fois avec une jeune fille adorable, la quitta amoureux fou et ne parla pas moins que de l'épouser... Or, devinez, messieurs, quelle était la perle du fumier, la Juliette de Roméo, la femme choisie entre toutes par notre camarade pour la réalisation de ses velléités conjugales? — Vous n'y êtes pas? Eh bien, c'était tout simplement mademoiselle Montgeron de Noëllis, la fiancée du lieutenant !

— Peste ! Montfort ne se mouche pas du pied ! L'héritière de l'un des plus beaux noms, de l'une des plus belles fortunes de la province; rien que cela !

— La fille d'un ancien conventionnel anobli par l'empereur d'abord, — puis par son mariage avec la dernière descendante des Noëllis, une des gloires de la Bretagne. Ses ancêtres maternels ont figuré au

combat des Trente avec Tinteniac et Beaumanoir.
Il ne lésine pas dans le choix d'un beau-père !

— Une personne accomplie, de l'esprit, un demi-million de dot, — et les espérances ! — dix-huit ans, pas de piano ! Tous nos complimsnts, cher ami !

L'enseigne essuya avec son mouchoir la sueur qui perlait sur son front; puis, glissant vers Bruyères un regard aigu et chargé d'amertume :

— Allons, monsieur, à votre tour ! A vous de répéter avec tous ces moutons de Panurge : *Pas de chance, Montfort! pas de chance !*

— Monsieur, répondit Albert gravement, maintenant que j'apprécie toute l'étendue, toute la valeur, toute la raison d'être de vos griefs contre Philippe, j'aurais mauvaise grâce à les tourner en plaisanterie, et je comprends parfaitement que vous teniez à vous couper la gorge avec un rival préféré. Toutefois, je vous conseille de n'en rien faire. D'abord, votre vie me semblerait furieusement aventurée. Que voulez-vous ! vous jouez de guignon avec mon ami. Ce guignon est, sans contredit, une chose déplorable, imméritée, injuste; mais enfin il existe, on l'a constaté tout à l'heure; je l'ai souvent remarqué depuis que j'ai l'honneur de vous connaître, et vous n'avez pas été vous-même sans y songer plus d'une fois en repassant dans votre esprit les différentes circonstances que l'on vient de nous rappeler et qui ont frappé tout le monde.

— Oh ! interrompit Montfort, les dents serrées, la voix sifflante, ce guignon-là, comme vous dites, aura bien sa fin quelque jour, et, dussé-je le conjurer avec du sang...

— Oui, certes, il aura sa fin, et, cela, dans un avenir prochain, je l'espère ; lorsque l'avancement dû à vos services vous aura séparé de celui que vous pouvez regarder comme la cause involontaire de vos déconvenues, en vous faisant passer lieutenant sur un autre bâtiment. Mais supposons un instant que ce guignon ne tienne pas devant votre épée, pensez-vous qu'un duel heureux vous rapproche beaucoup du but auquel vous tendez ?

» Je ne vous dirai pas, à ce propos, que la famille de Noëllis et feu M. de Villepré ont été autrefois liés par l'une de ces solides et vaillantes amitiés dont il reste si peu d'exemples aujourd'hui ; que Berthe et Philippe ont appris, dès l'enfance, à se connaître, à s'estimer et à s'aimer ; que leur mariage est, depuis des années, irrévocablement arrêté, et que toutes les convenances de fortune, de famille, de position et de caractère, en même temps qu'un attachement sincère et réciproque concourent à en déterminer l'accomplissement et à en assurer le bonheur. Non, votre subite passion n'a rien à démêler, je le conçois, avec des arguments qui n'ont pour eux que le bon sens. La passion ne discute pas et ne se discute pas. Encore est-il que vous serez bien obligé de l'admettre chez les autres, du moment que je l'admets chez vous.

» Or, mademoiselle de Noëllis a donné librement sa foi au lieutenant, voilà qui est incontestable. Vous l'aimez, soit; mais elle aime Philippe. De quel droit exigez-vous qu'elle sacrifie à votre profit un sentiment éprouvé par le temps, autorisé par son père, mérité par son fiancé, quand vous refusez de sacrifier au sien un caprice né d'hier, sans espoir pour demain, et dont elle ne soupçonne même pas l'existence? Une fille de sa race ne reprend pas d'ailleurs si aisément son cœur et sa parole, et un homme de votre esprit ne s'illusionne pas si facilement qu'il compte épouser la veuve après avoir tué le mari...

L'enseigne fit un geste violent et balbutia quelques mots.

— Je vous entends, poursuivit Albert impassible. Vous murmurez : « La haine d'une femme est préférable à son indifférence. » Axiome avec les femmes ordinaires, ceci devient un paradoxe avec les femmes supérieures. Mademoiselle de Noëllis est une femme supérieure. Elle a trop de religion, de charité, de grandeur d'âme pour haïr. Si — ce qu'à Dieu ne plaise ! — le projet que caresse votre colère réussissait au gré de vos désirs, Berthe ne vous haïrait point, elle vous plaindrait. Ne vous condamnez pas à être plaint, monsieur de Montfort;

c'est un supplice de damné. Si votre amour est une vérité, faites-en le deuil; mais portez ce deuil dignement, sans cris et sans révoltes. Refoulez vos larmes en vous-même, et ne les laissez point rejaillir au dehors en gouttelettes de fiel.

» Pardonnez surtout leur bonheur aux gens plus heureux que vous, quand même ces gens auraient déjà surgi sur votre route comme des obstacles, comme des achoppements, comme des douleurs! C'est d'un chrétien, d'un galant homme et d'un bon cœur. Que diable! vous avez bien une autre passion à vous installer dans la tête et dans la poitrine; quand ce ne serait que l'ambition! Quittez *la Foudroyante*, et allez quelque part où l'on se batte; le danger est une distraction, une consolation, un remède. Vous souffrirez deux ou trois ans, au maximum — puis vous nous reviendrez guéri... et capitaine. C'est ce que je vous souhaite sincèrement.

» Si vous ne brûlez au contraire, pour mademoiselle de Noëllis que du feu de paille de l'imagination, soufflez dessus. On rirait! Il ne faut pas faire rire, — même les camarades!... — Mais, dans ce dernier cas, plus que jamais, gardez-vous de diriger sournoisement et dans l'ombre les coups de Jarnac de la raillerie et de la calomnie contre ceux qui vont droit leur chemin en pleine franchise et en plein soleil. Autrement, il y aurait sur votre compte deux opinions également désastreuses...

— Et lesquelles, s'il vous plaît, monsieur le pédagogue, monsieur le prédicateur, monsieur le frère fouetteur ?

Voici : ou l'on croirait que vous faites de la méchanceté comme d'autres font de l'art, — pour le plaisir, pour la gloire, pour l'honneur, sinon par tempérament, par nature, par besoin, comme les scorpions piquent, comme les vipères mordent, comme les hyènes déchirent; ou l'on avancerait avec plus de raison, que vous n'êtes hargneux que par calcul, agressif que par intérêt, et que vos ironies et vos perfidies ne sont guère que l'écume, l'éruption, la lave de l'envie, de la jalousie qui bouillonne au fond de votre cœur.

Un éclair sinistre illumina la prunelle de Montfort.

Il crut avoir trouvé le moyen de forcer Bruyères dans ses derniers retranchements.

— Et dans laquelle de ces catégories me rangez-vous ? demanda-t-il. Suis-je un fou qu'il faut enfermer, un reptile qu'il faut écraser, un carnassier qu'il faut traquer, un misérable qu'il faut mépriser ? Allons, voyez, parlez, décidez ! que je sache comment on doit agir avec moi et comment je dois agir envers vous !

Albert s'inclina poliment.

— Excusez-moi de ne point vous répondre. Je ne saurais le faire en connaissance de cause, et n'ai pas l'habitude de baser mes jugements sur des probabilités...

— Arguties ! faux-fuyants ! prétextes !

Albert haussa les épaules.

— Vous plaisantez, n'est-ce pas ? reprit-il. Vous savez bien que, si je ne me prononce pas, ce n'est pas pour décliner une rencontre. Je me suis battu six fois, je me battrai bien sept. Remarquez que j'omets à dessein de compter dans cette demi-douzaine tous les engagements dans lesquels j'ai hasardé ma peau sous Sébastopol ou sous Puébla, où j'étais, moi, dans la tranchée, tandis que vous, par parenthèse, vous étiez dans votre lit. — Oh ! oh ! je vous devine, allez ! vous êtes aigri, irrité, nerveux, ce soir, et vous ne seriez pas fâché de me prendre pour quintaine, et de me gratifier d'un joli coup d'épée, ne pouvant le fournir à mon ami Philippe. Mais je ne vous procurerai pas cette satisfaction... pour le moment du moins. — Il m'est doux, du reste, de constater chez vous ces dispositions belliqueuses. La menace sur vos lèvres est moins terrible que le sourire ; il vaut mieux combattre avec le bras qu'avec la langue, et je préfère vous voir le sabre au poing que le couteau dans la manche...

L'enseigne se rongeait les ongles.

Il adressa à son tour un salut sarcastique à son interlocuteur :

— Merci du compliment ! Le malheur est qu'il ne

me gagnera pas plus que la leçon du pédagogue ne m'a convaincu, que le sermon du prédicateur ne m'a converti, que la poignée de verges du frère fouetteur ne m'a corrigé.

— Alors, il ne me reste plus qu'une chose à faire...

— C'est?...

Bruyères s'inclina de nouveau.

Puis, avec le calme parfait, l'égalité de ton et de figure, la souveraine froideur et l'exquise courtoisie qui ne l'avait pas abandonné depuis le commencement de l'entretien :

— Ma foi, monsieur, c'est à former des vœux pour que M. de Villepré conserve sa chance contre vous.

Ce sang-froid écrasa Montfort.

Il jeta les yeux autour de la table, — cherchant, à défaut de Bruyères, invulnérable et invincible, un autre but à sa colère.

On ne s'occupait plus de lui.

Le punch venait d'arriver.

L'indifférence acheva l'enseigne.

Il se leva, et, vacillant comme un homme ivre, gagna la porte du verger...

Mais, avant d'en franchir le seuil, son regard, chargé de menace, sembla dire à Albert : « Au revoir ! »

D'un petit geste de la main, Albert parut répondre : « Quand vous voudrez ! »

Dans le verger, Montfort, succombant à la rage qui lui rongeait le cœur, se laissa tomber sur un banc sous la tonnelle, et, serrant les poings :

— Oh! s'écria-t-il, je ne trouverai donc personne sur qui je puisse me venger?

Puis tout à coup il bondit et s'élança vers la maison.

Mais il ne rentra pas dans le carré...

Il prit par la cuisine, alla droit à la salle des matelots et siffla le mousse Cancrelat.

Cancrelat — de son vrai nom Hippolyte Cassemajou — était né à Paris, dans le quartier Mouffetard, et ses parents, qui n'avaient jamais cessé de porter la hotte sans peur, et le crochet sans reproche, l'avaient fait embarquer parce qu'il *déshonorait* le chiffon...

Il est certain que ce jeune faubourien ne mentait nullement au sobriquet d'insecte nuisible dont l'avaient affublé ses camarades de bord.

Sur un signe de l'officier, le mousse le suivit au dehors.

— Cancrelat, interrogea Montfort, où caches-tu le joli bout de *filin*, muni de son crochet, au moyen duquel tu t'affales le long de la frégate, pour venir voler nos cigares par les sabords de nos cabines?

Le gamin essaya d'esquisser une dénégation.

— Écoute-moi bien, murmura l'enseigne; si tu

me réponds franchement, si tu m'obéis en tout point, et surtout si tu ne souffles mot de ce que tu pourras voir ou faire ce soir, il y aura deux louis pour toi et du tabac à discrétion : sinon je te dénonce au capitaine d'armes. — Allons, voyons, où est ta corde ? Tu dois l'avoir ici, quelque part ; tu es trop Parisien pour l'avoir laissée dans ton sac, où le maître d'équipage pourrait avoir fourré son nez...

— Mon officier, la corde est là, dans ma ceinture...

— Et le crochet ?

— Le crochet est dans mon chapeau.

Pendant ce temps, on appelait, à table :

— Montfort ! ohé ! Monfort ! — Le punch ! voilà le punch ! — Au punch ! Montfort ! au punch !

— Bah ! fit le commissaire, il est allé cuver sa défaite au jardin... Il nous reviendra tout à l'heure.

Le lieutenant Froissard s'adressa à Bruyères :

— Vous avez eu tort de pousser ce garçon dans ses derniers retranchements. Il a une colère blanche dont il faudra vous défier...

— Il est de fait, poursuivit le docteur, que lorsque l'on doit naviguer de conserve deux ou trois ans avec les gens...

— Enfin, mon cher, gardez-vous à carreau ! conclut Frontignac.

— Merci du conseil, repartit Albert, mais je ne naviguerai plus avec M. Montfort.

— Comment? s'écria la table d'une même voix.

— J'ai le regret, messieurs, de cesser désormais d'être des vôtres. J'ai donné ma démission.

V

Bâti sur un caprice du duc d'Aiguillon, — pendant son gouvernement en Bretagne, — le château de Noëllis ne datait guère que de la seconde moitié du xviii siècle, et ressemblait aux anciens donjons féodaux du reste de la province comme un marquis poudré, fringant et pailleté de la cour de Louis XV ressemble à un chevalier bardé de fer du temps de Charles VII.

Il était tout mignon, tout reluisant, tout coquet et se détachait en blancheur sur les massifs d'un parc dessiné à l'anglaise, égayé d'eaux courantes et peuplé de statues.

Le vieux manoir des sires de Noëllis se dressait un peu sur la gauche, au sommet d'une colline; ses tours, quoique solides et paraissant bâties de la veille, étaient ouvertes et comme éventrées. On eût dit que quelque géant les avait fendues à coups de hache.

La route passait à cent mètres en avant de la grille du château neuf, à laquelle la reliait une allée de peupliers.

Cette nuit-là, à l'heure même où maître Trémentin Biniou — du Falgoët, — flanqué de quatre marmitons, déposait sur la table du carré de MM. les officiers cinq bols pavoisés de flammes bleues, — rhum, cognac, kirch, gin et tafia, — quintuple appel à l'éclectisme des convives, — cette nuit-là, disons-nous, et à cette heure, un groupe de trois personnes franchissait cette grille, et s'avançait dans cette allée *sous l'humide clarté qui tombe des étoiles...*

Ce groupe se composait d'un vieillard, d'une jeune fille et d'un cavalier dont le cheval marchait au pas.

Les deux piétons n'étaient autres que M. Montgeron de Noëllis et sa fille Berthe; le cavalier, notre excellente connaissance Philippe de Villepré.

Après des adieux longuement et tristement échangés au salon, les châtelains avaient voulu reconduire le lieutenant jusqu'au chemin vicinal.

Le jeune homme disait :

— Je vous le recommande ! C'est un charmant esprit et un cœur vaillant ; nous nous sommes réciproquement sauvé la vie, et je l'aime comme un frère...

— Il sera le mien, fit Berthe.

— Il sera mon second fils, ajouta le père.

Villepré poursuivit :

— C'est une nature impatiente, inquiète, aventureuse ; il doute, il cherche, il souffre. Soyez indulgents et bons. Il m'a paru, ce soir, vaincu par les ennemis qu'il recrute contre lui-même ; il a des rébellions d'enfant et des appétits de malade. Je crains qu'il ne médite quelque projet extrême...

— Partez tranquille, Philippe, affirma le vieillard. Je le verrai demain et je le ramènerai au château. Du diable si Berthe et moi nous ne trouvons pas un moyen de l'apaiser et de le convertir !...

On était arrivé au bout de l'avenue.

Le lieutenant arrêta son cheval.

Puis, attachant ses yeux sur ceux de la jeune fille, et, d'une voix où vibraient toutes les tendresses :

— Et maintenant, chère Berthe, maintenant que je vous ai priée pour autrui, laissez-moi vous supplier pour moi. Je vous ai demandé pour l'ami malheureux une place dans vos affections, une part de votre dévouement, et vous les lui avez spontanément, gracieusement, généreusement accordées. Me sera-t-il permis de vous implorer de nouveau en faveur du fiancé qui s'éloigne ?... Hélas ! voici la première fois que je vous quitte, aussi désolé du présent, aussi incertain de l'avenir ! Cet horizon lointain que mon regard se fatigue à fouiller me semble cacher un malheur dans ses brumes. Je suis homme, je suis soldat, le voyage et le danger sont d'anciens camarades qui me plaisent et que je domine. Et ceux-là qui me jugent sur l'épiderme, prétendent que je suis fort, quand ils ne m'accusent pas d'être insensible.

» Eh bien, en vous quittant, le soldat a peur; le marin hésite, se trouble et recule devant les éventualités de l'absence; l'officier arracherait volontiers ses épaulettes pour acheter le droit d'abandonner son poste, et l'insensible a la gorge remplie de sanglots qui le brûlent et l'étouffent ! — Nous avons marché ensemble, nous tenant par la main, le long du sentier fleuri de la jeunesse ; mais la mer côtoyait le sentier ; la lame a bondi, elle m'a saisi et m'emporte...

» Depuis quelques instants, j'ai des pressentiments qui vont jusqu'à la terreur, et des terreurs qui vont jusqu'à la folie... — Berthe, si j'allais mourir avant de vous revoir ! Berthe, si j'allais ne plus vous retrouver au retour !

— Philippe, prononça gravement mademoiselle de Noëllis, à mon tour, je vous répondrai ce que mon père vous répondait tout à l'heure : « Partez tranquille ! » Vous êtes mon promis, comme disent nos Bretonnes. Pour moi comme pour elles, promettre et tenir sont un. Pourquoi serais-je moins fidèle à mes engagements que les filles de pêcheurs qui ont donné leur foi à vos matelots? Calmes, fières, pleines d'espoir en la bonté du ciel et de résignation en face de ses volontés, elles attendent l'absent au foyer paternel et se gardent pour lui. J'attendrai et je me garderai. — Vos matelots sont confiants. Ayez confiance comme eux; Quand la tempête soufflera, secouant sur la vague furieuse les grands vaisseaux audacieux et les petites barques timides, ma voix se mêlera aux voix des pauvres femmes agenouillées sur la plage, à l'église, dans leur humble maison, et qui demandent à Dieu de leur ramener sains et saufs, un père, un frère, un fiancé, un époux. Dieu nous entendra toutes. — Je vous le répète, partez tranquille! Votre promise priera pour vous, et, au retour, votre femme sera heureuse de vous consacrer sa vie tout entière...

Philippe de Villepré avait repris la route de Brest. Malgré les affectueuses assurances du père et de la fille, il avait besoin d'appeler à son aide tout son courage et toute sa raison pour dissiper les craintes qui l'assiégeaient. Il avait beau se redire tout bas, en les égrenant avec amour, les fermes promesses de sa fiancée, et revoir, la main sur les yeux, sa belle tête expressive et grave, le marin n'en demeurait pas moins sous le poids d'une tristesse, d'une émotion indicibles : ses pressentimeuts et ses terreurs galopaient en croupe derrière lui.

Ah ! s'il eût fait jour seulement, — et s'il n'eût fallu que grimper, sabre au poing, à l'abordage d'un bâtiment ennemi, ou emporter, au pas de course, une batterie russe ou mexicaine !...

S'il ne se fût agi encore que de croiser le regard avec la foudre et de se prendre corps à corps avec l'ouragan déchaîné !...

La nuit était claire, pourtant.

Oui, mais l'on n'est pas impunément de son pays...

Et la Bretagne est la terre classique des fantasmagories insensées !

Jetez à travers champs — alors que le soleil s'est éteint sur la lande — un de ces gars au crâne de fer qui défonce une poitrine d'un coup de tête dans les luttes homériques des *assemblées* et des *pardons*...

Ce fils des corsaires de Surcouf ou des chouans de Cadoudal aura peur de son ombre !

Il croira voir, sur son passage, les arbres tordre leurs branches décharnées en télégraphies menaçantes, et se ruer sur ses talons comme une meute de fantômes, avec des cliquetis d'ossements...

Dans chaque caillou de la route, un Korrigan grimacera, chaque fossé aura l'air d'une bière entrouverte, et la buée qui monte du sol humide l'enveloppera, blanche et glacée, comme un linceul...

4.

Ici, penchées sur une flaque d'eau qu'un pâle rayon argente, il reconnaitra les lavandières funèbres, qui lessivent, sous leur battoir sonore, les suaires des trépassés...

Là, il distinguera tout un clan de sorcières accroupies autour d'un feu de soufre dont la flamme blafarde lèche la marmite où cuisent les philtres...

Plus loin, les pierres-druidiques, animées et sautillantes, enrouleront autour de lui une monstrueuse farandole...

Les menhirs joueront la pantomime...

Les dolmens danseront la sarabande...

Et le vent qui pleure sur la bruyère, hurlera — certainement — la plainte des âmes du purgatoire...

Le pauvre diable prendra sa course, une course folle, éperdue, vertigineuse.

La cohue échevelée des superstitions tourbillonnera à ses trousses...

Malheur à lui s'il bute, s'il tombe, si un nuage ébrèche la lune !

Le lendemain, on retrouvera un cadavre dans les ajoncs ; la Bretagne aura tué le Breton.

Philippe allait ainsi, poursuivi par les légendes.

Un brusque écart de son cheval le rappela à la réalité.

La route, en cet endroit, se frangeait de buissons.

Derrière les buissons, deux hommes étaient agenouillés : l'enseigne Jean-Paul Montfort, et, derrière lui, le mousse Cancrelat.

Lorsque, sur le chemin, l'enseigne vit son ennemi arriver à fond de train, il porta fébrilement la main sur un revolver endormi dans sa poche; un mouvement du mousse le rappela à la raison.

— Ce cheval de diable nous avait éventés, dit Cancrelat.

— Le lieutenant, reprit Montfort, t'a envoyé souvent porter des lettres au château?...

— Des lettres, des livres, des journaux et des bouquets.

— Tu dois connaître la distribution intérieure du logis?

— Je connais parfaitement les cuisines. On y fait des *ratas* numéro premier; un commandant s'en rongerait les doigts jusqu'aux épaulettes. Je connais ensuite le cabinet du marquis et la case de la demoiselle.

— Tu es entré dans l'appartement de Berthe?

— La femme de chambre m'y a fait entrer un matin pour ranger des fleurs dans une jardinière. Encore une qui en tenait pour moi, mamselle Florette; mais c'est trop mûr, et rien dans ses bas de laine, à son âge! une fille qui a servi des siècles et qui n'a pas de sac, ça ne pouvait me convenir.

Montfort réfléchit un instant; puis, étudiant l'effet que ses paroles allaient produire :

— Veux-tu gagner deux cents francs? demanda-t-il.

Les yeux de chat de Cancrelat lancèrent des gerbes d'étincelles.

— Deux cents francs, à moi ?

Et il tendit les mains.

— Attends de les avoir gagnés, continua Montfort, et je te garantis que ce ne sera là que le commencement de ta fortune. D'abord, nous ne rembarquerons pas demain.

— Et *la Foudroyante?...*

— Partira sans nous. Ne t'inquiète de rien, tu seras en règle.

Cancrelat se tut et se mit à rêver de ses deux cents francs.

— A quel étage du château, demanda Montfort, se trouve la chambre de mademoiselle de Noëllis?

— Au premier, du côté du parc. On aperçoit ses fenêtres du saut-de-loup qui ferme la propriété.

— Qu'y a-t-il au-dessus?

— La bibliothèque.

— Et au-dessous?

— La salle de billard.

— Où couche Florette?

— Dans un grand cabinet à tribord de la jeune personne; à bâbord, il y a une salle de bains.

— Peux-tu attirer Florette cette nuit dans le parc et l'y retenir une heure?

Le mousse se fourrageait les cheveux avec anxiété.

— Ce n'est pas l'embarras, murmura-t-il; il n'y aurait qu'à héler la Florette en sourdine en tambourinant doucement à sa fenêtre...

— Eh bien, c'est dit.

— Mais le filin et et le crochet que vous m'avez demandés?

— Je les prendrai.

— Coupons nos câbles, dit le mousse, voilà la lune qui se barbouille; il y aura un grain ce soir...

Une heure après, Montfort et Cancrelat se glissaient à travers les massifs dans le parc de Noëllis.

Cancrelat ramassa un caillou et le jeta prudemment sur la fenêtre de la chambre de Florette.

— Voilà! dit-il à l'enseigne; le cordon est tiré.

Et, se coulant dans la ligne d'ombre d'un peuplier, il arriva sous la fenêtre à l'instant où la femme de chambre effrayée se penchait au dehors.

Tous deux échangèrent quelques mots à voix basse.

Puis, redoublant de précautions, le mousse rejoignit par le même chemin Montfort, qui se tenait tapi derrière le peuplier.

— Elle m'a reconnu, dit-il, et je la rejoindrai sitôt que sa maîtresse n'aura plus besoin d'elle. Je reconnaîtrai le moment par un mouvement du rideau.

— Décidément, murmua Montfort, il y a un dieu qui se nomme le diable !

VI

Après le départ de son fiancé, Berthe se serra contre le bras de son père, et tous deux se dirigèrent à pas lents vers le château.

— C'est étrange ! dit la jeune fille, lorsque Philippe s'est éloigné de nous, quelque chose comme un brouillard a passé devant mes yeux et pesé sur mon cœur...

— J'ai éprouvé la même sensation, répondit le comte de Montgeron. Et ce qui ne laisse pas de m'impressionner de certaine façon, c'est que cette sensation ne m'est pas inconnue... Dix fois déjà, dans les grandes catastrophes de ma vie, ce frisson-là m'a pris à la peau comme pour m'avertir de tendre les reins et de me préparer à la lutte.

— Les destinées des hommes sont aux mains du Seigneur! fit Berthe en levant les yeux au ciel.

— Oh! mais, murmura-t-il, voilà qui me semble trop résigné! J'ai eu mes travers dans la vie et j'ai recommandé mon âme à Dieu, certes oui! Je me souviens encore de certain duel avec ce vicomte... retour d'émigration... Ce ne sont pas tes affaires! Toutefois, à l'heure du péril, j'aidais puissamment le Seigneur dans l'œuvre de salut qui m'intéressait. Toi, tu ne bouges pas plus qu'une statue.

— Que voulez-vous dire, mon père?

Le vieillard fixa sur elle son œil paternel; puis, brusquement :

— Es-tu bien sûre d'aimer Philippe? demanda-t-il à brûle-corsage.

Elle appuya sa tête sur l'épaule de l'acharné questionneur pour dissimuler les teintes de pourpre qui lui montaient du cœur au front.

— Ne lui suis-je pas fiancée? balbutia-t-elle.

— Oui, sans doute; mais j'ai pu lui accorder ta main, et tu as pu toi-même la lui promettre en toute sincérité, dans un moment donné, sans que ton cœur, à notre insu à tous deux, ratifiât plus tard l'engagement. — Écoute-moi, ma chère enfant; tu as été élevée avec le fils du meilleur ami de ta mère en vue d'un mariage qui sera, s'il s'accomplit, la joie de nos familles, et, dès l'enfance, pour ainsi dire, tu as pris l'habitude de considérer Philippe comme ton mari. Mais, sache-le bien, cette habitude ne saurait tenir lieu d'un autre sentiment dont la révélation est plus ou moins subite chez la femme, et qui décide souvent du bonheur ou du malheur de sa vie. Peut-être as-tu confondu cette habitude avec le sentiment?...

— Mon père, en vérité, j'ignore qui peut vous faire supposer...

— Mon Dieu, ce soir même, en face de ce départ... je sors assez de la tradition pour ne pas exiger que tu éclates en sanglots, en expansions, en tendresses : je comprends ta retenue bien naturelle et veux croire à ton affection bien sincère... toutefois, Berthe, tu m'as paru bien forte, bien stoïque, bien virile!... Est-ce un élan du cœur qui t'engage? est-ce un sacrifice à l'orgueil de ta race?

— Pourquoi de semblables doutes?

— Ah! vois-tu, il y a de bonnes vérités à se dire en ces graves circonstances. Au bout du compte, nous descendons tous de la côte d'Adam, et le bonheur avant tout! J'ai de l'estime pour les Montmorency, premiers barons chrétiens; mais j'accorderais ta main, sans hésitation, au premier roturier de distinction... si toutefois tu l'avais distingué. Tout comte de Montgeron de Noëllis que tu me vois, le père de ton père s'appelait Montgeron tout court. Il n'entendait rien, ce cœur abrupte, aux délicatesses qui sont la vie native et qui sont devenues la mienne.

5

Quand sonna le tocsin de la Révolution, c'était un paysan de vingt ans, courbé dès l'aube sur le sol et qui pensait en défonçant son champ : « L'avenir est là ! » L'avenir ! c'était la conquête de cette terre en location, c'était un fichu pour sa femme, c'était la liberté pour un garçon au berceau. Pauvre berceau, petite, que j'avais alors !

— Mon père, ces souvenirs...

— Laisse-moi achever. Le paysan rugueux d'écorce que je cherche à t'esquisser n'avait point, lui, les petites menottes fines que ta mère t'a faites, mais de fiers bras et tous les courages ! Un jour que l'on appelait aux frontières les gens de bonne volonté et que la patrie était en danger, il remisa sa herse et sa charrue sous le hangar, embrassa sa femme et son enfant, — et, de trois ans, personne n'en entendit parler.

» Il revint un beau jour pourtant, avec des épaulettes, et les gens du village l'appelaient *citoyen capitaine*, et tiraient poliment leur bonnet sur son passage.

» En ce temps-là, le premier consul marchait résolument à l'empire. Il aimait les hommes de détermination et de volonté. Ce fut lui qui donna à mon père le brevet de commandant. Deux ans plus tard, Bonaparte prenait le nom de Napoléon Ier. Cette nature attractive, dominatrice et personnelle répandait à ses alentours des ivresses à lui spéciales.

Les hommes de l'âge de mon père se sentaient au cœur toutes les indépendances de l'ère nouvelle : il les tutoyait comme des laquais, de sa voix métallique et claire, et voilà que l'on était parti à la conquête du monde avec des orgueils de titan !

» Ah ! les violentes séductions de la guerre ! vois-tu, pauvre frêle créature, il faut renoncer à te les faire comprendre. Elles gonfleraient ton cœur de colombe... Mais celui du grand-père Montgeron tressaillait gaillardement, rien qu'à entendre les sons rauques des tambours, et l'on retournait toujours et quand même à la grande tuerie !

» Il imita ses camarades et fit si bien et marcha si fort de l'avant, qu'en 1803 il fut nommé colonel.

» J'avais douze ans à cette époque, et je dus quitter la ferme paternelle et les bizarres leçons de latin d'un vieux curé qui nous était revenu. Mon père avait décidé que je devais entrer au Prytanée.

» Il continuait ses promenades à la suite du vainqueur de l'Europe. En 1809, il eut le grade de général, et, quelques mois plus tard, le titre de comte de l'Empire. Au milieu de cette fortune rapide et de ses honneurs, il nous arrivait brusquement avec ses grosses moustaches que rejoignaient les favoris, et c'étaient des caresses à nous broyer ; puis, bonjour ! bonsoir ! il était déjà reparti.

» Comme j'allais terminer mes études, — je touchais à mes dix-sept ans, — il vint me prendre au collége et m'emmena dans un restaurant tout en or, où j'osai à peine m'asseoir.

» — Çà ! garçon, fit-il en me frappant sur l'épaule, c'est le moment de te prononcer et de préparer les chemins de l'avenir. On dit que le papa beau-père d'Autriche nous prépare des misères... Tes études terminées, — et ce sera demain, — je t'emmène avec moi par là-bas, et tu verras comme on passe le Rhin. Pas tout à fait comme des canards... on le passe tout de même ! Tu seras soldat.

» — S'il vous plaît, mon père, répondis-je résolument, je ne serai point soldat.

» — En vérité, as-tu bien réfléchi à ce que tu me dis là ? Et que seras-tu ? Pas soldat !

» Et il riait en mâchonnant sa moustache.

» — Cher père, je serai tout simplement un homme libre.

» Il bondit sur sa chaise, puis se promena devant le foyer d'un air maussade, et pourtant affectueux.

» — Ah ! bon ! bon ! bon ! murmura-t-il, c'est toujours la même histoire, il paraît, et toutes les jeunesses se ressemblent ! Ah ! tu seras homme libre, toi ! Tu m'as l'air d'avoir lu Rousseau plus que la géométrie élémentaire. D'ailleurs, il sera fait selon ton désir, mon garçon.

» Le père avait deviné juste. J'avais beaucoup lu, — trop, peut-être. Mon père, lui-même, avait préparé les dispositions méditatives et taciturnes de mon esprit, surtout au commencement de sa carrière.

» Le soir même, il prit ma malle au Prytanée et me conduisit tout d'un trait à la ferme où j'avais été élevé. Ma mère, qui n'était pas prévenue de cette double visite, faillit se trouver mal de surprise.

» Il la retint et l'embrassa avec une tendresse que je n'eusse jamais soupçonnée chez cette nature de bronze.

» Puis, la tenant entre ses genoux, il la regardait avec ses bons gros yeux, et lui parlait comme à un enfant.

» — Chère petite femme, disait-il en lui tapotant les mains, je vous amène un grand dadais qui ne veut pas être soldat. Il entend demeurer libre. Je ne demande pas mieux ; mais il s'agit de conquérir la liberté de la pensée par la discipline du travail. Dès l'aube, demain, le premier charretier l'emmènera avec lui à la charrue. Il verra les alouettes prendre leur vol vertical au premier rayon du soleil, puis il s'instruira dans l'art de conduire le soc en ligne droite. A mon premier passage, nous causerons. Je ne te recommande pas, ma parfaite amie, de diriger cette tête et ce cœur qui vont s'ouvrir vers toutes les loyautés et vers toutes les justices. Je lui sens, d'ailleurs, un bon grain de plomb dans la tête. Il a lu Rousseau ! ce sera dans deux ans un robuste gaillard qui chargera son cent de gerbes sur une charrette comme pas un. Je le retrouverai bruni par le grand hâle et toujours philosophe égalitaire? demanda-t-il en me prenant le menton.

» — Je le crois, mon père.

» Il me prit le cou dans ses mains, me serra à m'étouffer contre sa large poitrine; puis il couvrit ma mère, qui sanglotait, d'un de ces regards profonds que je n'ai vus qu'à ces hommes de granit, la pressa contre son cœur, et, prenant résolument son courage :

» — Adieu, fit-il en courant vers la porte, et demain à Paris !

» Il sortit sans retourner la tête.

» Ma mère pleurait toujours, et, moi aussi, je sentais mon cœur se fondre pour la première fois.

» Le père rentra soudainement et nous ramassa pour ainsi dire, ma mère et moi, dans un seul de ses grands bras. Je sentais sa poitrine se soulever et ses artères battre terriblement. Pendant une minute, ses lèvres coururent du front de ma mère au mien.

» — Ah ! que je vous aime, chère nichée de la maison !

» Il ne trouvait que ces quatre mots-là et continuait à nous embrasser.

» Son cheval se mit à piaffer au dehors.

» — Adieu ! adieu ! fit-il brusquement en s'arrachant à nos étreintes : Marengo s'impatiente, il sait que nous sommes attendus, adieu !

» Une minute après, j'écoutais dans le lointain, sur le petit chemin sec, le galop précipité de Marengo.

» Voilà, ma Berthe, comme on se quittait alors, et nous ne possédions point, ni les uns ni les autres, la sagesse et la belle tenue qui permettent de ne laisser exhaler des grosses émotions que juste ce que civilité comporte.

» Le temps passait avec la rapidité vertigineuse spéciale de cette époque sans précédents. Pendant que le père suivait l'empereur jusqu'en Russie, je me plongeais dans les enseignements de ces grands consolateurs qui s'appellent les livres.

» J'étais devenu un cultivateur pratique, et la ferme des pauvres Montgeron, où ma mère apporta jusqu'à sa dernière heure son activité et son économie de fourmi, était citée comme un des domaines les mieux administrés et les plus productifs du département.

» Pendant ces calmes travaux et ces heures prospères, on pensait tristement au père, chez nous. Moscou fumait derrière l'armée française, et nous ne recevions aucune nouvelle précise.

» Il nous revint pourtant de ce désastre épouvantable. Mais quel changement ! L'homme robuste, infatigable, granitique, avait pu résister aux neiges et aux incendies, il ne résistait pas à la honte de la défaite.

» Je n'oublierai jamais les détails de sa rentrée au logis. C'était une grosse nuit, — comme celle qui se prépare. Toute la maisonnée était endormie depuis longtemps. On frappe. Ma mère saute au pied du lit.

» — C'est lui, je suis sûre que c'est lui !

» Elle courut à la porte, l'ouvrit en toute hâte et recula épouvantée.

» C'était bien lui, pourtant !

» Quand il déploya sa grande taille courbée sous le haut plafond à solives, quand il nous eut regardés de son œil sans lueur, nous nous prîmes, ma mère et moi, — et lui aussi ! — à éclater en sanglots.

» C'était la fin de l'Empire. Il en avait le pressentiment.

» Il ne nous embrassa pas. Il nous tendit à tous deux chacun une main, et serra les nôtres avec une brusquerie fiévreuse.

» Puis il s'assit et demanda sa valise.

» Il en déploya lentement les courroies, défit avec précaution les trois cadenas qui la fermaient, en tira un paquet de parchemin et de billets de banque des pays les plus divers, posa le tout ensemble sur la table et me dit de m'asseoir à mes côtés.

» J'obéis.

» — De ce jour, me dit-il, le nom de Montgeron

t'appartient, mon fils. Je ne me sens plus la force ni la certitude de porter, ni loin ni longtemps, ce nom que j'avais fait illustre. Les événements m'entraînent et je marche aveuglément à leur remorque. J'irai jusqu'au bout du devoir. De ce voyage-là, j'ai la conscience de ne pas revenir...

» Ma mère lui mit la main sur la bouche pour arrêter ces tristes prophéties.

» — Ne m'interromps pas, femme, le temps presse, et personne de nous ne sait rien de demain. Fils, continua-t-il, cette liasse de papiers contient nos titres d'honneur, — qui sont tiens, — et deux cent mille francs qui sont désormais à toi et à ta mère. Si tu ne me revois pas, je désire que cette somme soit employée à l'acquisition du domaine de la Braie-aux-Aulnes, en Bretagne. Ma mère à moi était de ce pays-là. La terre était à vendre l'an passé, et la pauvre maisonnette où elle est née est toujours debout à l'une des portes du parc. Tu feras le voyage et tu verras. Ces titres, tu les conserveras précieusement pour tes enfants, si Dieu t'en donne. Ma vie est soumise aux événements qui nous mettent l'épée dans les reins; les événements me trouveront l'épée au poing. — Approche-toi, garçon, et me donne ta main. Comme toi, à des degrés d'éducation qui différaient, je les ai suivis, les rêves généreux de régénération sociale. Je vivais dans un temps où la fréquentation des prophètes était accessible à

5.

tous. Donc, je les ai coudoyés et je les ai constatés soumis à toutes les faiblesses du commun des mortels. Toutefois, je m'attache, encore et quand même, aux prophéties. Ces aristocrates endiablés avaient à leur service quelques bonnes maximes, entre autre celle-ci, que je te recommande : « Fais ce que dois, advienne que pourra ! » Je t'ai donné la seule force des sociétés qui suivront. L'indépendance ! elle se résume en de l'argent. Fais-en de la grandeur, si tu peux ; de la bonté, tout au moins. Ceci, je l'exige.

» Là-dessus, il partit avec sa brusquerie habituelle.

» L'année suivante, ma mère mourait d'une congestion cérébrale, en ouvrant le *Moniteur*, qui racontait la sinistre journée de Waterloo. Elle mourait parce que mon père était mort. Elle tomba d'une pièce et comme frappée de la foudre.

» Moi, les devoirs religieux accomplis, je me sauvai comme un fou. Je pensais que cette terre était maudite. La terre nourricière, pourtant !

» Je bouclai la fameuse valise derrière la selle, et, quelques jours plus tard, j'étais en Bretagne, selon les recommandations du père.

» Le domaine était toujours à vendre. Je l'achetai. Par restitution récente, il appartenait à ta famille, Berthe ; à ta famille, ruinée par les guerres de la Révolution. Les libéralités de Louis XVIII et le million des émigrés avaient à peine reconstitué une existence suffisante à ces grands seigneurs jadis si puissants dans la contrée. Le chef de la famille était mort à l'étranger. Une vieille grand'tante, tournée à l'angélique et à la confiserie religieuse, représentait la branche ainée; elle se signa en voyant mes vêtements subversifs, et me fit conduire à sa nièce. Sa nièce, c'était ta mère Alix de Noëllis, et je la voyais pour la première fois, dans le château où nous voilà.

» Berthe, tu ne l'as pas connue, ta mère! C'étaient, dans l'attitude, dans le son de la voix, dans les affaissements onduleux du corps et de l'âme, les belles douceurs aristocratiques de sa race. Mais elle avait des redressements soudains. Ce peuple, que sa mémoire et les récits des siens lui représentait sanguinaire et farouche, elle le plaignait jusque dans ses excès. Elle aussi avait soif de justice et poursuivait le rêve éternel de la vie accessible à tous, — aux riches comme aux pauvres. Elle frémissait comme une sensitive à toutes les vibrations de l'époque nouvelle; mais elle demeurait religieuse et grave au milieu des entrainements qui nous débordaient de toutes part. Elle croyait à la fraternité humaine, elle la cherchait, elle applaudissait à ses progrès, et tout à coup elle se souvenait des enseignements chrétiens et tombait à deux genoux sur son prie-Dieu! Elle mêlait par des élans sublimes la foi libérale et les vieilles traditions catholiques.

» Sa grand'tante, élevée sous le déclin des rayons d'or du roi-soleil, très-inconsciente des détails de l'administration, continuait à traîner ses guipures et ses hautes coiffes en dentelles par les salons du château, sans souci de sa fortune et de l'avenir. Il faut que vieillesse se passe! La sienne se passait à jouer de l'éventail et à assister aux offices. Elle écoutait le sermon en ronronnant sur sa chaise basse bien rembourrée, et répétait à sa nièce que les voies de Dieu sont infinies.

» La jeune fille, elle, veillait avec l'orgueil et la volonté de sa race. Elle vendait sans hésiter les parcelles éloignées de la terre patrimoniale de Noëllis, et, s'astreignant pendant six années à des revenus minimes, elle parvint à conserver dans son intégralité le domaine de ses pères.

» A la voir, austère et douce, conserver sa noblesse, sa majesté et son incomparable charme au milieu des occupations quotidiennes, et traverser les cours des fermes avec les allures d'ondine, mon cœur se prit de jour en jour. Elle avait à peine dix-huit ans, alors. Je sentais tout ce qui nous séparait : ma naissance, mes aspirations hostiles aux siennes, ma rudesse native si loin de sa grâce prétorienne; mais je l'aimais!

» Je vivais depuis cinq ans dans le pays, et j'assistais aux luttes qu'elle soutenait contre la rapacité des gens d'affaires. Ce mélange de raison pratique, d'élévation et de charité, m'avaient fait son homme lige. Elle me consultait dans les cas difficiles, et, pour l'aider de mes conseils, j'avais appris le Code — d'un bout à l'autre. Oui, ma fille, ce gros livre à tranches multicolores que tu ne veux pas voir sur ma table de travail — je le sais par cœur !

» Un soir qu'elle me conduisait jusqu'au bout de l'avenue, — Berthe, il y avait des clairs de lune bien irrésistibles, dans ce temps-là ! — chastement, sans y penser, malgré moi, je pris sa main dans les miennes et la portai à mes lèvres. C'était la faute de la lune qui se glissait à travers les vieux sycomores de l'allée avec des chatoiements dont on n'a pas l'idée.

» Elle était si chaste, si sincère, qu'elle ne songea même pas à la retirer...

» Nous nous aimions !

» Elle ne me dit pas un mot, mais j'étais sûr d'elle comme elle était sûr de moi. Nos vies étaient désormais liées.

» Avant de me quitter, elle posa son petit doigt nacré sur mon épaule. Je tressaillis des pieds à la tête.

» — Monsieur Montgeron, prononça-t-elle nettement de sa belle voix métallique, je n'ai que vingt ans, et c'est une parole d'honneur que je vous donne.

Je m'appuyai contre la grille pour ne pas m'évanouir de bonheur.

» — Écoutez-moi, continua-t-elle avec son calme éternel. Vous avez une parole d'honnête fille et de fille noble. Néanmoins, la réalisation de nos espérances communes peut tarder bien longtemps encore. Je suis d'une race où l'on ne désapprend pas l'obéissance ; ma grand'tante, j'en ai la conviction, ne consentira jamais à notre mariage. Reposons-nous sur Dieu, et attendons! Moi libre, je ne sais pas de main plus loyale où poser celle que je vous tends aujourd'hui.

» — Alix! m'écriai-je les larmes aux yeux.

» — Partez, fit-elle. Demain, vous recevrez mes instructions.

» Je ne me détournai pas même pour la voir descendre l'avenue. Sa dignité me subjuguait. Mais quels rêves je rêvai cette nuit-là !

» Le lendemain, selon sa promesse, je reçus un pli à ses armes que je brisai frénétiquement, et je lus :

« Vous avez ma promesse et je suis de ceux-là qui ne se délient point. Quittez le pays. Nos relations ne peuvent continuer sur le même pied depuis la soirée d'hier. A l'heure de la liberté, ma première pensée sera pour vous.

» Alix de Noellis. »

» Ce furent les seules lignes que je reçus d'elle

pendant six ans. A la mort du roi Louis XVIII, elle ne m'écrivit qu'un mot : « Venez ! »

» J'accourus.

» On drapait les murs extérieurs de la chapelle pour une cérémonie funèbre en l'honneur du feu roi. Je n'avais pas le sentiment religieux en ce temps-là. J'avais pris la poste, parce que l'amour me fouettait le sang vers le cœur. Je croyais à toutes les vaillances, à toutes les grandeurs, à tous les courages de l'amour; à Dieu le Père, le Fils et le Saint-Esprit, guère ou point du tout.

» J'assistai de loin à cette messe expiatoire. Quand le vieux prêtre éleva le ciboire bénit de ses mains tremblantes, tout le populaire se prosterna front contre terre.

» Je tombai à genoux et je pleurai longuement, la tête dans les mains : Alix de Noëllis était debout devant moi.

» — Je vous payerai ces bonnes larmes-là, me dit-elle simplement. Allez à votre devoir et me laissez au mien, mon ami.

» Ce furent ses uniques paroles.

» Et, comme la foule s'approchait de nous, elle me dit adieu d'un geste et se dirigea vers la cour d'honneur avec la majesté d'une reine.

» Je regagnai la ville, l'œil plein d'éclairs et le cœur fortifié par cette simple affirmation donnée par une femme.

» Cette fois, la séparation ne fut pas longue.

» La tante douairière adorait le roi défunt. Il lui avait offert, dans une circonstance mémorable, une prise de tabac qu'il prenait sur l'épaule de madame du Cayla; elle s'éteignit insensiblement après la mort du monarque bien-aimé.

» A la lettre de faire part, Alix de Noëllis avait ajouté quatre lignes de sa main, — quatre lignes que je sais par cœur. Ma petite Berthe, écoute ce style-là !

« Ma tante est morte. Je suis seule au monde et maîtresse absolue de ma personne. Vous avez toujours eu mon estime et vous m'avez demandé mon amour. Philosophe, je vous attends avec vos idées subversives — que je corrigerai — et votre loyal cœur, que je ne corrigerai jamais.

» ALIX DE NOELLIS. »

» Si j'arrivai à triples guides, tu le devines !

» Elle, toujours majestueuse et calme, de même que le jour de notre séparation, me tendit sa main allongée... Ah ! cette fois, tant pis ! je la baisai sur toutes les phalanges, et, de la main, je lui sautai au cou en sanglotant, ni plus ni moins qu'un conscrit.

» Ah ! Berthe, ma Berthe adorée ! elle avait comme

toi ces fiertés de réserve et d'attitude ; mais, quand son cœur se fondit sur le mien, quels alanguissements et quelles tendresses bénies ! Elle me dit tout : combien elle m'avait aimé dès la première minute, comment elle m'avait préparé une vie heureuse et digne pendant que je la rêvais studieuse et forte.

» Elle me faisait ses confidences en riant, en pleurant, en battant des mains. Elle me conduisit à la chapelle et me fit agenouiller à ses côtés. Cette fois-là, j'ai vraiment prié. J'emmêlais drôlement sans doute le *Pater* et le *Credo* ; mais le bon Dieu y trouvait son compte rond, va, j'en suis bien sûr !

» On l'a dit avant moi, les existences heureuses n'ont pas d'histoire. Et je fus, en vérité, trop heureux! Dix ans de bonheur, Berthe ! dix années de félicités de chaque instant ! dix années d'attentions charmantes, de pensées partagées, de loyales ivresses
faire croire au paradis...

» Elle avait des coquetteries triomphantes. Je faisais bien mine de m'insurger deçà, delà ; — mais le moyen? Par exemple, je m'appelais Montgeron, n'est-ce pas? les paysans ne l'entendaient de la sorte. Ils me donnaient du « monsieur de Noëllis » gros comme le bras. Noëllis est un beau nom sonore et dont on a plein la bouche. Mais je tenais à Montgeron. Note en plus que les fermiers en retard me donnaient même du « monsieur le marquis » à travers la figure.

» — Montgeron! disais-je, Montgeron tout court!...

» — Bon! laisse-les faire et dire, me répondait-elle avec ses adorables câlineries..., et, qui sait? la noblesse n'est pas morte, la vraie, la grande, celle du cœur et du courage. Tu deviendras duc et prince, à ton heure, si les titres sont désormais la récompense du mérite.

» — Et l'égalité? demandais-je en me redressant de toute ma hauteur.

» Elle me posait ses doigts sur la bouche.

» — Fi, le jacobin!

» Le paradis, dont ta mère m'a tant parlé, je ne sais pas si je l'aurai là-haut; ce dont je suis bien sûr, c'est de l'avoir possédé ici-bas. Les bonnes journées à deux âmes, ma Berthe! et comme le temps passait! A quoi? le sais-je? A nous aimer, à nous chercher des *surprises!* Moi, j'étais bien inventif, va!

» Elle trouvait tous les jours à Brest des fleurs nouvelles, et je répondais à ses cadeaux par des feux d'artifice qui lui faisaient peur. J'adorais ces peurs-là! Elle se jetait frissonnante à mon cou au bruit des premières détonations; puis, quand les gerbes s'élançaient vers le ciel, flamboyantes, multicolores, superbes, elle regardait, regardait, regardait!

» Elle avait des profondeurs et des fixités d'œil qui m'effrayaient quand elle se prenait à regarder vers le ciel.

» Au milieu de cette vie, toujours la même et toujours délicieuse, une amertume inguérissable troublait l'existence de la pauvre femme. Dieu, qu'elle invoquait toujours, nous avait refusé des enfants; elle s'étiolait dans l'attente, et souffrait toutes les inévitables douleurs des entrailles infécondes.

» Au sacre de Charles X, elle désira faire le voyage de Paris, et présenter ses hommages au nouveau roi. Je n'avais d'autres volontés que les siennes, et ce fut affaire entendue. On sortit de dessous la remise le vieux carrosse de Noëllis, on passa les dorures aux acides, et les peintures à l'encaustique ; on épousseta les vieux coussins. Je commis même l'extravagance d'enlever, à prix d'or, le cocher du préfet, pour faire bonne figure dans la grande ville.

» En arrivant à Paris, ce ne fut qu'un succès médiocre.

» Mais elle assista au sacre...

» Cependant nous nous coudoyâmes du nez, Sa Majesté Charles X et mon indépendance. On me fit des avances; avec deux belles paroles, j'étais pair de France. En juillet 1830, nous revînmes au château, et, six années après, tu étais de ce monde. Cela fut une grande joie, mais ta mère était malade ; si malade, qu'au bout d'un mois, elle était morte de la fièvre de lait.

» Sur son lit de douleur, elle me fit jurer de tout sacrifier à ton avenir.

» Je restais seul! seul! comprends-tu? Non, voilà de ces choses qu'il ne faut pas comprendre.

» A te prendre fraîche et rose, dans mes grands bras endoloris et lassés, une salutaire pensée me remonta des entrailles au cerveau. Je me souvins du paternel château de Noëllis, où j'avais vécu les chaudes journées de ma meilleure jeunesse; je me jurai que tu grandirais dans cette fraîche et saine atmosphère.

» Et, huit jours après, je pendais mon habit de cérémonie à côté des habits de fer de tes nobles ancêtres.

» Maintenant, ma Berthe chérie, réponds-moi en toute sincérité. Ai-je accompli sincèrement et loyalement, et d'un bout à l'autre, tous les devoirs de père envers toi? Me serait-il arrivé, bien involontairement sans doute, — mais est-ce qu'on sait, avec vos petites cervelles? — me serait-il arrivé de blesser, en quoi que ce soit, ta liberté de conscience de jeune fille? Ai-je manqué de tact ou de souplesse? Je suis un homme de harnais, moi, plus qu'un chevalier de ballade...

— Oh! mon père! pourquoi toutes ces questions? Vous êtes, vous avez été et vous serez toute votre vie le meilleur des hommes de la terre, quand bien même vous fronceriez méchamment le sourcil, ainsi que vous faites en me regardant...

— Oui, c'est répondre comme dans la civilité

puérile et honnête; mais nous sortons de la question. — Aimes-tu Philippe ? C'est là que gît le lièvre. Je vais au gîte tout roide comme mon chien Rustaud.

La jeune fille s'était laissée tomber sur une causeuse et détournait la tête sans répondre.

Le comte Montgeron n'était point un tigre, mais il lui remontait parfois des rugissements à la gorge.

— Allons, bon ! elle pleure, à présent ! s'écria-t-il; c'était donc pour les placer plus tard que vous économisiez vos larmes tout à l'heure?

— Mon père, vous êtes injuste, vous êtes méchant, vous êtes cruel !

— Eh non ! Je veux que tu sois heureuse, voilà tout. C'est pourquoi je prends la barbarie de t'interroger. — Ah ! si ta mère était là, c'est elle qui se chargerait de provoquer, de recueillir tes confidences ! mais, comme je l'ai remplacée auprès du berceau de l'enfant, je viens encore remplir sa tâche auprès de la jeune fille qui va commencer la vie sérieuse... — Voyons, ma Berthe adorée, n'as-tu jamais pensé qu'il dût y avoir entre deux fiancés, entre deux époux, un lien plus puissant que l'estime en laquelle tu tiens ton prétendu, que la sympathie mutuelle qui résulte pour vous de la connaissance du projet de vos deux familles et des années passées en commun? S'il en était ainsi, je te supplierais à genoux de l'avouer à ton vieux père. Sa main a su te bercer; son cœur saura bien te comprendre.

— Mais, mon bon père, si c'est aimer quelqu'un que le préférer à tous parce qu'on le croit le meilleur, j'aime M. de Villepré, et je n'éprouve pas plus de confusion à vous le dire que je n'en ai ressenti à le lui faire voir. Seulement, il s'est toujours montré avec moi si raisonnable, si réservé, si grave, qu'il m'en impose un peu, et que, lorsqu'il est là, je m'efforce de lui ressembler. — Tenez, vous rappelez-vous ce jour de notre enfance où nous sautions tous deux de rochers en rochers sur la plage de Kéroualle, tandis que vous étiez enfoncé jusqu'aux yeux dans votre journal ? Tout à coup le pied me manqua, et je roulai sur le sable du haut d'un gros bloc de granit. Vous m'avez crue morte, et vous êtes devenu tout blanc... Philippe, lui, ne pâlit pas. Au risque de se briser, il s'élança de l'endroit d'où j'étais tombée, rebondit à côté de moi et me releva dans ses bras... Puis, quand il eut vu que je souriais et que je n'avais aucun mal, il se sauva, pleurant sans bruit. Et, comme, de retour au château, vous lui demandiez la cause de sa fuite et de ses larmes, de quel air il vous répondit : « Il ne faut pas que les femmes voient pleurer les hommes. Si Berthe m'avait vu pleurer, elle se serait crue morte et aurait jeté les hauts cris. Je me suis enfui pour la rassurer. » Il n'avait pas quinze ans.

— Oui, oui, et il faisait déjà le grand garçon !...

— Eh bien, la jeune fille d'aujourd'hui a voulu imiter le grand garçon d'autrefois. Il ne faut pas non plus, parfois, que les hommes voient pleurer les femmes. M. de Villepré paraissait abattu, désespéré, anéanti ; c'est pour lui rendre un peu de son courage que j'ai forcé le mien... — Ai-je mal fait, dites-moi, et allez-vous m'en vouloir démesurément pour cela ?

Berthe de Noëllis et son père montaient en ce moment le perron du château.

— Mignonne, s'écria le comte, tu as plus de sagesse dans une seule de tes boucles brunes que moi sous tous mes cheveux blancs. Où diable avais-je la tête, mon enfant ? Tout ce que tu fais est bien fait... — C'est que j'aurais été fort empêché de rompre ce mariage. Le pauvre Villepré en serait mort, d'abord...

— Mais je n'entends pas qu'il meure, moi ! et je compte bien être sa femme.

— Alors, *vive la Républ...* Qu'ai-je dit là ? Me voilà parti comme à vingt ans. Aimes-tu mieux : *Vive le roi ?* Ta mère préférait cette gamme-là. Au fond... selon les jours ! selon les jours ! — Je me souviens qu'à lire ensemble *le Contrat social...* Ce n'est pas de ce contrat-là qu'il est question. Ah ! une idée : *Vive la reine !* Je n'ai plus de république, plus de roi, mais il me reste une reine. Donnez-moi le baise-mains, Majesté ! Le trône, c'est à présent le tabouret où tu t'assieds pour mettre ton front à la portée de mes baisers !.Ah ! tu es bien devenue ma seule politique, va ! et la France doit être furieusement jalouse de vous, mademoiselle.

Berthe sourit.

— Puisqu'il en est ainsi, dit-elle, la reine, d'accord avec la politique...

— Voilà, ma foi, deux choses qu'on ne voit pas souvent... Mais, enfin, continue...

— La reine, d'accord avec la politique, vous commande d'aller prendre du repos. Il est minuit passé, et vous n'oubliez pas que nous avons demain à déjeuner votre savant ami le docteur Gerbier...

— Ah ! oui, le *déductionniste,* comme il s'appelle lui-même, depuis qu'il a lu Egard Poe, et qu'il s'imagine rencontrer dans le plus simple événement un *assassinat de la rue Morgue,* dont il s'ingénie à remonter le cours...

— Et, si vous le recevez demain avec une mine souffrante et fatiguée, il lui sera facile de déduire de vos habitudes que vous vous êtes couché tard. Alors, c'est moi qui serai grondée...

— Que veux-tu, mon enfant ! je suis vieux, et il ne me reste plus que si peu de jours à passer auprès de toi, que je voudrais pouvoir les doubler en y joignant les nuits...

Le vieillard attira sa fille dans ses bras.

— Allons, j'obéis! Un rabâcheur de comte de l'Empire n'a qu'à s'incliner devant votre grâce héraldique. Madame la marquise de Villepré, j'ai l'honneur de vous embrasser et de vous souhaiter le bonsoir. — Remonte chez toi, fillette; moi, j'entre dans mon cabinet.

— Comment! vous n'allez pas encore vous mettre au lit?

— Pas le moins du monde! Et les affaires? Voulez-vous bien tourner la tête, quand il passe sur vos lèvres roses une de ces grimaces dédaigneuses? Je suis resté un Montgeron, malgré les tapisseries de haute lisse qui forment le baldaquin de mon lit. Un Montgeron, petite, c'est un avaleur de terre, vois-tu! Il m'en faut des lieues carrées pour que tu puisses étaler en marquise la queue de ta robe. Ta mère t'a faite belle, ce grognard de père entend te faire riche comme une princesse des contes de fées. Ah! ton bonheur, je le veux! et, dans ce siècle de banquiers, le bonheur, c'est le jeu du mât de cocagne. Tu auras la timbale d'argent, tu l'auras! Nous laisserons le saucisson aux banquiers. Assez bon pour ces pingres!

— A minuit, à soixante ans passés, le bonheur se trouve sous le grand couvre-pieds de brocart que je vous ai brodé.

— Et Chauvelin? il s'agit de tancer Chauvelin! C'est un paresseux et un négligent, ce Chauvelin!

Il n'en prend qu'à son aise, en véritable notaire qu'il est. Tu ne sais donc pas? Je l'ai envoyé de son étude écussonnée de Quimper à l'hôtel du *Portugal*, rue Notre-Dame-des-Victoires, à Paris. J'avais mes idées diplomatiques, entre autres l'intention d'acheter la lande de Ploarnez. Or, la rente monte. Si Chauvelin vend à temps... Mais est-ce qu'on sait jamais le fond des notaires royaux?...

» Ah çà! je crois, Dieu me pardonne, que je vais te faire dormir debout avec mes sots détails. Va te coucher, mignonné. Je vais laver la tête à Chauvelin. Depuis un mois que ce monsieur est parti, je n'en ai eu ni vent ni nouvelles de lui, ni de la mission dont je l'ai chargé. Morbleu! de mon temps, les hommes d'affaires nous volaient plus exactement!

Mademoiselle de Noëllis regagna son appartement toute songeuse.

Elle y trouva sa camériste, plantée devant la glace brisée par le caillou de Cancrelat, dans l'attitude de la jeune fille de Greuze sur l'admirable toile *la Cruche cassée*.

Était-ce bien seulement une vitre en capilotade qui rendait mademoiselle Florette aussi émue, aussi agitée, aussi tremblante?

Hélas! on ne saura jamais quels ravages un mousse — suffisamment coquin — peut exercer dans l'âme tendre d'une soubrette quadragénaire!

— Qu'y a-t-il donc? demanda Berthe étonnée.

— Mademoiselle, c'est un carreau qui, lorsque je poussais cette fenêtre...

— Un carreau?

— Oui, la lune aura tapé dedans... Comment mademoiselle va-t-elle faire?...

— Mon Dieu, ma pauvre Florette, vous n'avez pas besoin d'avoir l'air si épouvanté... On fermera les persiennes et on tirera les rideaux...

— Si mademoiselle désire que je prenne ce soin?

— Non, je veux respirer un peu à la fenêtre...

— Mademoiselle, l'air est bien froid.

— Prépare-moi deux gouttes du docteur Gerbier dans un verre d'eau.

— Bien à vos ordres, mademoiselle.

La camériste quadragénaire eut un éclair dans les yeux; elle courut à l'armoire de palissandre, et fit mine de chercher longuement.

— Mon Dieu! mademoiselle, il suffit que l'on soit pressé pour ne rien rencontrer sous la main. Je ne trouve pas ces maudites gouttes.

— Ces gouttes bienfaisantes, au contraire, dit Berthe.

Et mademoiselle de Noëllis alla elle-même chercher le flacon sur une étagère bien en vue et le remit à la suivante.

Cela fait, elle reprit sa place à la fenêtre en continuant à suivre les nuages d'un œil vague.

Florette, elle, avait l'œil fixe et précis; sa maîtresse avait à peine le dos tourné, qu'elle tirait de son corsage un flacon microscopique et en versait précipitamment le contenu dans le verre de cristal taillé.

Elle n'était pas dénuée, d'ailleurs, d'une certaine conscience, cette femme mûre. Elle remua le breuvage avec des précautions d'ancienne femme de charge. Quand la mixtion se trouva parfaite à son estimation, elle appela sa maîtresse.

Celle-ci continuait à interroger les lointains orageux.

Florette faillit s'impatienter, elle courut à la croisée, et risqua comme une tentative pour la fermer.

— Laissez-moi ! dit la jeune fille.

— Vous laisser ! et les gouttes du docteur ? et l'air humide du soir qui vous menace ?

Elle tendait le verre avec des mines engageantes. Berthe le saisit et but d'un trait.

— C'est bien amer, me semble-t-il.

— C'est le vent salé de l'Océan qui est amer ! Mademoiselle, pas d'imprudence, de grâce ! sur la potion, il est sain de se coucher... et je sens une brise malsaine qui vous souffle en plein visage. Venez que je vous déshabille...

— Non, dans un instant, répondit Berthe avec une sorte de résolution qui ne lui était pas ordinaire. Vous pouvez me quitter, Florette, je me déferai seule.

La femme de chambre fit un pas vers la porte...

— Ah! ajouta Berthe, enlevez auparavant ces morceaux de verre qui pourraient me blesser.

La chambre était éclairée et la croisée ouverte.

Dans le parc, Montfort, embusqué derrière son arbre, ne perdait pas un mouvement des deux femmes.

Lorsqu'il vit la camériste ramasser et emporter les débris de la glace, il eut le rire sauvage et silencieux que Cooper prête à l'un de ses personnages, Chingagook ou Bas-de-Cuir.

Cancrelat — qui s'était baugé dans l'herbe — leva la tête et demanda :

— Qu'est-ce qu'elles font là-haut, les femelles?

— Ce qu'elles font? répondit l'enseigne. Elles préparent des *circonstances atténuantes*.

VII

A peine la camériste eut-elle tourné les talons, que Berthe ouvrit la fenêtre et s'appuya songeuse sur l'appui du balcon. A quoi rêvait-elle, l'ignorante enfant? A tout et à rien, comme rêvent les jeunes filles. Son regard, perdu dans les brumes qui montaient de la mer, allait-il vers Dieu ou vers le fiancé qui venait de la quitter? Vers l'un et vers l'autre... Il allait à l'amour. Cette nature virginale et fière, élevée dans ce vieux château, loin des fébrilités mondaines, avait des délicatesses d'hermine et des puretés de conscience que ne soupçonneront jamais des demoiselles au courant de la littérature contemporaine. L'amour signifiait simplement pour elle : dévouement de la part de la femme, force et protection de la part de l'homme ; le rêve ne comportait pour cette nature, vierge de pensée, aucune vision capiteuse. Elle se disait que la vie doit être bonne à deux, bras contre bras, cœur contre cœur. C'était une placidité mélancolique et sûre d'elle-même, sûre du devoir, sûre du bonheur.

Le souvenir de Philippe n'éveillait, dans cette organisation calme et bienveillante, nulle autre aspiration que celle de la vie entre le père et l'époux, avec l'essaim des petits enfants grouillant sur le tapis du salon, ou sur les grandes pelouses du jardin.

La passion ne soulevait pas ce beau sein. Non, mais on ne sait quoi d'indéfini, de charmant et de victorieux s'emparait à son insu, par cette nuit tout imprégnée des vivifiantes senteurs de l'orage, de tout son être, jusqu'alors ensommeillé.

— Il fait bon vivre, pensait-elle.

Elle voyait alors, en interrogeant sa mémoire, toutes leurs radieuses journées d'enfance, — à eux deux ! Philippe déjà viril et protecteur comme un homme : elle narquoise et malicieuse, lutinant le jeune savant par ses espiègleries, et barbouillant ses livres scientifiques de confiture et de crème. Ah ! le bon temps ! Un jour qu'elle avait obtenu, à la distribution des prix du couvent, le prix de composition française, il l'avait même embrassée... toute seule, dans un angle de la serre, derrière un citronnier énorme... Elle avait eu bien peur, et l'avait grondé... Ah ! mais ! il avait quatorze ans, elle dix !

Elle devenait grave et méditative à cette évocation, et se disait sérieusement :

— Comme on vieillit!

La lune montait mélancoliquement à travers les nuages; il faisait une de ces nuits phosphorescentes, indécises, particulières aux bords de l'Océan. Berthe se laissait charmer par les énigmes du lointain, elle sondait les horizons prismatiques et nébuleux à la fois, et, quand elle arrivait à percevoir les scintillements d'une étoile, très-atténués par la brume qui se levait :

— C'est là qu'il sera demain! Oh! bien plus loin! son vaisseau n'est pas un vaisseau comme les autres, et; quand il est de commandement, lui, il faut marcher!...

Puis elle plongeait son grand œil dans les profondeurs qui s'obscurcissaient de minute en minute, et demeurait immobile sous son peignoir blanc, dans les nobles poses des statues grecques.

Montfort, en la voyant paraître, avait trouvé le peuplier insuffisant; il avait fait signe à Cancrelat et s'était dissimulé derrière un massif opaque d'arbres verts.

Il la dévorait du regard, Il ne distinguait pas les traits; mais, de l'abandon onduleux du corps, des frissonnements furtifs que le vent du soir imprimait à sa délicieuse personne, il ne perdait pas un détail.

Un moment, à la contempler ainsi recueillie, méditative et chaste, il sentit le remords lui tenailler les entrailles.

— Et demain ?... murmura-t-il sourdement. Oh ! demain !

Il n'osa pas achever sa pensée et laboura sa tête d'une main crispée.

Cancrelat, de son côté, tournait à l'impatience. Ce Parisien avait tous les instincts du confort, et, sans que la passion dominât intégralement son petit être nerveux, il songeait avec amertume qu'un bon feu l'attendait sous les combles où Florette avait ses réserves. Au beau milieu de la mansarde, une table couverte de linge damassé, la bouilloire au foyer, un morceau de gigot froid, quelques flacons de liqueurs variées, n'est-ce pas le bonheur ici-bas

Les ténèbres s'épaississaient de plus en plus, les choses extérieures nageaient dans l'ombre sans forme accusée, sans lignes insaisissables.

L'orage se préparait, venant du nord.

Rien de plus calme, en effet, et de plus reposé que les débuts de la tempête. C'est d'abord une torpeur générale... et soudainement le vent s'est éveillé. Il fripe légèrement le sommet des arbres, puis se glisse insensiblement de branche en branche, vers la base, comme une caresse nocturne.

Attendez !

Il est à ras terre maintenant. Il serpente en sifflant sur les végétations affaissées, il déchire et mord, et blasphème; les obstacles qui veulent l'arrêter, il les chasse devant lui et poursuit sa course insensée. Tout à l'heure il s'élancera sur les habitations humaines, et les pêcheurs n'auront plus qu'à s'agenouiller devant l'image de leur Notre-Dame-de-Bon-Secours.

Berthe sentit la terreur l'envahir et ferma tout à coup sa fenêtre.

Montfort fit deux pas en avant. Puis il réfléchit que son mousse, — curieux et Parisien comme il le connaissait — ne pouvait plus lui servir que d'espion; il eut l'occasion de l'observer à la lueur d'un éclair.

Cancrelat prenait des airs fatigués.

— Reviens dans une heure, lui dit Montfort. Tu m'entends? dans une heure.

— Mais comment saurai-je?...

— Tiens, prends ma montre. Ainsi, point d'excuse.

— Oh! voilà parler, du coup! Mon capitaine, je vous la souhaite bonne et heureuse, accompagnée de plusieurs autres.

Et l'endiablé Parisien disparut à travers les arbustes du parterre.

Resté seul, Montfort se dirigea résolument vers la fenêtre de la jeune comtesse. Mais à peine fut-il arrivé au pied du grand rosier du Bengale qui s'étendait en espalier jusque sous les persiennes de Berthe, qu'il se rejeta en arrière d'un haut-le-corps convulsif et comme involontaire, pour venir tomber sur un banc de fer disposé là, sous les branchages attristés d'un saule pleureur, à la convenance des promeneurs.

Des soulèvements bilieux lui labouraient la gorge, qu'il cherchait vainement à réprimer et qui le brûlaient à se soulever malgré lui. Il se bouchait les yeux du poing et pensait :

— Ah ! j'avais pourtant la noblesse native ! J'ai senti comme un autre, — mieux qu'un autre — les généreuses passions ; mais j'ai prétendu grandir par la seule volonté... Misère ! Tous ces jeunes gens, comblés par la fortune, par la naissance, — par l'aveugle hasard ! — des séductions qui ne s'acquièrent point, se sont fait un jeu cruel de m'apprendre la vie d'ambition. Tout leur réussit, à eux ! Ils entrent, les hommes sourient ; ils sortent, les femmes les suivent. Ils ont le charme... et parlent de tout conquérir, les plus belles et le monde entier, sans plus de façon qu'ils n'en mettent à allumer un cigare. Et, de fait, le monde est à eux ! Ils n'ont qu'à paraître, et toute la société se fait leur complice ! Aussi la Nature !

» Les meilleurs soleils et les plus fraîches soirées leur sont réservées par la vieille marâtre, si dure aux déshérités. Les merles chantent sur leur passage. Moi, je me souviens qu'au lycée j'ai voulu en élever un, — le chat du proviseur me l'a mangé.

» Ah! tête de fer en fusion! dussé-je faire de ma cervelle corrodée un bélier à battre les portes de ce monde que je veux assiéger, j'entrerai! Place! je demande la place due à ce front qui pense, à ce bras robuste, à tout cet organisme exigeant qui me crie famine!

» Allons, voyons! la main sur le cœur, tout est bien aride et desséché en moi?

Il passa sa main sur sa poitrine et se répondit avec fermeté :

— Oui, tout! Je n'entends plus que les bouillonnements précipités de mon sang et ceux de l'ambition. C'est l'instant de marcher résolument vers la puissance, la richesse et cette âpre joie qui s'appelle la domination.

Il s'appuya du poignet sur le banc pour se relever ; puis, comme si le poignet eût fléchi, Montfort retomba assis à la même place.

— Chair d'éponge, tu m'obéiras pourtant! s'écria-t-il avec fureur.

Et, d'une voix sourde :

— On se dit cela tout haut, pour s'encourager, comme les poltrons qui chantent en traversant un bois mal famé. La vérité, c'est que j'ai peur! Je n'étais pas né pour ces aventures tortueuses... C'est leur faute, à ces beaux fils du bonheur tout fait ;

mais, j'ai juré de me venger... et ce qui est écrit dans ma tête est écrit à ne jamais s'effacer. Tout petit enfant, j'ai souvenir que ma mère roulait entre ses mains osseuses les tempes tenaces qui me battent toujours là, souvent à briser leurs parois. La pauvre créature se demandait sans doute quelle pensée ferait, plus tard, son gîte dans ce crâne agrandi. La pensée sinistre est entrée, elle n'en sortira plus ! Cette fois, debout, corps débile ! je commande.

La grande taille de l'enseigne se redressa comme sous l'impulsion d'un ressort brutal.

Et, d'un pas automatique et régulier, il se dirigea vers la fenêtre.

Chemin faisant, la pluie lui cinglait le visage ; il frissonnait, et ses dents se heurtaient avec un bruit métallique ; mais il approchait du but, résolument, sans dévier.

La chambre de Berthe, nous l'avons expliqué, était située au premier étage ; mais une grille de fer régnait dans toute la longueur d'un rez-de-chaussée qui facilitait l'ascension aux arbustes et aux plantes grimpantes.

L'enseigne s'arc-bouta contre les barres ; puis, comme un gnôme des légendes, il se hissa jusqu'au carreau brisé.

La lumière était éteinte dans la chambre de Berthe, et le misérable pouvait entendre le souffle égal et pur de la jeune fille.

Il l'entendait, il le buvait, et ses artères se gonflaient à se rompre.

Pourtant, il hésita longuement avant d'introduire le bras vers l'espagnolette.

— Si elle allait entendre et sonner ses gens? pensait-il. Eh bien, j'en serais quitte pour l'étouffer et me tuer ensuite. Tu n'as pas la prétention, j'imagine, enseigne Montfort, que cette Juliette t'attende avec les impatiences et la provision de caresses réservées à Roméo? Sans doute, ici comme ailleurs, — comme dans l'éternité! — il y aura des pleurs et des grincements de dents. Toutefois, deux poignes de loup comme les tiennes auront bien vite raison de cette agnèle bêlante; et puis à quoi bon réfléchir?...

L'espagnolette, généreusement huilée par la servante Florette, glissa dans sa gâche sans le moindre bruit. Un côté de la fenêtre s'entre-bâilla, et l'aventurier se glissa dans la chambre.

Un tapis de haut lainage amortissait les pas comme dans un oratoire de chanoinesse.

A sentir les moelleuses émanations de la chasteté confiante, le sceptique Montfort se reprit à tressaillir.

Il avança pourtant, lentement, lentement! avec des sinuosités et des précautions de bête fauve en quête de sa proie.

A droite, à gauche, partout sa rude main rencontrait les souples vêtements de la victime. Sur un large fauteuil Louis XV, c'était la robe blanche qu'elle venait de quitter, une étoffe légère, diaphane et onctueuse au toucher, à donner des frémissements à Méphistophélès lui-même ; plus loin, épars sur le marbre antique d'une console, son chapeau de paille et la batiste amidonnée de son col. Il marchait toujours ! l'orage qui s'amoncelait dans la tête de cet homme n'est point de ceux que l'on raconte. Il marchait, vous dis-je ! En vain le sang lui mordait les yeux, en vain le viscère qu'on nomme le cœur lui frappait brutalement la poitrine comme le battant d'une cloche qui sonne le *Miserere*, en vain un froid de glace envahissait ses extrémités pendant que du plomb fondu corrodait ses veines, il allait ! A un moment donné, ses pieds donnèrent contre une marche qui se trouvait là, et il faillit trébucher.

Il jeta la main en avant dans le vide, et ses doigts se retinrent fortement contre un meuble de forme élevée, solide et résistant, massif. La main contourna l'extrémité supérieure où elle était tombée, et Montfort reconnut, au contact, la croix d'un prie-Dieu.

On eût dit que le morceau de bois sanctifié domptait l'âpre marin. Ses jambes faiblirent... il tomba agenouillé, presque vaincu.

Berthe sommeillait toujours.

Elle avait oublié, dans sa prière du soir, un léger burnous de cachemire blanc, sur la balustrade du prie-Dieu. L'étoffe indienne, toute imprégnée des parfums de la contrée originaire, laissait échapper des émanations de sandal et de rose. Les belles chairs des épaules aussi avaient déposé sur le tissu leurs senteurs pénétrantes. Il ignorait, ce sauvage de l'Océan, les exquisités subtiles et victorieuses qui émanent de la virginité. Il se sentait devenir fou.

Il se releva d'un bond et courut vers l'alcôve en tordant brutalement le cachemire. Il en enveloppa d'un tour de bras la tête de l'enfant qui dormait.

— Ah! Dieu sauveur! s'écria-t-elle dans un râle suprême.

Ce fut tout.

A une heure précise du matin, le matelot Cancrelat opérait sa rentrée triomphante à l'auberge de l'*Appareillage*.

Il entra comme un tonnerre, l'aimable Parisien, réveilla la maisonnée et demanda à parler sur la minute au lieutenant Villepré.

On lui répondit que l'officier dormait.

Il insista sur un air de Thérésa.

Puis il demanda du punch, et mademoiselle Trémentin, en cornette de nuit, fit son apparition d'astre armoricain.

— Et l'enseigne Montfort? demanda-t-elle.

— Il fait un voyage d'agrément, il faut croire, car il m'a chargé d'une lettre pour le lieutenant; et voilà pourquoi, sauf le respect que je dois à mes supérieurs, dont vous êtes, mademoiselle, et voilà pourquoi je me suis permis de vous réveiller.

— Le lieutenant dort, on vous l'a dit, et vous savez bien qu'il n'entend pas qu'on le dérange, celui-là.

— Dormir à une heure, un futur capitaine!

— Comment! il n'est qu'une heure? Vous riez, vous.

— Regardez plutôt l'heure de la Bourse.

Et il tira de son gousset la montre de Montfort.

Le papa Trémentin débouchait en bonnet de coton; il avait la lèvre lippue, l'œil gonflé; il aperçut le bijou que sa fille maniait avec admiration.

— Un vrai chronomètre! affirma-t-il en s'adoucissant du coup.

Nous avons dit qu'il parlait bien et l'avons prouvé.

— Et remarquez, bonhomme grotesque au naturel, et plus grotesque dans le demi-réveil, qu'il n'est que onze heures à votre coucou de bois peint.

— Tiens, la patraque est arrêtée! fit l'aubergiste en ouvrant la gaîne de l'horloge.

Cancrelat riait à se tordre.

— Les amis auront mis les poids dans les mouvements, pas vrai? Ça se fait à la veille d'un départ, après boire, une plaisanterie! — C'est de tradition.

— Mais ma lettre? ma lettre?

— Tu la remettras à cinq heures, quand on lèvera l'ancre, dit maître du Falgoët, en poussant le garnement par les épaules.

— De fait, c'est une idée, cela! c'est même, si j'ai bonne mémoire, la propre recommandation de mon enseigne.

Sur cette saine réflexion, il monta l'escalier en trébuchant.

Sous l'ivresse la plus exagérée et souvent simulée, le jeune Cancrelat ne perdait jamais la forte logique des faubourgs.

Avant son départ pour le château, il avait arrêté toutes les horloges de maître Trémentin, dit du Falgoët.

Pour la montre en or, elle retardait précisément de deux heures.

On ne sait pas ce qui peut arriver.

VIII

Berthe de Noëllis était évanouie.

Dans la précipitation de sa fuite, l'homme qui venait de flétrir cette radieuse jeunesse avait laissé la fenêtre grande ouverte.

L'air glacé de cette nuit fatale entrait par trombes dans la pièce, d'ordinaire tiède et capitonnée. La jeune fille, ranimée par le froid, fit un mouvement. Ses beaux bras de marbre lacté se détendirent, sa poitrine contractée laissa échapper un gémissement sourd.

Ce n'était pas encore le réveil complet. Triste spectacle à analyser que celui de la renaissance à la vie, pour cette chère créature à jamais déflorée.

Ce furent d'abord d'imperceptibles frémissements qui secouèrent les extrémités de ce corps charmant. Les bras énervés étendus le long des hanches remontèrent, par secousses, jusqu'à la poitrine. Elle n'avait pas le sentiment de la honte, la douce victime; mais elle serrait par un instinct désespéré son cœur glacé sous ses deux mains exsangues.

Son souffle anhilant râlait avec effort de la poitrine aux lèvres.

Elle qui, jusqu'à cette heure, n'avait respiré que les puretés de la jeunesse, de la nature et des nobles affections, se sentait vaguement mourir sous un poids écrasant qui l'étouffait.

La pensée n'était pas encore remontée vers ce beau front courbé. Une douleur intense, incompréhensible; générale, enserrait ses membres sous une pression de fer; c'était l'ancienne torture qu'elle subissait, atroce, tenace, sans pitié. Elle souffrait abominablement, et, tout en ayant le sentiment confus des douleurs qu'elle endurait, elle n'avait pas encore conscience de l'irréparable vérité.

Les brumes glaciales de la tempête envahissaient plus brutalement la chambre d'instant en instant.

Les chairs de neige et de satin se contractèrent, et, d'un brusque mouvement, Berthe écarta le burnous qui lui couvrait la tête et la gorge.

Elle respira, cette fois.

Au bout de quelques minutes, elle eut comme une vague prévision de l'attentat qu'elle avait subi, mais sans autre certitude qu'une intolérable souffrance à la fois physique et morale.

— Quelles sont ces visions qui m'assiégent? s'écria-t-elle.

Et, d'un bond, elle fut hors du lit. Ses jambes flageolantes avaient peine à la soutenir; mais elle se retint désespérément aux tapisseries et parvint, de la sorte, jusqu'à la cheminée.

Un reste de feu qui grésillait sous les cendres lui permit d'allumer une bougie; c'était la dernière.

Elle se regarda dans sa grande glace de Venise, qui lui avait renvoyé tant de chastes épanouissements et de bons sourires.

— Que s'est-il passé? murmura-t-elle en fermant les yeux. Je ne veux plus me voir.

La douce enfant se laissa tomber sur un fauteuil, et, pendant une partie de la nuit, elle pleura des larmes de feu sans retrouver l'énergie de penser. Des sanglots abrupts et violents soulevaient ses épaules de déesse; ses cheveux de madone pleuraient jusqu'à ses petits pieds nus. Tout son être délicat, secoué désormais par la certitude implacable, se pelotonnait en ces poses désespérées qu'on voit à la *Mater dolorosa* des premiers peintres chré-

7.

tiens, ces croyants qui souffraient avec la mère du crucifié et pleuraient comme elle.

La bougie rose projetait sur cette scène navrante sa lueur mélancolique et vacillante. Elle touchait à sa fin.

Tout à coup, la jeune fille se releva et se posa obstinément, résolument devant sa glace.

— Voyons, je ne me trompe pas! c'est bien moi, cela! Berthe de Noëllis, la fille du plus noble des pères, la fiancée du plus loyal des hommes... D'où vient que je ne me reconnais pas? Ces yeux rouges et violacés qui me regardent là derrière, ces yeux que Philippe de Villepré interrogeait en partant, ce ne sont plus les miens! Pourquoi? Dans quel atroce cauchemar me suis-je débattue cette nuit? Oh! ma mémoire, ma mémoire!... qu'ai-je donc fait, et quelle est la flétrissure intime que je ne sais pas, et qui me brûle là!

Elle se meurtrissait le cœur avec les ongles.

— Pourquoi ma pensée veille-t-elle quand je sens toutes les forces m'abandonner? Le front me brûle. Oh! comme il pèse... je vais tomber!

Elle se précipita aux sonnettes dans un effort désespéré, et retomba lourdement sur une bergère qui se trouvait aux abords du lit.

La bougie léchait en expirant les broderies de la bobèche en cristal, elle s'accrochait par un dernier effort aux angles et aux dentelures ; puis elle s'éteignit tout à coup, et la pièce fut à nouveau plongée dans l'obscurité.

Berthe, affolée, demi-morte, demeurait immobile et comme fixée à la même place...

— J'ai peur, je ne veux plus être seule ! gémissait-elle sans oser détourner la tête..

Pendant qu'elle se tordait les bras d'impatience et de terreur, la camériste Florette fit son entrée en déshabillé des plus galants.

— Que se passe-t-il, mademoiselle ? que se passe-t-il ? Toute la maison doit être sur pied, du train dont vous menez les sonnettes. Est-ce l'orage qui vous émotionne à ce point ? Le voici qui prend le galop sur Brest, où ils n'ont qu'à bien se tenir. Chez nous, c'est fini...

Berthe balbutia faiblement :

— Florette ! cette nuit est maudite !... Reste, attends, je te dirai...

La patricienne comprit qu'elle allait livrer son lugubre secret aux bavardages de cette langue dorée de village ; elle s'arrêta.

— Mon père, c'est mon père que je veux voir ! fit-elle en joignant les mains comme pour la prière.

— Le château n'est pas plus maudit qu'hier, mademoiselle, repartit la forte confidente. Seulement, vous n'êtes pas raisonnable, et ces rêveries au balcon ne vous sont pas saines, surtout par une pareille saison. Tenez, vous avez oublié de fermer la fenêtre, et c'est ainsi que l'on a pris bien vite un gros rhume. Heureusement que le sirop de Lamouroux est souverain et bien agréable au goût.

— Merci de vos conseils, Florette; c'est mon père que je vous ai demandé!

— Mais, mademoiselle, M. le comte dort à poings fermés à la minute qu'il est. Quatre heures viennent de sonner au cadran de la façade.

Berthe fit un effort pour se redresser, puis retomba sur le siége.

— Trêve d'observations! obéissez...

— J'obéis à l'instant, mademoiselle...

La soubrette tira les volets, ferma la fenêtre, baissa les doubles rideaux et se disposait à descendre.

A peine fut-elle dans le corridor, que Berthe la rappela.

— Florette, revenez vite et laisssez-moi votre flambeau!... cette obscurité me tue.

Florette déposa son flambeau sur le guéridon et prit derechef le chemin de la porte. La grasse et dolente créature avait hâte de regagner le dessous de ses édredons.

Une seconde fois, sa maîtresse éleva la voix.

— Florette, revenez vite! vite! — Mon père, pensait-elle en sentant son pauvre cœur se briser, mon père !... et que lui dire ? Est-ce qu'une fille comme moi peut raconter à un père comme lui les rêves monstrueux qui me hantent ? Mon Dieu ! mon Dieu ! ma tête s'égare...

Florette était revenue et se tenait, sans mot dire, le pied gauche en avant, selon les leçons disciplinaires de Cancrelat.

A force de volonté, Berthe parvenait à dompter la torpeur qui l'envahissait.

— Florette, tu vas prendre un matelas dans ta chambre et t'arranger un lit ici. La solitude me pèse et je me sens mal ; va, ma fille, et ne me fais pas attendre... J'ai de grands travaillements de nerfs. Fais diligence.

La proposition n'agréait que médiocrement à la sirène de Cancrelat ; toutefois, la place ne donnant pas de durillons par excès de travail, et les appointements de la maison de Noëllis étant les plus *conséquents* de toute la contrée, mademoiselle Florette se disposait à repartir militairement, du pied gauche, lorsque le comte se présenta sur le seuil de l'appartement.

— Mon père ! ah ! mon père ! sanglota Berthe en cachant sa tête dans les bras du vieillard.

Il lui mit sur le front un long baiser, la serra contre sa poitrine, et, lui prenant les poignets qu'il interrogeait au milieu de ses caresses :

— Mais elle a une fièvre qui la torture et la terrasse! s'écria-t-il; c'est encore ma faute, ce beau coup-là! J'avais bien motif de la chicaner à propos de Philippe! Est-ce que ce sont les affaires de vieilles perruques comme moi, ces histoires de cœur? Elle l'adore! La! aussi, qui pourrait soupçonner une sensibilité aussi profonde sous ses grands airs de princesse? Ma Berthe chérie, ne sois pas malade. Elle tremble des pieds à la tête... Florette! fit-il en criant à pleins poumons, sans trop se rendre compte de ce qu'il voulait... Florette!...

La camériste eut la velléité de saluer en élevant la dextre à la hauteur du front, ainsi que la théorie l'exige pour les supérieurs; mais elle se retint à temps.

— Florette, continua le comte en déposant Berthe sur un divan, tu vas réveiller Philibert; il attellera Marengo au tilbury, il courra au galop chez le docteur et nous le ramènera séance tenante! Tu entends! et qu'on ne perde pas une seconde.

Florette s'inclina et sortit.

Le père et la fille demeurèrent seuls. Berthe pleurait abondamment. Le comte n'y prit pas garde d'abord. Il sentait l'humidité suinter à travers les murs; et, comme autrefois au bivac, il se mit à allumer lui-même un vrai feu de Saint-Jean. Cette besogne menée à bonne fin, il attira le divan tout auprès de la cheminée, et contraignit doucement la belle malade à étendre ses pieds vers la flamme qui commençait à s'éveiller claire et bavarde.

Quand il l'eut disposée, ainsi qu'une nourrice ferait d'un enfant dans son berceau, il s'assit devant elle sur un coussin, et, lui soutenant la taille, il la regarda longuement, avec des yeux stupéfaits.

A son tour, cet homme d'airain, qui n'avait jamais connu la crainte ni la faiblesse, se sentit chanceler.

Elle secouait douloureusement la tête.

— Non, ne me dis pas un mot! tout effort serait dangereux, peut-être... Ah! ses pauvres nerfs d'enfant qui bondissent! Que faire?

Il courait aux flacons rangés sur l'étagère, les respirait à la hâte, puis revenait plus anxieux.

— Nous ne sommes bons à rien, nous autres bonshommes, quand il s'agit de ces petits chérubins de cire vierge! on n'ose pas y toucher... — Ma Berthe, regarde-moi! Je t'en prie, pas de grands yeux égarés... De tes yeux adorables de tous les jours, de tes yeux où je vois le ciel, de tes yeux qui sont ma joie, ma consolation, ma vertu, ma force!

La triste enfant essaya un pâle sourire qui ne fit que glisser sur ses lèvres.

— Pauvre père! gémit-elle d'une voix brisée.

Elle pleurait toujours. Sa poitrine houlait sous

des hoquets douloureux; un peu de mousse rougeâtre teintait sa bouche blême.

Le comte la regardait sans rien comprendre. Il avait de vagues intuitions seulement qu'un drame venait de se passer sous son toit, et que sa fille souffrait à mourir.

Il se labourait le crâne avec ses ongles et se révoltait contre Dieu, à la fin ! à voir des spasmes violents ébranler tout cet organisme délicat.

— Berthe, s'écria-t-il en l'enlaçant dans ses bras, sois courageuse, mon enfant ! notre bon docteur ne peut tarder à arriver... Il t'aime bien aussi, lui, le docteur ! et nous te sauverons, chère ange...

Mademoiselle de Noëllis cacha son front éploré sous les oreillers.

— Les médecins ne guérissent pas toutes les maladies, mon père ! dit-elle sans conscience de ses paroles.

Elle se leva brusquement; le comte la contemplait anéanti, debout comme elle.

— Tu me demandes ce que j'ai, pauvre père adoré, et je ne saurais rien te dire, sinon que je souffre bien, et que cette souffrance terrible, incessante, a des côtés odieux qui me brisent. Tu sais bien que la souffrance ordinaire ne me plierait pas comme cela, moi, ta fille. Je sens mon âme qui s'en va, lourdement vers la terre, sans ailes, par des déchirures que je vois. Je les vois! Je suis folle, n'est-ce pas, mon père? Oh! ne m'écoute pas, c'est du délire qui vient.

Il lui prit la tête dans ses mains et l'attira vers lui.

— Ne m'approchez pas! ne m'embrassez pas! criait-elle.

Ce disant, elle le repoussait avec des rébellions terribles.

— Pauvre âme endolorie! gémissait le comte cherchant toujours à la contenir.

— Oui, pauvre âme! vous avez raison...

— Mais enfin, ma Berthe, prends la force d'évoquer tes souvenirs... Que vient-il de se passer dans cette chambre?

Elle écarta d'une main fébrile ses cheveux ruisselants sur son front pâle. Sa bouche eut un rictus farouche, presque animal; — puis, dans un éclat de rire qui faisait mal à voir, elle gémit :

— Je ne sais pas, moi; je souffre bien! Est-ce qu'il n'y a pas des hommes ici? Non, pas des hommes, des démons? On dirait que je sors de l'enfer. Mes membres sont tordus comme sous l'étreinte d'une roue d'airain. Est-ce que tu ne me vois pas une marque au front? Tu fais signe que non! Eh bien, le front me brûle!

Elle fixa sur son père un œil sec, cassant, effroyable, puis tomba comme une masse inerte sur le tapis.

— Mon Dieu, conservez-la-moi ! s'écria le comte en s'agenouillant auprès d'elle.

Il ne trouva que la force de prononcer ces seules paroles. Mais ces paroles étaient une prière, et Dieu les avait recueillies.

IX

Vers le petit jour seulement, on entendit sur le dur cailloutis de la petite route le bruit de la voiture qui amenait le docteur Gerbier.

Berthe dormait d'un sommeil de plomb, tyrannique, indomptable.

— Docteur! s'écria M. de Montgeron en courant vers l'escalier, arrivez vite! Notre pauvre Berthe a ressenti hier une telle émotion du départ de M. de Villepré, que j'ai été contraint de vous envoyer un exprès, bien que votre visite fût annoncée pour ce matin. Elle est bien mal, la chère enfant!

— Bon! bon! dit le docteur Gerbier en descendant de son tilbury, lestement encore, malgré son ventre rondelet; — nos nerfs étaient un peu tendus sans doute; il a fait de l'orage cette nuit.

Et, prenant le bras de son ami Montgeron :

— Détaillez-moi, en montant, ce qui s'est passé. Les médecins sont comme les juges d'instruction, mon cher comte; quand la première base d'induction leur fait défaut, du diable s'ils devinent quelque chose ! — du moins, avant que la maladie soit tout à fait déclarée, c'est-à-dire le plus souvent incurable.

Pendant que M. de Montgeron raconte ce qu'il sait des événements de la nuit, c'est-à-dire le réveil brusque de Berthe et ses terreurs inexpliquées, nous demanderons la permission de présenter au lecteur le nouvel et important personnage que nous introduisons dans notre drame.

M. Gerbier appartenait à cette race d'hommes que l'on dirait n'avoir jamais été jeunes, mais qui, par contre, lorsqu'ils sont arrivés à la maturité, semblent ne plus vieillir. A vingt-cinq ans, il en paraissait quarante. A l'époque où se passe notre récit, on lui eût encore accordé le même âge, bien qu'il eût dépassé la cinquantaine de quelques années. Il avait ce que l'on appelle une bonne figure; toutefois, à cette bonne figure il ne fallait pas trop se fier, et l'expression ordinairement onctueuse et béate de son sourire était bien vite démentie par le rayon aigu qui jaillissait brusquement de ses yeux. Le rêve de M. Gerbier, son rêve constant, son ambition inassouvie avait été de devenir un Devergie, un Orfila ou un Tardieu. Il appartenait à cette école de médecine à qui le phénomène physique semble secondaire, et qui en cherche toujours l'explication morale. Très-sceptique... en médecine surtout, il croyait peu en l'influence de ses drogues, et il affirmait souvent, lorsqu'on le poussait, que tout malade est à demi guéri lorsqu'un infirmier intelligent connaît son secret.

Hélas ! l'ambitieux propose et les circonstances le mènent. Le docteur Gerbier ne devint pas médecin légiste, selon son souhait ; il n'eut pas de crimes bien noirs à découvrir, de romans raisonnés à imaginer ; il n'eut pas à dénouer ce nœud si compliqué que l'on nomme une instruction criminelle, mais il n'en resta pas moins ce qu'il était, c'est-à-dire un homme en qui la déduction scientifique n'a pas tué l'imagination, et qui ne répugne pas à se servir de l'hypothèse pour se diriger vers la démonstration du phénomène.

Arrivés au palier sur lequel s'ouvrait la porte de Berthe, M. de Montgeron et le docteur furent arrêtés par mademoiselle Florette. La chère créature, le mouchoir sur les yeux, gémissait à fendre l'âme. Au fond, elle n'était pas sans inquiétudes, et le docteur Gerbier lui faisait grand peur.

— Ah ! cette pauvre demoiselle ! soupirait-elle ; qui se serait attendu à cela ? Elle qui se portait si bien hier soir !

— Ouais ! pensa le docteur, qui connaissait son Robert Macaire : *Cette pauvre demoiselle !* ressemble furieusement à *Ce pauvre M. Cerfeuil !*

C'était sa manie, à notre docteur, de voir des crimes partout. — Que voulez-vous ! les instincts refoulés !...

Mais cette réflexion, qui mettait en doute la douleur sincère de mademoiselle Florette, ne fut qu'un éclair dans l'esprit de M. Gerbier. Il rit lui-même, tout bas, de sa rage d'hypothèses, qu'il connaissait sans pouvoir s'en défaire. — De crimes, il n'y en avait point dans tout cela ; tout au plus, une crise de nerfs chez une fille impressionnable, à l'âge critique de la puberté.

Lancé sur une nouvelle piste qui, après tout, était bien la plus plausible, le docteur Gerbier, la main sur le bouton de la porte, interrogea la soubrette.

— Vous n'avez pas au moins négligé de donner hier la potion habituelle ?

— Mademoiselle l'a demandée elle-même, affirma mademoiselle Florette ; elle l'a prise comme à l'ordinaire, dans un verre d'eau sucrée.

— Décidément, fit le docteur comme se parlant à lui-même, ces crises nerveuses de jeune fille seront toujours inexpliquées et inexplicables. — Et, continua-t-il en s'adressant de nouveau à la femme de chambre, vous n'avez rien remarqué d'insolite dans les allures de mademoiselle de Noëllis?

— Mon Dieu, rien ; mademoiselle était seulement un peu plus triste qu'à l'ordinaire.

— Oui, murmura M. de Montgeron, à cause du départ de Philippe. — J'ai eu une petite discussion avec elle à ce sujet... J'ai eu tort.

— Mademoiselle, continua Florette, a passé au moins trois quarts d'heure accoudée à sa fenêtre ; puis elle a demandé sa potion et m'a renvoyée après l'avoir prise. Un quart d'heure plus tard, je l'ai entendue se coucher comme à l'ordinaire, et je croyais mademoiselle tranquillement endormie, lorsque, vers les trois heures du matin, j'ai été éveillée par ses cris. — En ce moment, je crois qu'elle repose.

— Bon ! dit le docteur, il n'est pas besoin de l'éveiller ; ne faisons pas de bruit.

Il tourna doucement le bouton de la porte, et, suivi par M. de Montgeron, il entra dans la chambre en étouffant ses pas.

Mademoiselle Florette, elle, ne les suivit point : elle avait peur un peu de se trahir dans un nouvel interrogatoire.

Le docteur souleva silencieusement l'épais rideau de satin bleu. — Berthe dormait, mais son sommeil pesant était agité de brusques tressauts ; parfois son bras roidi semblait écarter l'ennemi imaginaire de son rêve. Sa lèvre crispée s'ouvrait pour pousser un cri qui s'étouffait en un rauque soupir. M. Gerbier, pensif, la regardait. Il saisit sa main et tâta le pouls.

Le pouls était agité, rien de plus; — point de fièvre. — Le docteur fit un signe du doigt à M. de Montgeron, qui ouvrait la bouche pour parler, et, de plus en plus anxieux et méditatif, se laissa choir dans un fauteuil placé au pied du lit.

Le regard fixe du médecin étudiait passionnément — la passion de l'art! — chacun des mouvements, chacun des traits de la jeune fille endormie.

Le sommeil, nous l'avons dit, était lourd et fiévreux; mais il ne trahissait après tout qu'un accablement général, et la raison physique qui avait donné naissance aux phénomènes qu'on venait de raconter était insuffisante à les expliquer. Ils devaient avoir été occasionnés par une autre cause que M. Gerbier cherchait laborieusement.

Peut-être espérait-il qu'un murmure, un mot échappé aux rêves de mademoiselle de Noëllis le mettrait sur la trace.

Après quelques minutes de cette observation et de ce silence, les regards du docteur, s'écartant avec cette distraction spéciale à la méditation profonde, semblèrent être attirés par un autre objet aussi brusquement que l'aiguille aimantée est attirée par le nord. — Sur le marbre de la table de nuit, à côté du verre d'eau sucrée dont il ne restait que quelques gouttes, la cuiller de vermeil était demeurée, et, tout à fait vers la pointe, une dernière goutte, en se vaporisant, avait laissé sur la surface polie une petite trace visqueuse, à demi desséchée et jaunâtre, de la nuance des taches de café.

Le docteur se leva et alla examiner la maculature. Il en gratta doucement avec l'ongle la surface sirupeuse, et goûta la molécule qu'il avait séparée.

— C'est de l'opium! murmura-t-il.

Or, la potion qu'il avait préparée spécialement pour sa gentille malade était à base de belladone. M. Gerbier souleva le verre, en fit tomber délicatement une goutte sur l'extrémité du médius, et recommença sa dégustation.

Point de trace d'opium dans le verre. Le verre avait contenu bien réellement la potion commandée par le docteur.

Le mystère — car, vu les tendances d'esprit de M. Gerbier, l'existence d'un mystère n'était plus douteuse pour lui, — le mystère, donc, se corsait.

Pourquoi cette goutte d'opium sur la table? pourquoi avait-elle été déposée par une cuiller destinée à mélanger un breuvage où il n'entrait pas un seul atome d'opium?

M. de Montgeron, inquiet des allures étranges de son vieil ami, voulait interroger; celui-ci, de la main, lui faisait toujours signe:

— Silence!

Au chevet du lit, les pieds du docteur s'embarrassèrent dans une étoffe soyeuse; il se baissa et déploya longuement l'étoffe. C'était un burnous algérien. Ce burnous lui sembla singulièrement placé. Que, prise par le sommeil, une femme laisse tomber ses derniers vêtements au bord de son lit, rien de plus simple; mais un burnous! Le châle que l'on quitte, même avant d'avoir dégrafé la robe ou tiré les bas, est d'ordinaire, même dans les cas de fatigue les plus extrêmes, suspendu à une patère ou tout au moins abandonné sur un meuble. Ce qui, s'il se fût agi d'une robe de chambre ou d'un peignoir, n'eût pas arrêté pendant une minute les investigations du docteur, l'impressionna d'une façon singulière lorsqu'il s'agissait d'un burnous. — Puis ce burnous était étrangement fripé, comme si on l'eût tordu pour en faire un lien. M. Gerbier le déplia tout à fait, et, dans un angle de l'étoffe, trouva une déchirure carrée et nette comme celle qu'eût pu produire un objet aigu auquel il se fut accroché.

La première pensée de M. Gerbier fut de préciser l'objet aigu.

Tout, dans l'appartement de Berthe, meubles et lambris, était revêtu de soie et capitonné. C'est en vain qu'on y eût cherché un angle.

La table du milieu était ovale. La table de nuit eût pu seule produire la déchirure qui préoccupait le docteur, mais elle était trop légère pour que le tissu très-solide du burnous n'eût pas, sans se déchirer, entraîné le meuble à terre. Restait le prie-Dieu.

Un meuble massif et en chêne, qui datait de l'époque de Louis XIV. Il ne fallut pas un long examen à cet ausculteur des petites causes pour acquérir la conviction que c'était à un de ses angles vifs que la déchirure s'était échancrée. Elle s'y adaptait angle pour angle et dans le mouvement relativement violent qui avait dû arracher l'étoffe, le meuble avait été dérangé; au lieu d'être collé à la muraille, un de ses côtés s'en trouvait légèrement séparé.

La résistance plus forte de l'ourlet avait seule empêché que l'étoffe algérienne ne fût lacérée dans toute sa longueur.

Malgré la stupéfaction muette de M. de Montgeron, ou plutôt sans qu'il parût s'en apercevoir, le docteur drapa comiquement autour de lui le burnous, il s'agenouilla au prie-Dieu, et tâcha de faire coïncider le plus exactement possible la déchirure avec l'angle du bois. Trois fois il se releva brusquement dans la direction du lit, mais trois fois, de lui-même, le burnous se détacha sans effort. Évidemment, la déchirure n'avait pas été produite par un mouvement semblable. L'étoffe avait d'abord été jetée sur le meuble d'une façon négligente, et c'était, en voulant la reprendre, dans un but ignoré, qu'elle s'était accrochée d'abord et finalement déchirée sous un mouvement brusque et violent.

Pour la quatrième fois, le docteur s'enveloppa du burnous et s'agenouilla. Il se releva avec une telle précipitation, qu'il faillit tomber, et ses doigts, se tendant vers le tapis, rencontrèrent un objet dur, et cet objet, que M. Gerbier ramassa aussitôt avec un soin extrême, n'était autre qu'un de ces petits graviers mélangés aux sables des jardins.

Cette découverte donna une nouvelle direction à l'instruction du docteur. — De plus en plus étonné, M. de Montgeron le vit, rampant sur le tapis, suivre avec une patience méticuleuse une espèce de trou imperceptible. De temps en temps, il se relevait et montrait avec triomphe une tache terreuse, des traces de sable ou un petit caillou semblable au premier.

Il arriva ainsi jusqu'à la fenêtre, hermétiquement close par les deux rideaux de lampas.

Le docteur les écarta d'un geste et put à peine réprimer un cri de triomphe en montrant du doigt le carreau brisé.

La fenêtre était fermée, mais l'espagnolette pendait; le docteur la fit jouer et remarqua qu'elle avait été fraîchement huilée.

Celle de la fenêtre parallèle, fermée, grinçait dans les gonds lorsque l'on essayait de la tirer de la gâche.

Pourquoi cette espagnolette huilée pendant que l'autre était restée dans son état primitif? — Pourquoi ce sable sur le tapis, lorsque les délicates pantoufles de Berthe étaient là, fraîches et propres comme des souliers de bal? — Pourquoi ce burnous tordu, déchiré et fripé? ce lourd prie-Dieu déplacé, malgré sa pesanteur de vieux meuble? — Pourquoi surtout cette goutte de laudanum auprès d'un verre qui n'avait contenu qu'une potion de belladone, si dans cette chambre un crime ne s'était pas accompli?

Le docteur croyait au crime.

M. de Montgeron, aussi, commençait à comprendre le but des perquisitions tenaces du docteur. — La goutte de laudanum l'avait laissé froid, l'expérience du prie-Dieu l'avait fait sourire, les graviers du tapis l'avaient rendu attentif, l'espagnolette huilée et le carreau brisé lui serraient le cœur d'une anxiété soudaine; il voulait savoir, il avait droit de connaître la liaison d'idées qui avait conduit le docteur, de vestiges en vestiges, jusqu'à cette fenêtre ouverte.

Pour la troisième fois, il posa sa main sur l'épaule du docteur et remua les lèvres pour l'interroger.

— Descendons au jardin, dit M. Gerbier.

Dans son lit blanc, Berthe dormait toujours.

X

Dans le parc, malgré l'ouragan de la nuit précédente et la pluie torrentielle qui avait lavé les allées, les constatations de M. Gerbier devinrent plus faciles. La plate-bande sur laquelle ouvrait la fenêtre de Berthe fut, on le comprend, le premier point de départ de ses recherches. Il y trouva ce qu'il avait pressenti : deux empreintes de pieds encavés profondément à l'endroit des talons. La terre détrempée, obéissante, comme de la glaise de sculpteur, avait conservé fidèlement la figuration de deux semelles étroites et fines absolument vierges de clous. Le rosier du Bengale qui garnissait la muraille avait eu sa part d'avaries; deçà, delà, ses branches détachées par le vent flottaient dépouillées de leurs feuilles ; mais le vent n'agit point d'une façon si mathématique, qu'il fasse une trouée perpendiculaire, aboutissant directement d'une part à une fenêtre, de l'autre à la silhouette de deux pieds dans le sol friable d'une plate-bande. Ce ne pouvait être non plus le vent d'orage qui avait laissé sur la teinte verte des losanges de l'espalier, de légères taches rouges qui dessinaient un doigt de hauteur d'homme.

— Le gaillard, pensa le docteur, se sera coupé à la vitre.

Et, comme en haut il n'avait remarqué aucune trace de sang, comme de plus il aimait à se rendre un compte méticuleux de toutes choses, il ajouta en manière de se parler à lui-même :

— C'est en descendant et en tirant la fenêtre à lui avec l'intention de la fermer pour dissimuler le crime, qu'il se sera blessé.

Partant de ce document précieux, la trace des pas au bas de la fenêtre, rien n'était plus aisé que de reconstruire un monde d'aventures lugubres. Cuvier, le grand Cuvier, ne procédait pas autrement. Il est vrai que le milieu des allées, plus sec et moins malléable, n'avait pas conservé les *empreintes*; mais ce n'étaient pas quelques lacunes de plus ou de moins qui pouvaient arrêter le docteur, une fois lancé. Au bout d'un quart d'heure tout au plus, il considérait avec attention sur le coin d'une pelouse un étroit espace impatiemment piétiné, et murmurait :

— Voici la bauge du sanglier !

Il fut fortifié dans l'ingéniosité de sa supposition, en remarquant, tout à côté de bottes fines, le dessin trapu d'un large soulier dont les clous proéminents avaient creusé une série de petits trous dans le sable.

De la remarque à la conclusion, c'est affaire d'une seconde pour les cerveaux logiques. La logique cria :

— Ils étaient deux !

Où menait la trace des bottes fines, M. Gerbier le savait, il avait trouvé les derniers vestiges de leur passage sur le velours du prie-Dieu de Berthe de Noëllis.

Où allaient les souliers ferrés ? Il était encore plus simple de le constater ; c'étaient de rudes souliers qui laissent de profondes gravures d'un demi-pouce là où les semelles élégantes effleuraient seulement le sable. — La dernière gravure des souliers ferrés aboutissait à la porte des communs.

Le docteur Gerbier arrêta là son instruction ; il n'avait plus rien à savoir, sinon les noms du coupable et la nature du crime.

Or, la nature du crime ne lui était-elle pas suffisamment révélée, à lui médecin, par les terreurs de

Berthe et par son mutisme incohérent devant les interrogations de son père?

Sur le point d'enlever le dernier voile qui couvrait les mystères de cette horrible nuit, le docteur hésitait. Derrière la vérité complète, il entrevoyait un malheur tellement irrémédiable, qu'il avait pitié pour les victimes.

M. de Montgeron aussi marchait malgré lui vers l'évidence ; néanmoins, il essayait encore de s'illusionner.

Il murmura :

— Ce sont sans doute des voleurs!

Le docteur saisit le détour que la tendresse paternelle lui trouvait avec l'ardeur d'un homme qui se noie et à qui l'on tend une perche...

— Oui, s'écria-t-il, oui! — ce doit être cela !

Mais, presque aussitôt, le comte laissa retomber ses bras avec découragement :

— Ils n'ont rien volé ! murmura-t-il.

— Ils auront sans doute été effrayés par le réveil brusque de Berthe : ses cris leur auront fait prendre la fuite, insinua le brave médecin.

— On ne se réveille point, dit le comte en secouant la tête, au seul bruit d'un pas étouffé, lorsque l'on a bu de l'*opium!*

Pour la première fois ce mot *opium* était prononcé. — Rien n'avait échappé à l'œil du père.

— Écoutez, dit le docteur, comme le président

d'une cour d'assises résumant les débats, c'est ainsi que les choses se sont passées : deux hommes sont venus ici cette nuit ; l'un, dans une position aisée, un *monsieur*, et l'autre un subalterne. Ils se sont arrêtés là-bas, derrière les arbres verts, et y sont restés longtemps, sans doute, dans l'attente d'une occasion favorable à leurs desseins, que je ne sais pas encore. L'heure venue, le *monsieur* s'est dirigé vers la fenêtre et l'a escaladée au moyen de l'espalier ; le subalterne a gagné la porte des communs, sans doute pour rejoindre le complice qu'ils avaient à l'intérieur de votre maison. L'œuvre de ce complice avait consisté simplement dans l'enlèvement de la vitre brisée (nous n'avons trouvé, en effet, nul débris ni dans le jardin, ni à l'intérieur de la chambre), — et dans la potion opiacée versée à mademoiselle de Noëllis. — Cette complice doit être la femme de chambre.

— La misérable ! s'écria M. de Montgeron. Je vais l'interroger, lui faire avouer son crime... Je vais...

— Gardez-vous bien du moindre éclat, interrompit vivement le docteur en le saisissant par le bras. — Songez d'abord que nous flottons en pleines suppositions, et quel malheur si, de semblables suppositions, peut-être fausses, nous faisions une réalité par le scandale ! Que si nos conjectures sont vraies, il faut les cacher encore davantage jusqu'à l'heure où nous connaîtrons le coupable, et alors vous n'aurez plus qu'à choisir le moyen de vengeance et de réhabilitation, le meilleur pour sauvegarder l'honneur de votre fille.

M. de Montgeron sentait la justesse de ce raisonnement ; devant une des insultes les plus sanglantes qu'un homme puisse recevoir dans la personne d'un être plus cher que soi-même, il restait impuissant. Les poings crispés, il tomba assis sur un des fauteuils du jardin. Il eût voulu tenir là le misérable pour le broyer sous son talon.

Le docteur ému contemplait cette grande douleur.

On entendit tinter la clochette de la grille, et un homme entra.

Le visiteur était strictement boutonné dans son élégante redingote noire, et une de ses mains, la droite, était cachée sur la poitrine dans l'interstice des boutonnières.

La gauche, revêtue d'un gant de couleur sombre, tenait une mince badine dont elle se jouait par contenance.

Le nouveau venu s'avançait d'un pas roide et non sans noblesse ; dans chacun de ses mouvements on sentait une hésitation cachée ; c'était un effort énergique de volonté qui le poussait en avant ; il y avait dans sa démarche quelque chose de la terreur d'un homme qui sait marcher vers un danger inévitable, qui en a peur, et qui cependant s'est dit : « Je l'affronterai. »

M. Gerbier le regardait venir.

Fut-ce le regard du docteur, fut-ce l'aspect de ce lieu où la veille il avait tant souffert? — Montfort, car c'était lui, fut sur le point de rebrousser chemin. Il s'arrêta, hésitant; puis, d'un mouvement désespéré, il marcha droit vers M. de Montgeron.

Il avait mis le chapeau à la main, et, d'un geste de tête, rejeté ses cheveux en arrière. En ce moment, il était réellement beau d'obstination, et ses lèvres semblaient dire : « Je périrai ou je vaincrai. »

Par quel phénomène intuitif le docteur se dit-il : « Voici le coupable ! »

Peut-être parce qu'il avait lu, dans tous les livres spéciaux, qu'une sorte de vertige moral attire les criminels à la Morgue et les force à contempler leurs victimes? Nous ne savons. Mais, à partir de cet instant, et pendant tout le début de la conversation qui suivit, il ne quitta pas Montfort des yeux.

M. de Montgeron, lui, absorbé dans sa douleur, regardait cet étrange visiteur sans le voir, et ce ne fut que par habitude qu'il répondit à son salut.

— Monsieur, dit Montfort d'une voix imperceptiblement frémissante, je ne sais si vous me reconnaissez?

M. de Montgeron, releva sur lui son œil terne qui soudain s'éclaira.

— Ah! s'écria-t-il, *la Foudroyante* n'est donc pas

partie? — Vous êtes le collègue de Villepré. Il est encore là pour m'aider à la venger! M. Montfort, vous êtes, vous devez être son ami? — De grâce, courez nous le chercher. Dites-lui que je l'attends, que nous l'attendons, et que je n'ai plus que lui.

Le vieillard s'était levé, et tendait vers le jeune homme une main où celui-ci plaça sa main hésitante. — Pour cela, il fut obligé de montrer sa main droite, et le docteur aperçut une bande de taffetas noir collée sur la première phalange du pouce.

— C'est bien le coupable! se dit-il; mes pressentiments ne me trompent jamais.

— Monsieur, répondit Montfort de cette même voix accentuée que dissimulait à peine, sous ses vibrations voulues, l'anxiété intérieure, *la Foudroyante* a mis à la voile ce matin. Mais, si vous avez une insulte à venger, vous la vengerez, et d'autant plus aisément que le coupable lui-même s'est condamné.

— Allons donc! pensa le docteur. Est-ce qu'il aura l'audace d'avouer?

— Je ne vous comprends pas, balbutia M. de Montgeron.

— Vous allez me comprendre, dit Montfort. Un crime sans excuse autre que celle de la passion a souillé cette nuit votre maison.

— Un crime? la passion? Que voulez-vous dire,

monsieur? fit M. de Noëllis en redressant sa grande taille. Je vous somme de vous expliquer!...

— C'est dans ce but que je suis venu. Un crime a été commis chez vous, et je connais le coupable...

Sur ce dernier mot, le comte bondit et saisit le poignet de l'enseigne à le lui briser.

— Vous allez le nommer! vous allez le nommer!

— J'ai déjà déclaré que j'étais venu dans cette seule intention...

Il dégagea son bras et prit un siége. Le comte retomba sur son banc en se mordant les ongles.

Montfort continua :

— Je sais aussi bien que vous, monsieur, ce qu'il y a de cruel dans un pareil entretien. Je ferai mon possible pour être bref. Je ne chercherai point à justifier le criminel.

» Pourtant, si un amour longuement nourri, un amour unique, dévorant, indomptable, né dans un cœur viril, honorable et honoré jusqu'alors, peut conduire un homme irréprochable, en face d'un bel avenir, à de semblables extrémités, il faut convenir que cet amour-là n'est point celui d'une nature vulgaire.

— Son nom? C'est son nom que je vous demande! vociféra le comte de Noëllis d'une voix strangulée.

Le docteur le contint sur son banc.

— Son nom ?

Montfort se découvrit et s'inclina :

— C'est le mien, monsieur ! Le coupable, le criminel, l'amoureux et le fou, c'est moi !

Le vieux puritain s'était levé d'un bond. Ses vastes mains s'écartèrent avec une énergie à broyer un rocher. Un cri strident, aigu, désespéré, s'échappa de sa poitrine... puis il retomba, l'œil hagard, inerte, sans force, et ses doigts crispés se prirent à battre une mesure sur le banc de bois.

Le vieux Gerbier le regarda avec une larme au coin des paupières, et lui prit le pouls. Un plissement de lèvres bizarre témoigna qu'il était rassuré.

Il se leva, et, d'une voix brève, s'adressant à Montfort :

— Puisque vous ne l'avez pas tué, monsieur, finissez avant que la force lui soit revenue.

Quelle que fût la résolution de cet homme, il ferma les yeux sous l'implacable regard du docteur. Mais c'était une organisation de fer. Il était venu pour tout dire. Il retrouva la parole pour tout dire, et dit tout : les souffrances à bord, la hauteur et la sévérité de Villepré, l'ironie sans trêve de Bussières, ses aspirations refoulées, sa passion subitement née et ses tortures.

Le comte battait toujours sa mesure. Le docteur restait muet.

Montfort parlait seul. Il se laissait aller au son de ses paroles.

Il raconta toute sa jeunesse, déshéritée des joies

fortifiantes de la famille; — la sienne, quoique noble, était ruinée à sa naissance; — ses amis du collége, où il était *boursier*, sa vie de lutte, de travail et de courage.

Il décrivit avec une âpre violence son amour pour Berthe de Noëllis; dans cet amour, il avait mis toute sa vie, en apprenant que celle qu'il préférait à l'existence, à l'honneur même, était destinée à un autre, il avait senti le délire l'envahir, le vertige du crime lui avait mordu les entrailles. Inconscient de ses actes, les tempes en feu, il était parti. Hélas! que n'était-il mort auparavant! que n'avait-il rencontré M. de Villepré sur sa route!... Mais, du moins, le crime accompli, le vertige passé, il n'avait pas hésité une minute. Il avait senti qu'il ne s'appartenait plus; il se devait tout entier à la réhabilitation de Berthe de Noëllis ou à la vengeance de M. de Montgeron, et, malgré le danger inévitable qui résultait pour lui de sa désertion, il était venu mettre sa vie à la discrétion de l'une ou de l'autre.

— Je connais l'énormité de la faute commise, s'écria-t-il avec feu, et je ne me refuse pas l'expiation, puisque me voici devant vous.

M. de Noëllis interrompait sa mesure pour chercher à se relever sur son banc et s'élancer sur le misérable. Ses nerfs distendus le trahissaient. On voyait qu'il comprenait et souffrait cruellement.

Le docteur pensait à part lui:

— Voilà un habile coquin!

Le docteur, n'ayant jamais été fort passionné de sa nature, ne croyait point aux passions indomptables. Tout donne à présumer qu'il avait raison en ce qui concernait Montfort.

Sa belle harangue finie, le lieutenant baissa la tête dans l'attitude soumise du coupable qui attend son arrêt, — et se tut.

Son débit, légèrement emphatique et théâtral, mais empreint de ce souffle de réalité factice que savent trouver les grands acteurs lorsqu'en récitant leur rôle ils s'imaginent « que c'est arrivé, » avait vivement impressionné M. de Montgeron. Il promenait ses regards hésitants du visage de Montfort à celui de M. Gerbier.

Le docteur s'avança.

— Comte, dit-il à Montgeron, ce n'est point ici votre place, et cette affaire est de celles qui se traitent mieux par intermédiaires. Vous savez que je m'intéresse assez au bonheur de mademoiselle de Noëllis pour ne point prendre en votre nom une détermination à la légère. Laissez-moi parler à monsieur. Donnez-moi votre bras, je vous reconduis au salon. Venez, mon ami, c'est moi qui vous en supplie.

Par un effort de volonté suprême, M. de Noëllis déplia son corps énorme, s'accrocha au bras robuste du médecin, et, sans saluer, sans retourner la tête, se dirigea d'un pas automatique vers le château.

Au bout de quelques minutes, le docteur reparut.

— Monsieur, dit-il froidement, en s'adressant à l'enseigne, discutons maintenant. — Vos phrases de tout à l'heure étaient sûrement fort belles; mais, si elles sont suffisamment tournées pour agir sur un père désolé, elles laissent froid un vieux médecin sceptique comme moi. Sortons, s'il vous plait, de toute rhétorique, et expliquons-nous froidement et tranquillement, comme deux hommes raisonnables.

Déconcerté par cette nouvelle façon d'apprécier sa démarche, Montfort demeura sans voix.

Il fit simplement un geste de tête, que M. Gerbier voulut bien interpréter comme un signe d'assentiment.

— Voilà qui va bien, fit-il. Parlez-moi des situations clairement définies. Je préfère cette conversation toute nette et toute simple à vos protestations de tout à l'heure. Avouez, mon cher monsieur, que vous êtes ambitieux et jaloux; que ce n'est point l'amour qui vous a poussé à cet... odieux attentat, mais bien la bile en mouvement. — Moi, je suis tout rond et tout franc, et je vous avouerai tout d'abord que, si votre but est d'épouser ma belle et riche héritière, j'y pousserai de toutes mes forces, non dans votre intérêt, grand Dieu, mais dans le sien. Maintenant que je vous ai avoué à la bonne franquette le fin fond de ma pensée, arrivons à discuter les conditions du marché.

Montfort fit un geste de protestation. Le sang-froid ironique du docteur le blessait, mais M. Gerbier ne lui laissa pas le temps de l'interrompre.

— Vous avez causé tout à l'heure fort disertement et fort longtemps, dit-il; à mon tour! — Savez-vous, mon cher monsieur, que votre passion, si passion il y a, vous a entraîné dans un fort vilain pas. — Il est vrai que vous croyez, avec raison, nous tenir par la nature même de la violence dont mademoiselle de Noëllis a été victime; mais ne vous tenons-nous pas aussi par votre aveu?

— Cet aveu, vous le savez, monsieur, a été absolument spontané de ma part, dit Montfort. Rendez-moi cette justice, qui m'est au moins due?

— Pardieu, oui! dit le docteur en souriant de son plus ironique sourire. A seule fin de venir nous le faire, vous vous êtes même exposé à la fusillade du conseil de guerre; ce qui, tout considéré, n'est-ce pas, est encore préférable au bagne des assises?

Montfort tressaillit des pieds à la tête.

Le calme de M. Gerbier lui imposait. Il se contint et ne souffla mot.

— Entre le boulet du forçat et les balles de vos camarades, vous avez choisi les balles, c'est fort bien; mais je vous crois *trop réfléchi dans votre passion,* — et le docteur appuya sur ces derniers mots, — pour n'avoir pas examiné le cas possible et probable où vous ne seriez ni fusillé ni envoyé aux galères. C'est sur ce cas-là spécialement qu'il me plaît de m'appesantir en ce moment. Supposons que vous épousiez mademoiselle de Noëllis, la famille de Montgeron fait agir ses influences auprès du ministère de la marine; votre désertion est excusée autant que possible.

» Vous en êtes quitte pour une réprimande. On vous réintègre dans les cadres. Un brillant avenir vous attend. Convenez avec moi que les épaulettes de capitaine de frégate sont préférables à la casaque rouge. Or, tout cela, je vous l'offre à une seule condition, c'est que, dès le soir de votre mariage, vous débarrasserez cette maison de votre présence, et que, pour protéger, s'il y a lieu, votre femme contre vous, vous me laisserez, écrit, signé et dûment parafé, l'aveu que vous venez de nous faire de vive voix.

Montfort respira.

La parole sèche et nette du docteur l'avait atterré au début.

— Monsieur, répondit-il, avec un tremblement dans la voix, qui cette fois n'était pas feint, peut-être me jugez-vous bien mal. Les preuves sont contre moi et je n'ai pas le droit de me révolter contre votre jugement. Ce droit, j'espère l'acquérir plus tard par ma conduite. J'ai la certitude qu'elle vous démontrera ma faute sous son sens réel et non comme la conséquence de la lâche combinaison que vous me prêtez et que les apparences concourent à rendre plausible.

» J'ai la volonté enfin, à force de soumission à vos ordres, à force de respect pour les moindres scrupules, de vous faire revenir de cet arrêt sévère. Dans tous les cas, je n'ai pas à discuter vos exigences; mon devoir le plus étroit est de les accepter sans discussion. Rédigez vous-même la formule de l'aveu qu'il me faut signer; puisque j'ai compromis l'honneur de mademoiselle de Noëllis, il est juste que je remette complétement le mien entre ses mains.

— Si celui-ci n'est pas un franc hypocrite, pensa le docteur, Lavater n'est qu'un niais. — Enfin ! qui n'a qu'une solution sous la main n'a pas la faculté de choisir.

XI

M. Montgeron de Noëllis était rentré passivement au salon, appuyé sur le bras de l'excellent docteur Gerbier.

Il avait suivi son conducteur comme on suit un enfant, l'œil vague et distrait, la démarche chancelante, la pensée ailleurs.

Cet homme, d'une conscience méthodique, droite et pure, qui marchait dans la vie sans la moindre prescience intuitive des passions malsaines et des calculs sombres, ne se rendait pas un compte bien exact de la visite de Montfort, ni de sa portée.

Il se laissa tomber sur un grand canapé aux pieds contournés, rempli de tapisseries faites à la main, alternées de bandes d'un velours ponceau superbe et guilloché comme une orfévrerie italienne,

Il étendit les jambes et croisa les bras, puis sembla réfléchir.

Suspendus aux boiseries qui garnissaient les murs, les portraits des ancêtres le regardaient. — La peinture des vieux artistes a de ces résurrections subites que les maîtres peintres modernes ne retrouveront jamais. À notre époque, il n'y a plus de famille, il n'y a que des intérêts composés.

La peinture la plus consciencieuse et la plus savante ne saurait arriver à traduire la vie intime.

Ne l'avez-vous pas sentie tomber, lente, clémente et solennelle, de vos yeux mouillés à votre cœur, cette bonne et fortifiante émotion qui vient des anciennes toiles ? Communicative et discrète à la fois, elle glisse jusqu'à l'âme et l'inonde.

Pour ceux mêmes qui ne connaissent ni ces cuirasses ni ces hauberts, elle est pleine de bons conseils. Ils sont grands, ces morts ! et nous sommes bien chétifs, nous, les vivants !

Le comte les fixait et les saluait par des inclinations de tête en murmurant :

— Vous n'êtes pas de ma race, mais je vous connais bien. Je vous aime et je vous vénère. C'est le connétable, en face. A sa droite, voici le grand prieur.

» Plus loin, c'est notre bisaïeul, qui fut mestre de camp sous Louis XIV. Ils plongent leurs regards tout droits et interrogateurs au fond de moi. Ils voient bien que je souffre.

Il se redressa brusquement.

— Docteur! que vient-il donc de se passer? C'était un insensé, l'homme que nous quittons, et ces choses-là ne peuvent pas arriver, n'est-ce pas?

Il retomba la tête entre les poings et semblait assoupi.

Le docteur Gerbier n'avait point l'entente des choses romanesques. L'induction et la déduction l'entraînaient seules vers une conclusion.

Pour l'instant, sa pensée dominante était d'éloigner Montfort.

Il sortit.

On eût dit que le comte dormait, si de brusques mouvements convulsifs n'eussent, par soubresauts réguliers, soulevé sa haute stature.

Il n'avait plus conscience de rien, sinon qu'il était dans un grand salon héraldique, et que sa fille souffrait à l'étage supérieur.

— Il faut que je la voie! s'écria-t-il. Allons, un effort d'énergie et montons; l'âme aura raison du cadavre.

Il se traîna comme un goutteux jusqu'au vestibule. Arrivé là; il saisit la rampe du grand escalier d'une main crispée... La rampe de pierre gardait l'empreinte de ses doigts fiévreux.

Il gagnait un degré, puis respirait avec des bruits sourds qui brisaient sa poitrine.

Cette ascension, plus terrible que celle du Dante dans les escaliers d'autrui, dura dix minutes.

Vingt marches !

La porte de la chambre de Berthe était en face du vieillard. Un sourire ineffable, un rayonnement de joie suprême s'ébaucha sur ses lèvres pâles et desséchées.

— Elle est là ! pensait-il ; que Dieu lui donne le repos qui console !

Dieu ! il pensait à Dieu ! Il y pensait si ardemment, qu'il tomba agenouillé devant la porte. Dans cette position, il tourna la clef avec des précautions de mère, et ce fut sur les genoux qu'il se traîna jusqu'au lit de sa fille. Berthe reposait toujours. Un cruel repos ! Par moments, sa poitrine se soulevait, ses beaux yeux s'ouvraient énormes et foudroyants sans rien voir. Ses belles mains, mates à rappeler les mains peintes à la cire des vierges diaphanes de la renaissance, couraient, inquiètes et serrées, de son cœur aux touffes abondantes de ses cheveux, qui débordaient jusqu'au pied du lit.

C'était Ophélie, et c'était la *Mater dolorosa*.

Le père, lui, regardait toujours, et, pour ne pas réveiller brusquement son enfant, il s'était fermé la bouche avec un mouchoir.

Pauvre vieillard !

Il ne lui restait que la lucidité de son amour pour sa fille. Il sentait la pensée fuir par les fissures de son cerveau brisé; mais sa fille, il aimait sa fille !

Il la voulait saine et forte, et triomphante, et fière, et comtesse Noëllis comme sa mère; il ne comprenait rien à ce drame fantastique et bizarre qui ressemblait à un mauvais rêve.

Berthe souffrait; c'était une injustice que Berthe souffrît? Dieu, qu'il invoquait la minute précédente, Dieu n'était pas juste.

Combien de temps durèrent cette prostration de Berthe et ces révoltes de pensée dans la tête du comte?

Un quart d'heure, peut-être, mais un de ces quarts d'heure dont chaque minute compte un siècle.

Il regardait!

La paupière, immobile et fixée à jamais sur sa prunelle, ne trahissait pas une émotion. Pourtant les larmes coulaient, lentes, funèbres, navrantes à voir, pour s'arrêter aux angles de cette vaillante figure, et retomber sur la cravate blanche comme sur un suaire.

Ce vieillard endurait toutes les tortures de l'enfer, sans avoir le sentiment précis de la position réelle de sa fille ni même celui de sa propre souffrance.

Les esprits généreux, brutalement frappés par une de ces secousses qu'on ne saurait prévoir, éprouvent un ébranlement général qui ne laisse plus de jeu qu'au système nerveux. L'oubli des détails de la catastrophe est presque instantané. La victime éprouve seulement un abattement irritant et continu, dont la cause lui échappe.

Deux heures de ce supplice, et la folie vient.

Comme si Berthe eût eu le sentiment de cette investigation muette qui planait dans sa chambre de jeune fille, elle se retournait avec les mouvements heurtés de la colombe qui se cache dans son nid.

Elle ne le voyait pas, ce regard muet et chargé de larmes; sans le voir, elle le sentait peser sur elle. Il était lourd et bien chargé d'amertume sans doute, car soudainement elle se releva comme une personne qu'un poids fantastique oppresse. Elle écarta ses longs cheveux, et, les entr'ouvrant sur le front d'un geste brusque, elle aperçut son père à genoux.

A la voir stupéfaite et égarée, il se remit sur les jambes par un effort de fantoche qui se brise. — On l'entendait craquer aux entournures; — puis il gémit d'une voix inerte et sans reproche :

— C'est Berthe ! c'est ma fille !

Ce disant, il relevait les oreillers de la malade, et l'embrassait entre chaque mouvement.

Elle retrouva comme par miracle l'acier de ses nerfs bretons et bondit sur le parquet.

— Mon père ! s'écria-t-elle, mon vieux père !

Elle collait ses lèvres à son front avec des frénésies d'amante. Il la laissait faire, et sans cesse le même regard métallique et triste l'épiait dans chacun de ses gestes.

Elle se prosterna sur la marche de bois du prie-Dieu avec les violences de Madeleine dans le désert. Les larmes tombaient sur le velours, âcres, amères, dévorantes; mais sa belle physionmie se rassénérait. C'était à croire que l'excessivité de la douleur physique est salutaire pour les âmes blessées, ainsi que l'affirment les mystiques. Elle priait.

Ce qu'elle disait à Dieu, à la Vierge et à l'enfant Jésus, elle n'en savait rien à coup sûr; mais elle devait dire qu'elle se sentait brisée et flétrie, et le réconfort d'en haut lui tombait au cœur comme une rosée.

« Venez à moi, vous qui êtes affligés! »

Tout à coup, elle se releva du prie-Dieu, belle, radieuse, transfigurée. Enveloppée dans ses tresses dénouées, les paupières sourdes et creusées, elle avait autour du front quelque chose de nébuleux et de clair comme le nimbe auréolé que l'on peint au front des martyres. Elle tomba sur les genoux.

— Pardonnez-moi, mon père, demanda-t-elle en fixant largement et fixement sur le vieillard ses deux yeux attristés et doux.

Une chaleur soudaine traversa les entrailles de cet homme qui semblait pétrifié.

— Que je lui pardonne? s'écriait-il en élevant les

bras au ciel... Ma fille demande que je lui pardonne?... Quoi donc? Tous les bonheurs qu'elle m'a faits?

» Depuis la mort de sa mère, ç'a été ma joie et ma consolation, ma force et mon courage, mon paradis à moi!

» Oui, Berthe, oui, mon enfant (et il la serrait dans ses bras), je te pardonne d'être la meilleure, la plus sainte et la plus filiale des créatures.

Et les pleurs lui coupaient la voix. Puis, sans transition, il releva ses épaules courbées par un mouvement de sublime dignité, et sa grande taille se développa majestueuse et superbe. Cette fois, c'était un descendant des Noëllis par la noblesse et par la majesté. — Sa parole, généralement sourde et voilée, avait des éclats de cuivre et d'airain.

La jeune fille se jeta à ses pieds en se signant comme elle eût fait à l'office divin.

Le docteur venait d'entrer; il avait poliment frappé ses trois coups à la porte sans obtenir de réponse pendant cette scène déchirante. M. Gerbier pressentait une trop forte dépense d'émotion dans cette chambre fermée. Vous savez que la médecine déductioniste est hostile à l'émotion.

Donc, il entra comme chez lui pour fermer les écluses.

Il prit délicatement le bras de la jeune fille et baisa le bout de ses doigts, par suite d'un raisonnement toujours déductioniste qu'il n'a jamais confié à personne; puis, consultant le pouls:

— Une belle et bonne fièvre, grommela-t-il entre ses dents.

Il tira la sonnette. La camériste accourut.

— Ma petite, vous qui vous connaissez en pharmacie, apportez-nous donc le flacon de quinine.

La demoiselle fit une révérence et s'apprêtait à sortir.

Le docteur la rappela.

— Pas d'erreur au moins! et ne pas confondre avec l'opium, mon ange!

Cette intelligente personne avait compris. Elle revint promptement munie du médicament demandé. Mais, à la nuit tombante, les malles préparées, elle quittait prudemment le château et se dirigeait sur Paris sans demander son compte. Cancrelat lui avait confié dans un dernier baiser les enivrements de Paris et ses ressources pour les fortes têtes.

Berthe s'était assise sur une chaise basse, et sa pensée malade avait recommencé les voyages. Elle n'avait conservé de cette nuit sinistre qu'un souvenir de violence et de cauchemar. Elle sentait des indignations sourdes en elle, sans avoir le sentiment précis de son honneur perdu. Son sang et son épiderme patriciens s'étaient révoltés dans une lutte abjecte; mais le narcotique abondamment versé ne laissait dans son esprit que torpeur et confusion.

Néanmoins, elle éprouvait des douleurs atroces dans les régions précordiales. Sa chair frissonnait, rebelle et farouche ; le cœur s'emportait, les tempes battaient comme des flots soulevés, le pouls montait comme une marée.

— Il faut se remettre au lit ! affirma le docteur en faisant mine de consulter sa montre. Demain matin, on se lèvera avec le soleil. Le vieil ami sera là et nous causerons plus longtemps.

On ferma soigneusement les doubles rideaux. Le comte suivait tous les mouvements de M. Gerbier. Il regardait, imitait et attendait un signe du docteur pour se diriger à droite ou à gauche.

Du fier gentilhomme campagnard, il ne restait qu'une ombre.

Le docteur Gerbier étudiait, anxieux et pensif, cette physionomie si promptement ravagée.

— Un foyer qui s'éteint ! pensait-il. Y a-t-il lieu de souffler sur la flamme et de chercher à la raviver ? Qui sait ?... Les éternels problèmes où la science s'arrête indécise. Est-il généreux de galvaniser ce cœur à demi mort pour le faire souffrir à nouveau ? ne serait-il pas plus humain, plus véritablement amical, de la part du médecin, de laisser dormir cette intelligence atrophiée ?... Ah ! misérable misère humaine ! j'hésite !

Le vieux praticien sentait que le comte, épuisé par les âpres émotions de la journée, tournait à l'épuisement cérébral. L'homme de science se sentait frémir à soulever cet effrayant dilemme : sauver cet esprit en torturant cette âme !

Le comte, épuisé par les efforts et les paroxysmes de toute sorte, restait debout devant un guéridon et contemplait, avec une avidité qui faisait peur, un coussin destiné à la chatte familière et rempli d'une tapisserie en damier.

Il semblait étudier un problème de la plus haute importance, et comptait sur les doigts avec le sérieux d'Archimède en recherche de son point d'appui.

Berthe s'était assoupie, et sa respiration, presque régulière, soulevait lentement les couvertures.

— Elle va mieux ! dit le docteur en se dirigeant vers la porte.

Le comte suivit machinalement. Les deux hommes entrèrent au salon, où le foyer, à la suite de l'orage de la veille, avait été allumé et petillait allègrement.

M. de Montgeron s'assit, demi-étendu sur son canapé de prédilection. M. Gerbier demeurait debout.

— Docteur, si nous faisions un jacquet ? demanda-t-il aussi librement que si rien d'anormal ne fût arrivé dans le manoir de Noëllis.

Il se prit à remuer les dés dans le cornet.

— Double cinq ! cria-t-il avec une joie d'enfant. Ah ! je vous tiens, docteur !

Et, sans répit, un quart d'heure durant, il remua les fiches d'ivoire, s'irritant ou manifestant sa joie, selon l'opportunité des numéros sortis.

Le quart d'heure écoulé, il dormait lourdement. M. Gerbier fixa d'un regard mélancolique cette tête devenue en un jour inerte et sans caractère; il eut un douloureux mouvement d'épaules; puis, redevenant stoïque, ainsi que la science le comporte, et s'enveloppant les pieds dans une couverture de voyage, il se laissa tomber dans un fauteuil en face de son vieil ami.

XII

Le triomphe de Montfort était complet. Jusqu'à ce jour, il s'était contenté de se révolter sourdement contre la destinée, et la destinée n'avait pris nul souci de ses imprécations; la première fois qu'il lui forçait la main, elle lui obéissait comme une servante. Que lui importait la lettre qu'avait exigée le docteur? M. de Mongeron avait trop d'intérêt à conserver le secret de cette aventure pour en jamais faire usage. Puis, dans les cœurs les plus gâtés, il est toujours un petit coin pur.

Montfort aimait Berthe de Noëllis et ne renonçait pas à se faire aimer d'elle un jour ; ses dernières protestations étaient plus sincères que ne l'avait pensé le docteur. — Maintenant qu'il était arrivé au but de ses désirs, qu'il tenait à quelqu'un et à quelque chose, l'officier de marine se sentait presque le courage d'être bon.

Il surprit en lui des mouvements de générosité étrange à l'égard de ses ennemis de la veille. Il consentait à ne plus haïr Villepré. Mieux encore, avec une naïve et scélérate candeur, il se disait:

— Je lui pardonne.

Le pas allègre, caressant ces rêves de félicité future et d'ambition satisfaite, Montfort refaisait, en sens inverse, le chemin qu'il avait parcouru le matin même avec tant d'anxiétés. Il promenait sur le parc, sur les épais massifs de marronniers, sur la longue avenue qui aboutissait à la grille de fer ouvragé, un regard paterne de propriétaire.

Tout à coup il pâlit ; une ombre importune venait tacher son soleil ; devant lui, comme une menace, se dressait Albert de Bruyères !

— Parbleu ! dit le Parisien, je ne m'attendais guère à vous trouver ici, monsieur Montfort. La discipline militaire n'est point une commère que l'on puisse traiter légèrement, et, si j'étais votre ami, je vous conseillerais de vous tenir un peu plus loin des griffes de l'amirauté.

— Je ne saurais trop vous remercier de votre sollicitude, riposta Montfort en s'inclinant avec un aigre sourire ; mais toutes mes dispositions sont déjà prises à cet égard.

— Vous m'en voyez ravi, répondit de Bruyères sur

le même ton ; car, de l'avis de tous les officiers de *la Foudroyante*, vous vous êtes mis là dans un vilain cas.

— Je n'ai que faire de l'avis de ces messieurs, répliqua sèchement Montfort en hâtant le pas.

— Eh! attendez donc, lui cria Villepré; est-ce que ma compagnie vous est tellement désagréable, que vous soyez si pressé de la quitter ?...

— Mais il me semble que...

— Que j'allais faire une visite à M. de Montgeron, sans doute; mais ma visite n'est pas pressée, et, s'il vous plaît, je la remettrai à plus tard. Que diantre! j'ai à cœur de connaître le véritable motif qui vous a fait quitter si brusquement *la Foudroyante*, et je m'en voudrais mortellement si je pouvais penser que quelques innocentes plaisanteries permises entre camarades aient occasionné ce coup de tête...

En parlant ainsi, Albert était presque sincère. Ces natures franches ne savent pas longtemps se méfier.

Depuis le premier jour, Bruyères avait jugé Montfort à fond, et cependant un regret lui venait du cœur au lèvres:

— Si je m'étais trompé!

Montfort, stupéfait de ce repentir exprimé par celui de ses anciens collègues qui l'avait le plus poursuivi de ses railleries, le dévisagea, comme pour s'assurer de sa sincérité. La loyale physionomie du jeune homme supporta l'examen sans sourciller.

— Parlez-vous franchement, Bruyères? demanda Montfort timidement.

— Aussi franchement qu'un homme puisse parler, répondit Albert. Si je suis pour quoi que ce soit dans une résolution qui brise votre avenir et met en danger votre vie, je le regrette de tout mon cœur.

— Vous êtes une honnête et franche nature, vous! s'écria Montfort. Ah! si l'on m'eût parlé toujours ainsi! que n'avez-vous été mon ami!

Et il tomba dans une sombre rêverie.

— Pardieu! se disait Albert de Bruyères en l'examinant à son tour, ce garçon n'est peut-être pas aussi foncièrement mauvais que nous l'avons cru. Il a une nature malheureuse, voilà tout! et nous, comme des enfants sans pitié, nous l'avons exaspéré. On naît bilieux comme on naît sanguin ou nerveux; est-ce sa faute s'il est prédestiné à mourir d'une maladie de foie? Il aurait été plus généreux à nous de chercher à le guérir.

Ils avaient fait silencieusement une centaine de pas côte à côte. Montfort s'arrêta brusquement, et, sortant de sa rêverie:

— Ce qui est fait est fait! s'écria-t-il. Maintenant, il m'est impossible de reculer.

Et, comme Albert, étonné, l'interrogeait du regard:

— Monsieur de Bruyères, dit Montfort gravement, vous m'avez tendu la main trop tard. — Quoi qu'il en soit, je vous suis profondément reconnaissant du mouvement qui vient de vous pousser vers moi. S'il était encore temps d'y répondre, je crois que j'y répondrais. Adieu !... .

Et, comme honteux de cette expansion si inusitée pour lui, Montfort tenta de s'éloigner de son compagnon stupéfait. Celui-ci l'avait arrêté par le bras.

— Montfort, dit-il, avec une autorité mélangée d'une singulière douceur, quelque chose vous torture ; je vous en supplie, oubliez le passé et confessez-vous à moi. Je crois m'apercevoir que je vous ai mal jugé ; il y a eu toujours entre nous un manque de confiance fatal.

» Si cette explication avait eu lieu hier, vous seriez aujourd'hui à votre bord, votre avenir ne serait point brisé, et Villepré serait votre ami.

— Ne me parlez pas de Villepré, s'écria violemment Montfort en se dégageant brusquement et retrouvant tout son fiel à ce nom détesté. Celui-là, je le hais !

— Ah ! fit Bruyères, soudainement refroidi par cette farouche exclamation, et pourrait-on vous demander pourquoi vous haïssez tant Villepré ?

— Pourquoi je le hais ? Mais vous ne savez donc pas que cette haine date de l'École ; qu'elle est infusée dans mon sang depuis le premier jour que je l'ai connu ; qu'elle fait partie de ma vie, en un mot, et que, cette haine me manquant, il me semblerait que je vais mourir.

» Ah! vous êtes heureux, vous! Vous ignorez les âpres tortures de la convoitise impuissante; vous êtes beaux, vous êtes riches : dès le premier abord, on vous aime; moi, j'ai eu à lutter contre la pauvreté, contre mon intelligence rebelle, contre la dureté de ma physionomie ingrate. Là où on vous accueillait avec un sourire, le premier mouvement était de me fermer la porte au nez, et ce n'est qu'à force d'obstination et d'attente presque patiente que je finissais par profiter de l'instant où elle était entre-bâillée assez large pour me permettre de m'y faufiler.

» Tout le secret de ma haine pour Villepré est là dedans. Partout où il a passé la tête haute, j'ai été obligé de m'insinuer à la dérobée, moi, comme un pauvre honteux !...

— Comme un serpent! ne put s'empêcher de murmurer Albert de Bruyères, à qui cette nature cauteleuse, pour la première fois mise à nu, inspirait un souverain dégoût.

— Comme un serpent, soit! continua violemment Montfort, qui, subissant l'entraînement de tous les sournois, une fois sorti de sa prudence habituelle, ne savait plus s'arrêter. — Dans le combat de la vie, chacun se sert des armes qu'il possède : le venin de la vipère vaut la griffe du lion. —

Croyez-vous donc, monsieur de Bruyères, qu'il ne soit pas agréable de naître lion?

Est-ce moi qui me suis créé ce que je suis, pour qu'on m'accuse d'obéir à mes instincts? Est-ce ma faute si ces instincts ont toujours entre eux et leur libre expansion, ce Villepré détesté? Récapitulation : à l'École, nous avons été constamment dans les mêmes classes; les maitres n'avaient de faveurs et d'éloges que pour lui. Devenus hommes, il nous a fallu disputer les mêmes grades, et, aujourd'hui, nous nous trouvons poursuivre le même amour; je me suis senti las enfin de ce combat où je suis toujours vaincu; il faut que les choses changent!...

— Le même amour? murmura Albert.

— Et les choses ont changé! poursuivit Montfort fiévreusement. En amour comme en toute chose, Villepré est un lion vainqueur, il tend les griffes et dit :

» — Cette proie est à moi!

» Mais le serpent, puisque serpent il y a, s'est faufilé; et savez-vous ce qui arrive aujourd'hui, Bruyères? C'est que Montfort le tenace, Montfort le jaloux épouse mademoiselle de Noëllis.

— A vous Berthe? à vous la fiancée de Philippe? Vous en avez menti!...

— Vous pouvez me donner tous les démentis que vous voudrez, répondit Montfort savourant hargneusement son mauvais triomphe, les faits sont là. Il m'est indifférent de relever vos paroles pour l'instant.

— Monsieur Montfort, insista Bruyères, qui s'était placé devant lui les poings crispés, avouez que vous avez voulu faire une mauvaise plaisanterie, avouez que vous avez menti !

— J'épouse Berthe de Noëllis ! Pourquoi le lion a-t-il laissé la place libre ? répondit l'enseigne en ricanant.

— Vous avez oublié dans votre ingénieuse comparaison, s'écria violemment Albert, qui ne pouvait plus se contenir, le cas où un honnête homme rencontre la vipère et lui écrase la tête sous son talon, et je serai cet homme-là, monsieur Montfort !

Montfort devint vert.

Il s'était laissé entraîner par son premier mouvement de haine à chanter sa victoire, et voilà qu'il se trouvait l'avoir compromise.

Puis, faut-il le dire ? il avait peur de Bruyères. Dans cet être inégalement organisé, le premier mouvement était à l'effroi. — Cette terreur purement physique que ses collègues avaient toujours remarquée chez l'enseigne au début des engagements dangereux, avait même été la cause première de leur antipathie pour lui. — Mais, dans ce tempérament mobile et malade, vivait une âme énergique. Montfort ne voulait pas avoir peur, et, couvert d'une sueur d'angoisse; remué par des tressaillements involontaires, il restait debout, bravant le péril, quelque formidable qu'il pût s'annoncer. Cet être nativement passif, une fois révolté, devenait plus implacable qu'une bête fauve; on eût dit qu'il cherchait à se venger de la terreur invincible qu'on lui inspirait.

— Bruyères, dit-il, les dents serrées, calme, mais effrayant de menace comprimée, toute cette affaire n'est point vôtre; laissez-la se vider entre M. de Villepré et moi.

— Si Villepré n'était pas dans l'impuissance de vous répondre en cet instant, vous ne le prendriez pas si haut, Montfort; car vous n'êtes qu'un lâche !

La teinte livide s'épaissit encore sur la face de Montfort.

— Encore une fois, Bruyères, occupez-vous de vos affaires, et laissez les miennes en paix. Vous devez comprendre que je suis résolu à anéantir tout ce que je trouverai entre mon but et moi.

— Je comprends, monsieur Montfort, que je vous ai insulté trois fois; et que trois fois vous m'avez montré que vous aviez honteusement peur.

— Soit, donc! s'écria Montfort écumant. Nous nous battrons! et tout de suite, puisque vous le voulez. Dieu sait que je voulais vous épargner, mais vous m'y contraignez ! Tuez-moi, du reste, peu m'importe! Si mon ambition n'est pas assouvie, ma vengeance, du moins, sera satisfaite.

A mesure que son antagoniste s'emportait, Albert de Bruyères reprenait insensiblement possession de son calme habituel.

— Oui, disait Montfort, que cette tranquillité exaspérait encore davantage, je me serai vengé! Époux ou non de Berthe de Noëllis, je la sépare à jamais de Villepré, à moins que le noble, le chevaleresque Villepré ne consente à épouser ma maîtresse.

Bruyères le saisit par le bras. Ses yeux froids comme deux lames d'épée plongèrent dans les yeux troublés de Montfort, qui se baissèrent involontairement; puis, d'une voix sourde mais nette et tranquille :

— Monsieur Montfort, dit Albert, voilà une parole qui vous condamne à mort.

DEUXIÈME PARTIE

I

LE SUICIDE

En ce moment, le docteur Gerbier terminait sa consultation du matin. Il venait de reconduire son dernier client jusqu'à la porte de l'antichambre, de l'air empressé et satisfait d'un homme dont la tâche quotidienne est fructueusement remplie. Aussi ne put-il réprimer un mouvement de mauvaise humeur en se trouvant face à face avec un nouveau visiteur.

— Bon! se dit-il en tirant sa montre et y constatant l'heure, les œufs à la coque seront trop cuits!

Mais le moyen de ne pas recevoir un malade,

lorsque ce malade est déjà installé dans le meilleur fauteuil de votre cabinet de consultation?

Le docteur Gerbier soupira et fit contre fortune bon cœur.

Le client intempestif de M. Gerbier ne semblait guère malade pour son propre compte. C'était un beau grand jeune homme de vingt-sept à vingt-huit ans, l'œil fier, la démarche hardie, je ne sais quoi d'à la fois insouciant et de pensif dans le sourire, de doux et de froid tout ensemble dans le regard, de la force voilée de nonchalance dans tout son être.

— Parbleu! se dit le docteur, dont on connait les manies, au moins n'aurais-je pas perdu tout à fait mon temps à regarder ce beau visage.

Ce beau visage, il lui semblait l'avoir déjà vu quelque part, mais il n'eût pu dire où; sa mémoire rebelle lui faisait défaut sur ce point. Ce visage, il ne le reconnaissait que par reflet, pour ainsi dire, comme celui d'un homme dont autrefois on aurait vu le portrait ou connu un proche parent. Sous ces traits, qu'avec sa promptitude d'observation, il avait étudiés en une seconde, M. Gerbier en devinait d'autres qui lui avaient été jadis familiers.

Mais la raison de cette défaillance de souvenir, très-irritante, comme la recherche d'un nom bien connu et dont pourtant les syllabes échappent, ne lui fut révélée que lorsque le beau jeune homme, se relevant à demi du fauteuil sur lequel il était quasi couché dans une pose pleine d'abandon, s'annonça lui-même :

— Albert de Bruyères !

Le docteur avait connu Albert enfant, et, bien que le visage de M. de Bruyères, en se faisant viril, eût conservé toute la grâce de l'adolescence première, M. Gerbier avait le regard trop perçant, l'observation trop vive pour ne pas comprendre, comme par une perception instantanée, quel gouffre infranchissable avaient creusé ces quelques années entre ce que l'enfant avait été autrefois, et ce qu'aujourd'hui était l'homme.

Qu'avaient-elles contenu, ces quelques années? Quelles souffrances morales, quelles passions, quels orages intimes avaient dessiné sur les tempes ces rides à la fois si lourdes et si légères? Aussi déliées que des cheveux, elles étaient pourtant ineffaçables.

De la vie d'Albert de Bruyères, le docteur n'avait su que ce que tout le monde en savait. Il avait entendu parler de ses folies élégantes et de ses fantaisies dispendieuses. Pour lui encore, Albert n'avait été, jusqu'à ce jour, qu'un de ces hommes de plaisir, un de ces écervelés sans conséquence, qui font sourire de pitié les hommes graves, hausser les épaules des bourgeois et gronder sourdement les moralistes. Mais, aujourd'hui qu'il se trouvait en face de M. de Bruyères, le docteur reconnaissait qu'il avait réellement affaire à une nature supérieure, à une énigme dont il brûlait de connaître le mot; car, on se le rappelle, la passion principale du docteur Gerbier était la passion des énigmes.

Il répondit au salut d'Albert par un salut analogue et attendit.

— Docteur, dit Albert, après un court instant de silence, je lis dans votre sourire que vous me reconnaissez, et dans votre regard que vous cherchez vainement le but de ma visite.

» Je serai bref; je suis l'ami intime de M. Philippe de Villepré et je vous sais fort lié avec M. le comte de Noëllis. Vous êtes son médecin, m'a-t-on dit; par suite, au courant de ce qui se passe dans sa maison. Vous n'ignorez pas, par conséquent, la nature des liens qui unissent Philippe de Villepré à mademoiselle de Noëllis. J'espère donc que vous comprendrez, sans me forcer à insister davantage sur un tel sujet, le motif de ma démarche auprès de vous.

Et, comme M. Gerbier ne répondait pas, Albert de Bruyères continua de la même voix calme :

— Il y a trois jours, mon ami Villepré s'est rendu à son bord, et je sais, de source certaine, qu'il partait avec la promesse formelle de voir combler ses vœux les plus chers à son retour. Or, ces jours derniers, j'ai appris le mariage prochain de M. Paul Montfort avec mademoiselle Berthe de Noëllis.

— Mademoiselle Berthe n'aime pas M. Montfort,

puisqu'elle aime Villepré. Il s'est donc passé quelque événement mystérieux, — que je ne vous demande pas, docteur, je sais respecter le secret du médecin, — mais dont il m'était permis de m'enquérir, puisque, après tout, en l'absence de Villepré, je me suis fait le gardien de son bonheur.

— Eh bien !... murmura M. Gerbier, qui essayait en vain de jouer le calme, le succès de votre enquête ?...

— A été complet ! répondit froidement Albert de Bruyères.

Le docteur, debout, comme dressé par un ressort, regardait le jeune homme avec des yeux effarés.

— Rassurez-vous, monsieur, dit Albert; le secret de mademoiselle de Noëllis est en bonnes mains, et, si je suis ici, c'est pour aviser avec vous au moyen de la protéger et de la sauver.

— Puisque vous savez tout, s'écria le médecin, vous devez comprendre qu'il n'en est qu'un, celui que mademoiselle de Noëllis a adopté, un mariage.

— Avec M. Montfort ?... Il est impossible, absolument.

— Cependant...

— Laissez-moi donc finir !... Il est absolument impossible, vous disais-je, M. Montfort étant, à l'heure qu'il est, incapable d'épouser qui que ce soit; car M. Montfort est mort.

— Mort !...

— Comme j'ai l'honneur de vous l'affirmer. Ce matin même, j'ai eu l'avantage de lui traverser le poumon gauche de part en part. Je suis certain que c'est ainsi qu'eût agi M. de Villepré s'il eût été à portée de se venger lui-même, et, je vous l'ai dit, je suis l'ami de M. de Villepré.

— Mais !... s'écria le docteur, qui se promenait à travers la chambre, mais vous n'avez pas réfléchi qu'en vengeant votre ami, en tuant ce misérable que je juge tout aussi sévèrement que vous, vous enlevez du même coup toute chance de réhabilitation à mademoiselle Berthe. — Mon Dieu ! je suis de votre avis. Le préjugé est stupide. Cette union avec M. Montfort était sans doute pour elle un malheur irréparable : il la séparait à jamais de celui qu'elle aimait, et la jetait entre les mains d'un mari odieux, soit !... et cependant un seul homme pouvait épouser mademoiselle de Noëllis, un seul, M. Montfort, que vous venez de tuer !

— Un seul? Vous en êtes bien certain? demanda Albert en appuyant sur la phrase. Il est impossible alors (et il souligna le mot *impossible*) de laisser ignorer à Villepré le malheur qui a frappé mademoiselle de Noëllis ?

— Absolument impossible, je n'oserais l'affirmer. Un homme de mon âge et de ma profession ne se lance pas aussi vite dans les certitudes. Mais il est tout au moins convenable, au milieu des suppositions où nous nous trouvons, que le galant homme qui s'appelle M. de Villepré soit instruit de tout ce que je redoute. Il y a là prudence, et aussi dignité.

— Il faut donc chercher quelque autre mari pour mademoiselle de Noëllis ; un honnête garçon dont un loyal cœur puisse sans rougir épouser la veuve. Or, cet honnête garçon, je le connais, docteur, et je viens vous parler de lui, pour que vous vous chargiez de le faire agréer par M. et mademoiselle de Noëllis.

— Comment ! vous connaissez cet honnête garçon ?

— Sans doute.

— Il donnera son nom à une femme... ?

— Oui ! Surtout, si cet honnête garçon, condamné aussi sûrement que par une maladie mortelle, fait de la femme une veuve aussitôt après le mariage.

— J'avoue que je ne comprends plus.

— Quoi de plus simple cependant ? Monsieur Gerbier, j'essayerais en vain de me dissimuler que j'ai gaspillé ma vie. Je ne crois pas avoir jamais songé pendant une heure de suite à ce que, d'ordinaire, on appelle « son avenir. » Peut-être, si j'avais essayé, serais-je devenu ambitieux tout comme un autre ; j'aurais cherché à donner un peu d'éclat à mon nom ou à tripler les millions paternels. A quoi bon ?

» J'ai préféré conserver l'un dignement obscur et manger les autres le plus gaiement possible. En un mot, paresse ou dédain, faiblesse ou force, qui sait ?

je me suis laissé vivre, ne demandant rien aux autres et leur demeurant, par réciprocité, parfaitement inutile. Villepré, lui, est un autre homme. Il a regardé le monde par l'autre extrémité de la lorgnette. Où je n'ai vu que des conventions sociales, il a cherché des devoirs.

» Le plaisir est devenu pour lui l'amour. C'est son affaire ; ce n'est d'ailleurs pas l'instant d'apprécier sa conduite ou la mienne. A-t-il raison ?... Ai-je tort ?... Je ne cherche pas à en deviner si long ; — mais ce que je sais, c'est que, malgré, et peut-être à cause de ces divergences, nous nous sommes aimés comme des frères et que je suis prêt à sacrifier ma vie à ce que Villepré considère comme son bonheur, et le sacrifice me coûtera d'autant moins qu'il était décidé d'avance.

» Or, docteur, je vous défie, vous qui êtes si fort sur les méthodes scientifiques, de trouver mon raisonnement en défaut : — ce n'est qu'avec mademoiselle de Noëllis pour femme qu'il peut y avoir du bonheur pour Villepré.

» Le mariage de mademoiselle de Noëllis avec Montfort brisait ce bonheur à jamais ; car, en admettant même que j'aie attendu la noce pour infliger à ce misérable le châtiment mérité, Philippe ne pouvait épouser l'ancienne maîtresse de Montfort ; mais il peut épouser la veuve de son ami Albert de Bruyères, et voilà pourquoi, docteur, je vous prie de vous charger de ma demande auprès de M. et mademoiselle de Noëllis.

— Mais alors, s'écria le docteur de plus en plus perplexe, vous vous mariez avec l'intention...?

— Pour écarter tous les préjugés qui sépareraient Philippe de mademoiselle Berthe. Quant à moi, je n'en serai jamais un, puisque ce mariage lui-même est un engagement solennel que je prends vis-à-vis de ma conscience. De cette façon, du moins, ma mort servira au bonheur de quelqu'un.

— Votre mort!... Y songez-vous ?

— Depuis fort longtemps. Depuis le jour où, dans un grand coffre, j'ai accumulé les derniers cent mille francs de mon patrimoine ; sous l'épais lit de pièces d'or, j'ai caché un pistolet chargé, et, quand le pistolet sera découvert... vous comprenez!... Or, on aperçoit déjà la moitié de la crosse. Vous voyez que, dans de telles dispositions, le sacrifice que je fais à l'endroit de Philippe est bien mince. Supposez que M. ou mademoiselle de Noëllis le refuse, cela ne m'empêchera pas de me tuer ; mais ma mort, dans ce cas, restera comme ma vie, parfaitement inutile.

» Ne vaut-il pas mieux qu'elle serve à rendre à cette pauvre enfant l'honneur que lui a volé un misérable, à mon ami, son bonheur brisé?

» Et voilà pourquoi je suis venu vous trouver, docteur ; je suis venu parce que je savais que le paradoxe apparent de ma conduite vous effrayerait moins qu'un autre, et que, comprenant le motif qui me fait agir, vous ne me refuseriez pas votre aide.

Sur ces derniers mots, Albert de Bruyères s'était levé et tendait à M. Gerbier sa main, largement et franchement ouverte.

Le docteur hésita. Une idée mauvaise venait de lui traverser rapidement l'esprit. Le jeune homme ruiné, à la veille même du suicide comme il l'avouait, ne profiterait-il pas du malheur de mademoiselle de Noëllis pour reconstruire sa fortune par un beau mariage? Cet engagement de suicide ne pouvait pas, ne devait pas être considéré comme sérieux, et M. de Bruyères dissimulait la honte du motif sous un mensonge romanesque et généreux.

Cette pensée passa comme un éclair par le cerveau du docteur Gerbier; mais, dès qu'il eut jeté un second coup d'œil sur la physionomie claire et tranquillement franche du jeune homme, il se repentit de ce mauvais mouvement. La promesse que M. de Bruyères venait de faire, il avait certainement l'intention de la tenir, et certainement il la tiendrait.

Pourquoi alors ne pas l'aider dans son entreprise, puisque, après tout, cette voie seule restait pour sauver l'honneur de Berthe? Aussi, après le premier et très-court instant d'hésitation que nous venons de signaler, il serra la main du jeune homme avec cordialité.

Ce serrement de main voulait dire : « Comptez sur moi ! »

M. de Bruyères le comprit ainsi et le remercia d'un sourire, un joli sourire, jeune, frais, candide comme un sourire de jeune fille, si bien qu'en le voyant épanoui sur les lèvres du jeune homme, le docteur Gerbier pensait :.

— Pourquoi mourir ?...

II

C'était dans la chambre même où le crime s'était accompli.

Berthe se levait; assise sur son lit blanc, les mains croisées sur les genoux, elle rêvait. Nous ne savons quelle angoisse rendait pensifs ses beaux yeux, si clairs et si limpides quelques mois auparavant; quelle nonchalance inexplicable arrondissait les mouvements jadis brusques et anguleux de l'enfant. La jeune fille était devenue femme.

Berthe rêvait : — elle rêvait à l'énigme qui venait d'entrer dans sa vie. Pourquoi ne fallait-il plus aimer Villepré? Pourquoi fallait-il *nécessairement* épouser cet être mystérieux dont lui avait parlé son père? — Pourquoi?

Pourquoi?

Et elle rougissait.

Quelque chose comme un souvenir indistinct s'éveillait en elle qui suffisait à alarmer sa pudeur d'hermine, et l'insistance même de son père à accomplir un mariage, à en briser un autre si longtemps projeté, la mettait sur la trace de la vérité fatale.

Elle se glissa timidement d'abord, puis rapidement, entre les draps de fine batiste; ses pieds nus se posèrent dans la laine soyeuse des tapis, et elle procéda à sa chaste toilette de jeune fille.

Pauvre Villepré! où était-il à cette heure? Bien loin sans doute et bien près, puisqu'il songeait à elle. — La coquette savait bien que ce grand, ce pur, ce candide cœur lui appartenait tout entier.

Fière de sa victoire, elle se l'affirmait avec orgueil, et pourtant, dans quelques jours, demain peut-être, la volonté inexorable de son père l'unirait à un autre.

Berthe était triste, et s'en voulait pourtant de ne pas l'être davantage.

— Je n'aime donc pas Philippe? se disait-elle.

Elle s'étonnait de ne pas retrouver en elle, vis-à-vis de l'ordre barbare et inexplicable de M. de Montgeron, les rébellions violentes, habituelles aux héroïnes de roman.

Quel était donc ce futur inconnu qui avait si vite

supplanté le noble, le riche, le sage Villepré, dans l'affection de M. de Montgeron? Comment était-il, blond ou brun, riche ou pauvre, roturier ou noble? Quel rameau d'or lui avait servi à pénétrer sans coup férir dans la maison et dans la famille, qui, la veille encore, étaient larges ouvertes à un autre? Quel don magique possédait-il pour vaincre en apparaissant seulement? A tous ces *pourquoi*, la pauvre enfant ne trouvait pas de réponse, ou, si elle en entrevoyait une (un rêve horrible, comme un cauchemar), instinctivement sa chasteté la repoussait aussitôt.

En somme, tout en restant sérieusement persuadée, dans la simplicité de sa conscience, qu'elle ne songeait qu'à Villepré et qu'elle s'abandonnait tout entière à la douleur de le perdre, mademoiselle de Noëllis ne s'occupait guère que de son mystérieux rival. Il empruntait à cet anonymat que lui continuait M. de Montgeron, je ne sais quel attrait romanesque qui a toujours son action sur l'imagination d'une jeune fille. En un mot, bien qu'elle se répétât mille fois, sur tous les tons, sous toutes les formes :

— Ce doit être un monstre, il doit avoir quelque chose d'horrible à cacher pour que mon père soit si discret à son endroit. D'ailleurs, je ne l'aimerai jamais, je ne veux aimer que Philippe.

La chère enfant était à peu près dans la même situation d'esprit que *la Belle*, qui, après avoir poussé un cri d'horreur au premier aspect de *la Bête*, finit par attendre, avec une angoisse qui n'est pas sans charme, l'heure du rendez-vous du monstre.

Une main familière gratta doucement à la porte; Berthe cria d'entrer, et la haute taille de M. de Mongeron se dessina sous l'encadrement sculpté de la grande porte.

— C'est vous, mon père! cria Berthe avec un petit tressaut dans le cœur, car elle sentait que l'instant décisif approchait.

— Mon enfant, répondit M. de Noëllis, j'ai à causer sérieusement avec toi.

Chose étonnante pour ceux qui savent que M. de Noëllis avait été l'un des premiers, l'un des seuls initiés à la fatalité terrible qui pesait sur le front de sa fille unique, son visage était calme, sa lèvre presque souriante. Depuis longtemps déjà, Berthe ne l'avait vu aussi gai. Souvent elle surprenait son œil assombri posé sur elle. Aujourd'hui, le regard du vieillard s'éclaircissait chaque fois qu'il se croisait avec celui de la jeune fille.

C'est que, en effet, bien qu'il eût compris que, devant l'affreux dilemme et l'hypocrite confession de Montfort, le sacrifice de Berthe était absolument indispensable, il n'y avait consenti qu'avec répugnance. Peut-être Berthe pourrait être heureuse un jour, puisqu'elle ignorait le crime de son mari. A son âge, son premier amour enfantin pour Philippe n'avait point de racines assez profondes pour faire naître en elle un long désespoir; elle arriverait peut-être à aimer M. Montfort. Mais M. de Noëllis, lui, ne pourrait jamais oublier la sombre action de son gendre.

Il introduisait à son foyer un homme qu'il serait perpétuellement contraint de considérer comme un misérable.

Ce sont ces réflexions qui rendaient si sévères le front de M. de Noëllis; et si, aujourd'hui, il était presque gai, c'est qu'il avait vu le docteur Gerbier; c'est qu'il venait d'apprendre le duel de M. Montfort, sa mort et la proposition inconcevablement généreuse d'Albert de Bruyères.

Certes, un homme du caractère de M. de Montgeron, comte de Noëllis, n'était guère fait pour éprouver une grande sympathie à l'endroit de cet écervelé de Bruyères. Cet homme de la raison exacte, enrichi par le chiffre, avait dû souvent qualifier d'une façon sévère les excentricités de ce jeune fou ruiné par la prodigalité. Le libéralisme un peu pédant et parfois intolérant de Montgeron, fils de conventionnel, avait beau jeu à s'exercer sur « ces gaillards qui prétendent ramener dans notre siècle exact et laborieux les habitudes et les mœurs de l'ancien régime. »

La réputation dont Albert de Bruyères jouissait à l'hôtel de Noëllis n'était pas, on le voit déjà, des meilleures, et le bruit de sa ruine imminente n'avait guère contribué sans doute à la rétablir sur un meilleur pied dans l'esprit de Noëllis ni dans celui de Montgeron. — Montgeron et Noëllis, ces deux Siamois si bizarrement confondus dans l'individualité de Montgeron, comte de Noëllis, mettaient d'accord leurs principes aristocratiques et libéraux pour blâmer énergiquement ce dernier spécimen des Lauzun et des Richelieu. — « Un Richelieu qui a oublié de prendre Mahon! » avait dit plus d'une fois ce gentilhomme de l'Empire, lorsque le nom d'Albert était prononcé devant lui.

Et cependant son cœur était soulagé d'un grand poids. Albert de Bruyères était peut-être un fou, mais c'était certainement un homme d'honneur : sa conduite chevaleresque dans toute cette dernière affaire le prouvait invinciblement.

La supposition d'un calcul intéressé qui, comme un éclair, avait traversé le cerveau du docteur, ne vint pas un seul instant à l'esprit de M. de Montgeron ; il vit seulement dans la démarche d'Albert la promesse d'une vie plus rangée, le premier mouvement raisonnable d'un fils de famille qui songe à l'avenir.

Quant à ce suicide promis, il le fit imperceptiblement sourire. Ce sourire signifiait : « Est-ce que l'on se tue lorsque, ruiné la veille, on se trouve millionnaire le lendemain ? »

Calculée ou non, la demande de mariage d'Albert de Bruyères était une chance si inespérée, une façon si simple et si naturelle de sauver l'honneur de Berthe aux yeux de tous, elle était si préférable à ce moyen extrême qu'il avait pourtant adopté faute de mieux, un mariage avec Montfort, que M. de Noëllis n'hésita plus une minute à l'accepter d'enthousiame.

C'est dans le but de convaincre Berthe de la nécessité de ce mariage, ou même, au besoin, de le lui imposer, que M. de Noëllis venait chez elle immédiatement après sa conversation avec le docteur.

— Je vous écoute, mon père, dit-elle.

— Ma fille, reprit-il après un court effort, car il sentait sa tâche malaisée, je ne sais si vous avez réfléchi à mes paroles de l'autre jour, comme je vous en avais prié.

Berthe rougit légèrement. Le ton grave de son père lui faisait pressentir que, cette fois, il ne se contenterait plus d'échappatoires; et, essayant de rassurer sa voix un peu tremblante :

— Oui, mon père, murmura-t-elle.

— Et pourrais-je savoir le résultat de ces réflexions ?

Puis, redevenant tout à fait tendre, tout à fait père :

— Ne me dissimule rien, ma chère enfant, et sois convaincue qu'aujourd'hui comme toujours je ne poursuis qu'un seul but : ton bonheur.

Cette caresse de la voix, absolument imprévue,

produisit son effet sur le cœur gonflé de Berthe; elle s'était préparée à des reproches de tuteur, point à l'émotion paternelle. Elle fondit en larmes. Il la consola doucement.

— Voyons, mignonne, pourquoi pleurer? Tout cela n'est pas bien terrible?

— Mais Philippe!... Ce pauvre Philippe!...

— L'aimes-tu donc si fort?... Es-tu bien sûre qu'il t'aime lui-même à ce point?... Certes, oui, mon rêve était de vous unir. Depuis longtemps, j'ai apprécié les hautes qualités de Philippe : c'est le cœur le plus honnête que je connaisse; mais, entre nous, ma mignonne, il est trop raisonnable pour toi. Tu as toujours été un peu sensitive. Depuis la mort de ta mère, je me suis aperçu bien souvent que cet amour caressant te manquait, et que le mien, moins expansif, était insuffisant pour le remplacer. Il te faut un mari qui ne s'occupe que de toi, qui ne vive que pour toi. Villepré est la raison même, mais trop de raison nuit et entraîne la froideur. — Non! plus j'y songe, plus je crois sérieusement qu'en renonçant à ce mariage, en t'y faisant renoncer, je fais votre bonheur à tous les deux. — D'ailleurs, j'ai d'autres raisons plus graves, et Villepré, j'en suis certain, les comprendra, comme tu les comprendrais toi-même si j'avais le droit de te les dire.

Et, comme elle insistait curieusement du regard :

— Ne me demande plus rien, s'écria-t-il en feignant de rire. Tu ne sauras rien de plus, sinon qu'il faut te faire belle aujourd'hui ; — je veux te présenter quelqu'un... quelqu'un qui t'adore, que tu aimeras aussi un peu quelque jour, j'espère, et que, du reste, tu connais déjà de nom, il me semble : M. Albert de Bruyères.

— Albert de Bruyères, l'ami intime de Philippe !...

L'étonnement la rendait immobile.

Comment ! on rompait son mariage avec de Villepré, et celui qu'on lui présentait comme successeur était l'ami le plus intime de l'évincé !... Comment ! c'était M. de Noëllis, qu'elle avait entendu tant de fois gronder sourdement contre cette amitié et contre celui qui en faisait l'objet, c'était M. de Noëllis lui-même qui choisissait pour gendre un débauché aux trois quarts ruiné et dont la réputation scandaleuse égalait la réputation d'élégance ?

Que signifiait cette double trahison à l'égard de Philippe ? trahison de M. de Noëllis, son tuteur, trahison de M. de Bruyères, son meilleur ami ! Berthe renonçait à trouver le mot de cette énigme.

— C'est cela justement, dit M. de Noëllis de la voix la plus parfaitement indifférente du monde. L'ami intime de Philippe ! et je peux t'affirmer, continua-t-il, cette fois, d'un ton si sérieusement, pour ainsi dire si religieusement convaincu, qu'il n'admettait pas de réplique, — je peux t'affirmer que, malgré l'étrangeté apparente de sa démarche, je considère, moi qui en connais le motif, M. de Bruyères comme l'homme le plus délicat que je connaisse.

Sur cette dernière affirmation, M. de Noëllis, supposant qu'il en avait assez fait ce jour-là, embrassa doucement le front de sa fille distraite et s'éloigna sans bruit.

III

Délicat! le plus délicat des hommes!... un homme qui profite de l'absence de son ami le plus dévoué, presque d'un frère, pour le supplanter auprès de sa fiancée!

L'affirmation était assez singulière, en effet, pour troubler un cerveau plus habitué que celui de Berthe à la réflexion. L'énigme se compliquait, et la jeune fille ne croyait pouvoir en trouver le mot que dans la froideur même de Villepré.

Évidemment Philippe ne l'avait jamais aimée que comme sœur; un jour, il s'était aperçu qu'elle était aimée d'une autre façon par Albert de Bruyères; il avait vu dans cet amour honnête la régénération de son ami, et, généreusement, il s'était sacrifié. Lancées sur la piste d'une hypothèse, les idées d'une jeune fille vont plus vite qu'une meute à la piste d'un dix cors. Au bout d'une heure, il n'y avait plus de doutes dans l'esprit de Berthe ; comme Vertot son siége, elle avait fait son roman.

Roman naïf et généreux ainsi que tous les premiers romans, vaniteux aussi comme tous les romans de jeune fille ; car, dans ces âmes d'ange, ce petit vice, la vanité, est toujours tapi, et ce n'est point à nous de nous en plaindre, puisqu'il engendre le plus exquis de leurs défauts : la coquetterie.

Le roman de Berthe, le voici :

Oreste et Pylade, tous les deux lieutenants de vaisseau, aiment la même femme, si toutefois on peut appeler amour la passion très-sage et très-raisonnée du raisonneur et sage Pylade. Pylade est bien trop mythologique pour y aller par quatre chemins ; il a, dès le premier jour, été trouver simplement le père et lui a dit :

— Je me sentirais quelque goût pour votre fille, et, si je ne lui déplaisais pas trop, je deviendrais volontiers votre fils.

Oreste, lui, aime silencieusement comme tous les cœurs bien épris. Voyant son ami sur les rangs, il dissimula son fatal secret pour se mettre lui-même dans l'impuissance de le trahir. Qui sait ? peut-être aussi pour oublier, il dresse entre lui et celle qu'il aime, celle qu'il n'a pas le droit d'aimer, tous les obstacles possibles. Noble de cœur, il se dégrade dans la débauche; riche, il se ruine; reçu partout, il ne vient pas dans les salons où il pourrait la rencontrer. Du reste, toutes les ivresses lui sont bonnes, puisqu'elles grisent, puisqu'elles font oublier, puisqu'elles tuent.

Oui, pardieu! puisqu'elles tuent!... C'était dans le roman de Berthe; ces jeunes têtes et ces jeunes cœurs n'y vont pas à demi, lorsqu'il s'agit d'amour.

Or, voilà qu'un jour Pylade, dont la tendresse pour son ami est en éveil, s'aperçoit de la raison de ces désordres et de ces désespoirs; il l'apprend le jour même où il vient d'obtenir la main de leur idole commune. Et alors, que fait le noble Pylade?

Il raconte tout au beau-père, tout!... et l'amour d'Oreste et sa perte certaine si quelqu'un ne lui tend une main secourable. Il s'écrie chaleureusement que, pour sa part, il ne veut point d'un bonheur qui causerait sans doute la mort de son ami. — Le père est touché de ce dévouement; il en devient le pieux complice; on vole allègrement consoler Oreste, lui affirmer qu'il sera aimé, et,... résultat final, Albert de Bruyères donne sa démission, pendant qu'à la veille même d'un mariage possible, Philippe de Villepré s'embarque pour l'Océanie ou les grandes Indes.

Quant à la fiancée de Pylade, quelle sera sa conduite dans ce drame?

La fidélité à un ancien, à un sincère amour a des côtés bien touchants. Cette maladie que nos voisins d'outre-Manche appellent un *cœur brisé* est bien poétique; mais, d'un autre côté, quelle belle tâche que cette rédemption d'une âme par l'amour ! Devenir l'ange gardien de ce Satan en expectative, le page de ce corsaire, l'Éloa de cet enfant des hommes !... Ramener ce vaste esprit, ce vaste cœur aux nobles attraits et aux grandes choses; de ce maudit, faire un bienheureux; trouvez-moi, s'il vous plaît, un plus beau programme pour une cervelle de dix-huit ans !

Quoi !... dans ce drame où tous sont grands, où l'un est assez généreux pour faire le sacrifice de son amour, où l'amour de l'autre est assez exigeant, assez douloureux, assez dominateur, pour accepter le sacrifice sans honte! Dans ce drame où le tuteur lui-même, ce représentant toujours bafoué de la raison humaine, passe l'éponge sur tout ce qui, de tout temps, a fait bondir les tuteurs d'indignation, et fait céder ses préjugés à l'invincible expansion de tant de bons sentiments; quoi! dans un tel drame, l'héroïne seule faiblirait et ne serait pas à la hauteur de son rôle! Juliette refuserait de sauver Roméo ou de périr avec lui! — La chose était-elle vraiment possible?

Tel fut le roman que créa Berthe de Noëllis, l'hypothèse où elle s'arrêta pour expliquer tant de faits contradictoires. L'explication avait cela de bon, qu'au moins elle expliquait tout; mais elle avait cela de meilleur, qu'elle flattait toutes les idées de rêve-

rie un peu vague et d'orgueil latent que dissimule
dans ses replis le cœur de la vierge même la plus
pure. Aussi se plut-elle beaucoup à la construction
de cet chafaudage léger comme une dentelle d'araignée, brillant comme un palais de diamants ou un
château en Espagne.

Accoudée à la cheminée, se regardant dans la glace
sans se voir, elle se souriait ou plutôt elle souriait à
son rêve, et, lorsqu'elle sortit de cette espèce de sommeil éveillé, ce fut avec un bien gros soupir qu'elle
murmura :

— Qui sait?

Qui sait?... tout cela n'était peut-être qu'un
songe; toutes les probabilités le donnaient même à
supposer. En s'y arrêtant, elle avait été coupable
envers Villepré : c'était une première infidélité
qu'elle faisait à sa mémoire; elle se le disait et se le
reprochait, et cependant, ce joli songe, elle le suivait
par les lointains de la rêverie, et tout au fond de sa
conscience une voix émue et comme effrayée murmurait :

— Ah! si ce n'était qu'un songe!...

C'est dans ces préoccupations de tête et d'âme
qu'elle passa une partie de la journée.

Elle attendait maintenant avec une sorte d'impatience fébrile l'instant où elle serait présentée à Albert de Bruyères. Elle avait à la fois peur de cette
présentation et la souhaitait; chaque fois qu'elle en-

tendait le bruit de la sonnette de la porte d'entrée ou d'un pas sous le porche de l'hôtel, elle tressaillait et pensait :

— Est-ce lui ?

A un instant, elle sonna et demanda à sa femme de chambre le nom du visiteur qui venait d'entrer. On lui répondit que c'était le docteur Gerbier, et elle le fit prier de monter lui parler.

Berthe avait grande confiance dans le docteur.

C'était même plus que de la confiance, c'était de l'affection ; comme tous les enfants sans mère, elle n'avait trouvé ces prévenances adorables, qui nous enchaînent par mille liens, que chez les étrangers. Le docteur Gerbier, ami intime de la famille, mais étranger en somme, n'arrivait jamais qu'avec une gâterie pour la petite Berthe, un jouet ou une friandise. Aussi ses visites étaient-elles un vrai bonheur pour l'enfant. C'est ainsi que naissent les habitudes. Plus tard, la friandise ou le jouet devint indifférent : la visite du docteur resta toujours une joie..

C'était comme une espèce d'être neutre, d'oreille tierce, de confesseur auquel on pouvait raconter ses désirs avec la certitude que le père les connaîtrait. Le père les satisferait-il? Oui, probablement ; et voyez l'habile combinaison de tout obtenir sans avoir rien demandé! Tous, nous avons eu autour de nous — et ce ne sont pas nos moins bons souvenirs —

de ces êtres chers, dévoués, généralement vieux célibataires, que nous appelions : « Bon ami. »

Bon ami, c'est la fée légendaire, le génie familier qui préside aux étrennes et remplit le sabot de Noël.

Berthe était encore assez enfant pour que les bonnes impressions du premier âge ne fussent pas complétement effacées, — s'effacent-elles jamais ? — et bien des secrets que peut-être elle n'eût osé avouer à son père, se trouvaient tout naturellement exprimés à la première visite du docteur Gerbier, « son bon ami. »

— Vous m'avez fait demander, mademoiselle, dit le docteur Gerbier en entrant, et c'était bien inutile, puisque c'est précisément pour vous que je venais. Voyons, qu'avons-nous aujourd'hui ? notre humeur noire ou notre migraine ? Que faut-il vous commander ? une sauterie au bal ou de la fleur d'oranger ?

— C'est bien plus grave que tout cela, bon ami !...

— Vraiment !... et bon ami eut un large sourire. Alors, si la chose est si grave, je gage qu'il s'agit d'un mariage ?

— Votre sorcellerie est de la sorcellerie à bon marché. Mon père vous a parlé de son projet.

— Il m'en a parlé, en effet.

— Et vous savez le nom du prétendu qu'il me destine ?

— Pourquoi me l'aurait-il dissimulé ?

— Ah! docteur, puis-je ainsi manquer de parole à ce pauvre Philippe?

— Ah! bah! Philippe prend en ce moment son point au beau milieu de l'océan Pacifique, ou calcule la hauteur d'une étoile. Sa maîtresse la plus chère est la déesse Mathématique!...

— Vous plaisantez!... c'est mal.

— Non, je ne plaisante point, repartit le docteur en redevenant tout à coup grave. — Nul mieux que moi n'apprécie M. de Villepré, nul n'a plus d'estime pour son caractère. Mais, si j'étais une belle demoiselle comme vous, il me semble que ce ne seraient pas ces qualités-là que je mettrais en ligne de compte les premières. Un peu de tendresse, d'expansion et d'enthousiasme de cœur me subjuguerait plus sûrement.

— Voilà encore que vous plaisantez!... Croyez-vous que toutes les belles demoiselles — bah! disons petites filles, — soient des écervelées?... Vous vous entendez tous ensemble pour me dire du mal de Philippe. Prenez garde! le moyen est au moins douteux pour me le faire oublier.

M. Gerbier continua en la menaçant du doigt :

— Et d'abord, vous nous accusez à faux, moi du moins, si vous croyez que nous désirons en quoi que ce soit nuire à M. de Villepré, soit dans votre esprit, soit dans votre cœur.

— Alors?...

— Alors... alors... cela n'empêche pas que, cependant, il ne faille épouser M. Albert de Bruyères. Plaignez-vous donc!... Un grand cœur, un esprit charmant, une élégance proverbiale, un homme à la mode, noble, et, ce qui ne gâte rien, le plus charmant garçon que je connaisse.

— Charmant, tant que vous voudrez! Cependant, je ne vois pas la nécessité...

— Et, moi qui suis bien désintéressé dans la question, n'est-ce pas? moi qui, dans toute cette affaire, ne puis avoir que votre intérêt pour mobile, je vous *affirme* que cette nécessité existe.

— Vous la connaissez?

— Je la connais.

— Elle est assez puissante pour excuser auprès de Philippe la violation de ma promesse?

— Eh! croyez-vous que, sans cela, votre père insisterait avec cette énergie? croyez-vous que ce serait tout justement M. de Bruyères, l'*alter ego* de M. de Villepré, qui demanderait votre main?

Ce dernier argument correspondait d'une façon trop précise aux pensées intimes de Berthe pour ne pas l'émouvoir profondément. Elle demeura méditative et tout anxieuse pendant un instant; puis, relevant la tête :

— Et cette raison... cette nécessité, vous ne pouvez pas me l'expliquer?

— Je ne le peux.

— Au moins la connaîtrai-je un jour? M. de Bruyères la connaît-il?

— Il la connaît comme moi-même, et pas plus que moi ne vous l'expliquera. Laissez-vous guider en aveugle par ceux qui vous idolâtrent, chère enfant; vous ne devez douter ni de l'affection de votre père ni de la mienne. Vous croyez bien qu'il ne veut point faire le malheur de votre vie, et que, le voulût-il, ce n'est pas moi qui prêterais les mains à son projet. Ayez confiance et certitude lorsque nous vous affirmons que vous ne pouvez plus, que vous ne devez plus songer à M. de Villepré, et soyez persuadée qu'un jour qui ne se fera guère attendre, vous nous bénirez de la sollicitude qui nous fait vous donner ce conseil aujourd'hui.

Tout cela était dit sérieusement et doucement, avec un accent de vérité auquel il n'y avait pas à se méprendre. Aussi Berthe se sentait-elle remuée et ébranlée jusqu'au fond du cœur. Peut-être, si les conseils du père et des amis de la maison avaient été plus impératifs, se fût-elle révoltée. Devant des conseils donnés d'une façon si attendrie et si paternellement bienveillante, elle songeait et semblait résignée.

Du reste, ce que, jusqu'à ce jour, elle avait pris pour de l'amour, ce sentiment d'estime émue qui la liait à Philippe, n'avait pas de racines assez profondes dans son cœur pour la soutenir dans sa résistance. Elle pressentait que, si elle s'engageait dans cette lutte, elle y serait vaincue, non par la force de l'attaque, mais par la faiblesse de la défense. A évoquer le souvenir de Villepré, elle éprouvait au fond du cœur un déchirement, moins que cela, une tristesse; moins encore, un regret, mais point de désespoir.

A penser à Bruyères, elle éprouvait une anxiété bien compréhensible, mais anxiété plutôt curieuse que craintive. Aussi, semblant encore résister, croyant peut-être même qu'elle résistait, se contenta-t-elle de dire en manière de restriction :

— Mais enfin ce M. de Bruyères, je le connais à peine.

— Aussi, repartit le docteur en riant, ne veut-on pas vous le faire épouser les yeux bandés. Ne craignez rien, du reste : ce don Juan n'a rien de fort terrible dans l'aspect, et il vaut infiniment mieux que sa réputation. Vous en jugerez, d'ailleurs, vous-même, ma toute belle, car je crois que c'est dès ce soir qu'il sollicitera la faveur de vous être officiellement présenté.

IV

Ce fut, en effet, le soir même qu'eut lieu la présentation. Elle fut naturellement très-froide.

Albert seul joua bien son rôle dans cette comédie matrimoniale. Il fut ravissant de bonne grâce. M. Montgeron de Noëllis était littéralement ravi de son nouveau gendre. Berthe, seule, soupira un instant, le soir, en rentrant dans sa chambre ; son joli roman était à vau-l'eau : Oreste était charmant, mais pas le moins du monde amoureux.

Albert de Bruyères ne fit sa cour que peu de temps. Tous, excepté Berthe, étaient pressés d'en finir. Celle-ci eût voulu encore attendre. Ce beau jeune homme si élégant et si froid lui faisait peur par instants. Elle pressentait sous cette légèreté ingénieuse je ne sais quelle énigme fatale.

Une conversation avec son futur seigneur et maître la rassura complétement.

Dans ce tête-à-tête, le seul qu'elle eut avec Albert (il les évitait avec soin, conduite singulière chez un fiancé!), on ne parla que de Philippe, avec quel enthousiasme de la part d'Albert de Bruyères !

Il dit, sans rien dissimuler, tout ce qu'il savait de ce grand esprit et de ce noble cœur; et il le dit si bien, que Berthe pensait tout bas que, pour avoir compris ces noblesses, il fallait avoir soi-même un grand cœur et un grand esprit.

A partir de ce moment, elle ne trouva plus d'objections ou de nouveaux délais à soulever, et, comme elle seule en avait imaginé dans le principe, on arriva vite au jour de la signature du contrat.

Cette cérémonie se fit sans éclat.

On n'avait invité que quelques parents et les témoins indispensables, dont le docteur Gerbier.

Celui-ci, bien qu'aux trois quarts rassuré sur le caractère d'Albert de Bruyères, attendait cette dernière et sérieuse épreuve et notait avec soin les moindres mouvements des traits du jeune homme.

Albert demeurait calme, presque indifférent. Était-ce là le visage d'un jeune homme qui gagne une partie dont l'enjeu est de plusieurs millions? Non, certes. Aussi le docteur entrait en défiance. Il trouvait à la fin Albert trop indifférent et trop calme, à quelque point de vue qu'il jugeât l'acte solennel qu'il accomplissait. Berthe, elle, était fort pâle et fort émue; plus que jamais, au moment de prononcer le *oui* qui lie à jamais, le souvenir de l'absent surnageait victorieux dans son esprit, mais comme voilé par un brouillard, brumeux comme un fantôme. C'était comme une image de fantasmagorie au moment où elle s'efface pour être remplacée par le tableau suivant, analogie saisissante de l'amour passé auquel va succéder le futur amour.

Le notaire se leva et lut de la voix ronronnante et officielle particulière à l'institution, les préambules du contrat. Lorsqu'il arriva à la partie sérieuse de l'acte, le docteur Gerbier redoubla d'attention.

« Et lesdits Albert de Bruyères et Berthe Montgeron de Noëllis se marient sous le régime... »

Ici, point d'interrogation du notaire, qui s'apprêtait à remplir les blancs de son acte.

— De la communauté, s'écria M. Montgeron.

Mais, en même temps que le comte, Albert s'était levé.

— Sous le régime dotal, je vous prie! fit-il avec vivacité.

Le notaire ne savait auquel entendre. Le front du docteur s'était rasséréné. Un sourire de satisfaction se posa sur ses bonnes lèvres paternelles. L'incident souleva, entre le futur gendre et le futur beau-père, une petite discussion de générosité dans laquelle, nous n'avons pas besoin de le dire, le beau-père fut définitivement vaincu.

Le notaire en arrivait à l'énumération des apports de mademoiselle de Noëllis, une liste à faire bondir le cœur de tous les chercheurs de dot. Il y avait deux châteaux en Bretagne, cinq fermes en Brie, sans compter les prés, les étangs et les forêts.

De Bruyères n'avait pas pris un air indifférent et ennuyé. Il était distrait, voilà tout. Il était impossible de lire sur ce royal visage l'ombre d'une convoitise.

Le docteur était décidément tout à fait content de son jeune ami, et frottait gaillardement ses deux mains blanchettes.

Quand on passa à la liste de ses biens, il eut un excellent sourire bien franc. Le notaire avait laissé une demi-page en blanc.

— Il vous suffira d'une ligne, dit de Bruyères; car, mes dettes payées, il ne me reste au monde qu'une bicoque à Plouneour-Arez, la seule propriété que je n'aie pu vendre, parce que personne n'a voulu l'acheter. Donc, écrivez, si le cœur vous en dit : « Mon château de Plouneour-Arez, » et finissons !

L'officier public lut les dernières formules comme il avait lu le préambule, et l'on signa : Albert de Bruyères d'abord, puis Berthe, puis M. de Montgeron, puis les témoins.

La signature de ce contrat fit beaucoup parler,

comme on peut croire. Les uns traitaient d'impudeur l'aveu public de ruine dont Albert avait pollué le papier timbré, et les rigoristes sans doute l'eussent qualifié bien plus durement, au cas où il eût laissé porter sous son nom des sommes évidemment dues à la fortune de sa femme. Les moins rigides se contentèrent de blâmer, en hochant la tête, l'imprudence de M. de Noëllis ; quelques autres, les indifférents, avancèrent qu'il était bien assez riche pour prendre un gueux comme Job, si la chose lui convenait.

Pour le docteur, il se dit simplement :

— Morbleu! je ne veux pas que ce joli garçon-là se tue!

Le mariage officiel et religieux se célébra le lendemain même : il n'y eut ni fêtes ni invitations, au grand scandale de la société. Dès le sortir de l'église, Albert fit demander un entretien au docteur.

— Vous voyez, docteur, que, si, en tuant Montfort, j'ai fait quelque tort à mademoiselle de Noëllis, le tort est amplement réparé. J'ai tenu toutes mes promesses, sauf une, que je tiendrai comme les autres, soyez-en sûr.

— Gardez-vous-en bien! s'écria M. Gerbier, ou du moins, dans l'intérêt de celle qui, à cette heure, porte votre nom, de celle qui, lorsqu'elle connaîtra la grandeur de votre dévouement, vous en devra une éternelle reconnaissance, retardez l'instant où vous mettrez à exécution votre résolution fatale. Songez à l'éclat qui résulterait d'un suicide au jour ou au lendemain de votre mariage. Je vous crois assez ingénieux pour l'exécuter le plus mystérieusement possible ; encore est-il qu'il en transpirerait toujours quelque chose ; on lui chercherait une raison, et Dieu sait les infamies que le monde peut inventer, lorsque sa curiosité se trouve à cheval sur l'hypothèse.

Albert sentit la valeur de cette objection.

— Soit, donc ! dit-il, j'attendrai jusqu'au dernier instant. Aussi bien le voyage de Philippe est à peine au début ; nous avons du temps devant nous. Dès ce soir, je vais partir pour Plouneour-Arez. Vous comprendrez, j'espère, aisément, la raison qui me dicte cette détermination, et vous la ferez comprendre à ceux qu'elle touche de près. Plouneour-Arez est à quelque lieues à peine de Brest ; les convenances seront donc respectées aux yeux du monde.

» On vit assez retiré dans la maison de Noëllis, pour que nul indifférent ne s'aperçoive de mon absence, et, d'ailleurs, je m'y montrerai assez fréquemment pour que les apparences soient sauvées. — J'espère, docteur, que vous approuverez ces mesures, et que, grâce à nous, tout le monde les approuvera.

La situation d'Albert, vis-à-vis de sa femme, était trop délicate pour que M. Gerbier fît une seule objection à ce plan, d'ailleurs fort raisonnable. —

D'autre part, et le docteur le savait, le moment arriverait bientôt où, fatalement, la conduite de M. de Bruyères et l'énormité de son sacrifice seraient expliquées à Berthe par les faits eux-mêmes. Il se contenta donc d'acquiescer et se chargea de transmettre les résolutions d'Albert à M. de Noëllis et à l'épousée.

Le soir même, Albert de Bruyères partit pour Plouneour-Arez.

Plouneour-Arez est un petit village situé sur la côte à l'extrémité de la langue étroite de terre qui sépare la haute mer de l'anse de Goulven. Lorsque l'on se rend de Lesneven à la mer, on aperçoit à une petite distance de la route, vers la droite, ses maisons terreuses et comme accroupies. Ces maisons, ces cahutes n'ont qu'un étage, pour ne pas donner prise aux vents terribles de la côte, et sont bâties en gros quartiers bruts de granit; deux ou trois seulement, les plus luxueuses, se permettent la couverture en ardoises.

Rien de morne comme le pays entre Lesneven et Plouneour-Arez. La route, encaissée entre deux hautes berges fleuries d'ajoncs et de bruyères, s'étend droite et uniforme. Que si l'on grimpe un de ces talus, on apercevra une vaste plaine presque sans ondulations de terrain, uniforme et monotone comme une mer pétrifiée. A l'horizon, c'est la mer, l'autre, la grande, mouvante et terrible, se heurtant sans trêve contre les rochers sur lesquels en tout temps elle *moutonne.*

Du reste, mer de lande, mer d'un bleu glauque, semblent une même surface. Point d'arbres. Les herbes rares se confondent dans la teinte du sol, et cet horizon n'est brisé que par la flèche monotone du clocher de Kerlourm, partageant comme une ligne noire la surface claire de l'Océan.

Si le paysage est immensément triste, l'aspect général de la population de Plouneour-Arez est affreusement misérable. Les quelques hommes que la presse maritime a épargnés ou qui ne se sont pas mis au service de la marine marchande, se font pêcheurs ; la plupart sont des vieillards ou des matelots estropiés.

A l'automne, on abandonne complétement l'industrie de la pêche; on recueille le goëmon que la mer arrache chaque jour et porte à la côte. Tous vont à cette récolte : hommes, femmes, enfants ; je ne sais si le maire-notaire-épicier s'y rend en personne, mais on m'a affirmé qu'il y envoie sa femme. — Ces pauvres gens n'ont que de rares défrichements à cultiver : c'est la mer qui se charge de leur récolte. Sans les goëmons, tous mourraient inévitablement de faim, et Plouneour-Arez serait un désert. A l'époque de la récolte, ce pays, navrant à voir, prend une sorte de vie.

La plage est animée par ces faneurs d'un nouveau

genre. Je dis faneur, parce que c'est, en effet, à des faneurs qu'ils ressemblent le plus. Les pieds dans l'eau de la lame mouvante, les uns, des fourches ou des rateaux en main, arrêtent au passage la précieuse litière qu'elle leur apporte; d'autres, derrière, la mettent hors de la portée de la vague et en font des tas analogues à nos meules de foin. Sur la route de Lesneven à la côte, les lourdes charrettes se suivent sans interruption, attelées de magnifiques poulinières du pays de Léon. Les cultivateurs de toute la contrée viennent chercher l'engrais précieux du goëmon.

Mais cette fête, cette prospérité de Plouneour-Arez ne dure guère. Octobre et novembre passés, c'est l'hiver lugubre et ses tempêtes! les journées brumeuses, les rafales qui passent sur les toit bas, comme des hurlements, et, dominant tout, la grande voix de la mer se brisant contre les récifs dont est semée la baie de Goulven.

Tel était l'asile qu'avait choisi Albert de Bruyères.

La maison qui lui appartenait dans ce triste village lui avait été léguée par un parent éloigné du côté paternel, un vieux loup de mer pour qui cette plage unie, cette côte semée de brisants était le plus beau pays du monde, et Bruyères ne la calomniait pas en la déclarant invendable. Invendable à un double titre: elle était trop chère pour les pêcheurs, et les personnes assez considérables pour habiter un logis d'une belle valeur, à savoir le curé et l'épicier-maire-notaire, se trouvaient pourvues. Quant à songer à la céder à un étranger, c'eût été folie. Il suffit d'être un peu artiste pour apprécier les beautés sévères de Plouneour-Arez; mais, pour y vivre sans y gagner le spleen mortel de nos voisins d'outre-Manche, il faut y être né.

La maison d'Albert — puisque, après tout, c'était une maison et une des plus belles de Plouneour-Arez — se dissimulait discrètement au fond d'une petite cour fermée d'un grand portail. Dans cette cour, une écurie où l'on pouvait installer deux boxes et un hangar soutenu par quatre poutres, qui, bon gré, mal gré, devait servir de remise. A droite de la cour verdoyait un jardin d'un demi-arpent, un ancien jardin du curé, aujourd'hui déplorablement abandonné. Les arbres fruitiers, étouffés par la mousse, contournaient bizarrement leurs branches maigres, bulbeuses, rongées de lèpre.

Une treille mélancolique, au feuillage noirci de moisissure, s'accrochait tristement sur des bâtons vermoulus. Au coin, les deux derniers supports de ce qui avait été une tonnelle s'étaient rompus, et les sarments rampaient comme de longs serpents dans les herbes.

Les allées en étaient pleines. — Détail charmant! — Dans un coin ensoleillé, des violettes qui s'étaient semées elles-mêmes formaient un vaste et épais tapis : elles embaumaient l'air, ainsi qu'un gros rosier de tous les mois, dont la touffe, insoucieuse du sécateur, était transformée en un énorme buisson. Ce petit parterre que la nature avait elle-même créé était la seule gaieté de cette maison close.

Pendant qu'aux alentours tout était mort, dans ce petit carré de terre tout était vie et lumière. Les grosses mouches à corselet d'émeraude se jouaient au soleil, les bourdons sonnaient leur andante, les abeilles picoraient, les papillons volaient, et, dans un massif de lilas, un rossignol achevait son nid.

L'ameublement du vieux marin était là tel qu'en mourant il l'avait laissé. Un grand lit de bois blanc peint en gris, forme Louis XVI, entouré de serge verte; un vaste fauteuil à haut dossier et à fond de canne bruni par le temps, deux chaises de paille. Suspendu à la muraille, un portrait de Surcouf et un de Duguay-Trouin, puis quelques ustensiles de pêche, une canardière pour chasser la sauvagine, et deux autres fusils de prix. Enfin, sur la table, à côté d'un volume de Cook demeuré ouvert, une pipe oubliée, un mouchoir où l'on sentait encore le froissement de la main qui l'avait serré pour la dernière fois, et l'étui de cuivre contenant les lunettes d'argent.

Après tout, quelque triste que fût ce réduit, on y pouvait vivre. Quant à une servante pour soigner ce pauvre ménage, Albert avait été recommandé à la femme du maire-notaire-épicier, chez qui on trouvait non-seulement de la morue sèche, mais encore de la toile à voile, des cordages, des chapelets, des chapeaux, des tuiles à galette, des pelles en bois, de la poterie, tout ce qu'enfin peut désirer le sybarite le plus exigeant de Plouneour-Arez.

V

Un singulier phénomène, cependant, s'accomplissait en Berthe de Noëllis, phénomène dont le docteur Gerbier seul était témoin.

La conduite étrange de son mari à son égard l'avait d'abord intriguée, puis tourmentée, et à cette inquiétude toute morale commençait à se mêler une inquiétude physique étrange. C'étaient des impatiences fébriles et sans motif, un désir permanent de changer de place, de s'occuper matériellement, de combler par une agitation extérieure le vide immense des journées. — Quelquefois, car elle commençait à réfléchir à ses sensations, elle se demandait si cet immense besoin de quelque chose qu'elle ignorait n'était pas de l'amour, — ou au moins l'indice d'un amour à son début. — Avait-elle défininitivement trahi le souvenir de Philippe, son ancien fiancé, au profit d'Albert de Bruyères, son mari présent?

Albert, tout en passant la majeure partie de son temps dans sa solitude de Plouneour-Arez, ne négligeait point les apparences. Presque tous les jours, il franchissait, au trot de son pur sang, — le seul cadeau qu'il eût accepté de M. de Noëllis, la seule trace de son luxe passé que l'on eût pu remarquer chez lui, — les six ou sept lieues qui le séparaient de Brest.

En public, il affichait vis-à-vis de Berthe les charmantes et attentives délicatesses des jeunes mariés tendrement épris; mais, dans l'intimité, il redevenait pour la jeune femme ce qu'il avait toujours été pour elle, un homme du monde, rien de plus. Berthe s'irritait quelquefois sourdement de cette politesse qui, pour n'avoir rien de compassé, n'en était pas moins rigidement convenable, c'est-à-dire rigidement froide.

— S'il ne m'aime pas, pensait-elle, pourquoi m'a-t-il épousée? Pourquoi ne semble-t-il pas se douter que je suis sa femme, s'il m'aime?

Cette idée là ramenait au souvenir des circonstances singulières qui avaient entouré son mariage, au souvenir de cette *nécessité* que tout le monde lui avait affirmée sans consentir à lui en expliquer la nature; de cette nécessité dont, physiquement, mais vaguement encore, elle commençait à pressentir la nature, comme un enfant tourmenté par le cauchemar, éveillé à demi, presque étouffé par un poids qui pèse sur sa poitrine, voit briller dans la nuit les yeux fauves d'un démon et ne s'explique pas la présence du chat familier qui ronronne sur son lit.

L'existence de ce secret qui bientôt, sans doute, lui serait révélé, s'affirmait partout aux alentours de Berthe; il s'affirmait dans les moindres actions de son père, de plus en plus inquiet, comme à la veille d'un événement inévitable et fâcheux; dans les moindres gestes du docteur, dont les visites se multipliaient et qui l'interrogeait minutieusement sur ses sensations les plus indifférentes en apparence; dans le nuage sombre enfin qui semblait, de jour en jour, s'appesantir plus lourdement sur la figure ordinairement si calme et si insoucieuse d'Albert de Bruyères.

Un jour, Berthe se dit résolument :

— Il faut savoir!... Ces gens-là ont fait ma vie, j'ai le droit de leur en demander compte.

Mais elle n'osa, par une sorte de pudeur instinctive, interroger ni son père ni le docteur. Entre la question qui se formulait nette et précise dans son esprit, et le mouvement de lèvres qui devait l'émettre, il s'élevait soudainement un mur de glace. Elle ne se disait pas, mais *elle sentait* qu'entre un père et une fille, il est certaines questions qui ne peuvent être abordées. Le docteur, avec son sourire aigu et chercheur, son regard pointu comme une vrille et interrogateur comme une vieille fille bavarde, lui faisait presque peur. Elle se trouvait, vis-à-vis de lui, comme Marguerite sous le regard de Méphistophélès dans la scène immortelle du jardin. Qui sait si M. Gerbier ne la ferait pas servir à une de ces anatomies morales qui lui étaient familières?

Nulle pudeur n'est sacrée pour la science.

Il est des gens qui ne peuvent songer sans effroi à la dissection qui attend leur corps sur la table de marbre de la salle de l'hôpital : ils préfèrent le lit froid d'une rivière; d'autres, plus délicats, resserrent leur âme comme une fleur dont on froisse le calice lorsqu'elles sentent un regard y pénétrer. Berthe éprouvait ces sensations frigides chaque fois que les yeux de M. Gerbier plongeaient dans les siens, et, prête à parler, elle se taisait.

Vis-à-vis d'un seul être, son expansion n'était pas comprimée, et ce seul être, Albert de Buyères, était justement celui qui semblait éviter avec le plus de soin toute question de la jeune femme. Ce fut à lui qu'en elle-même elle jura de demander le mot de l'énigme qui pesait sur tous deux à la fois. N'étaient-ils pas, en définitive, solidaires l'un de l'autre, devant les hommes et devant Dieu? Ne lui devait-il pas protection et ne lui devait-elle pas obéissance ? Cette protection, elle était décidée à l'exiger. Succombant sous son fardeau moral, d'autant plus lourd qu'elle en ignorait la nature ; ayant conclu un pacte dont elle ne connaissait pas toutes les clauses, elle voulait voir clair dans sa vie, et qui pouvait et devait mieux l'écairer que celui qui, avec elle, avait conclu ce pacte, celui qui supportait avec elle la moitié du fardeau ?

Le sort voulut que, ce jour-là, Albert de Bruyères ne vînt pas au château. Il fut attendu avec ennui d'abord, avec impatience ensuite, enfin avec fièvre jusqu'à l'heure du déjeuner. La perpétuelle agitation de Berthe et la mobilité d'enfant gâtée à laquelle elle se laissait aller depuis quelque temps semblait ne plus surprendre personne : nouveau sujet d'étonnement pour elle ! Aussi, certaine que ses moindres désirs étaient accomplis aussitôt que formulés, n'hésita-t-elle pas : au lieu d'attendre le lendemain et la visite certaine de Bruyères, elle pria le docteur de faire atteler et de la conduire à Plouneour-Arez ; elle voulait, disait-elle, connaître l'ermitage de son mari, visiter la Thébaïde où le cloîtrait sa sauvagerie. Que sais-je ? elle essayait de plaisanter et de rire pour dissimuler l'anxiété qui lui serrait l'âme.

Au fond, l'explication ne venant pas à elle, elle voulait aller à l'explication.

A la grande surprise de Berthe, sa demande fut

accueillie non-seulement sans objection, mais encore avec empressement. Le docteur et M. de Noëllis échangèrent, à la dérobée, un sourire qu'elle surprit, et, n'eût été la honte de revenir si promptement sur une décision qu'elle-même avait prise, elle eût sans doute donné contre-ordre au cocher qui attelait.

Il était trop tard; déjà la voiture attendait dans la cour ; la femme de chambre était à la porte, tenant le châle et le chapeau ; le docteur n'avait même pas pris le temps de boire la tasse de café que, d'ordinaire, il sirotait si religieusement. On eût dit que le souhait de Berthe était depuis longtemps prévu, et que, le manifestant, elle obéissait aux désirs secrets du docteur et de son père. Elle se laissa machinalement envelopper dans les manteaux et les châles ; — car, depuis quelques semaines, M. Gerbier exigeait les plus grands soins à son égard ; — elle monta dans la légère et élégante voiture, et le docteur prit place à ses côtés.

M. de Noëllis prétexta une réunion de fermiers pour ne point les accompagner.

Que faisait cependant Albert de Bruyères dans sa solitude de Plouneour? Quel singulier attrait le retenait sur cette plage aride? Comment cet homme de plaisir et des foules avait-il pris si rapidement un tel grand amour de l'isolement et du désert?

Qui le retenait? Était-ce la société du maire-épicier-notaire, — un gros homme qui ne connaissait que la jouissance de la rôtie au cidre? — ou bien celle du recteur, un maigre et jeune prêtre, que l'on voyait, chaque soir, lisant son bréviaire et promenant, le long de la plage, sur le sable jaune, sa maigre silhouette efflanquée?

C'est à peine si, depuis quinze jours, Albert avait échangé autre chose qu'un salut avec le recteur et le notaire-maire-épicier.

Il se livrait tour à tour à des exercices violents, ramant, pêchant, chassant, courant le pays avec une ardeur qui semblait ne devoir jamais se lasser, et, parfois, s'endormant dans une paresse qui touchait à la torpeur. On le voyait levé avant l'aube, le fusil sur l'épaule, parcourant la grève à grands pas, ou, pendant de longues journées, la porte et les fenêtres de sa maison demeuraient hermétiquement closes.

Les habitants du village croyaient « le Parisien » un peu fou, et avaient pour lui le respect instinctif et religieux que les natures primitives ont pour les faibles d'esprit. Les sauvages, selon l'affirmation de Fenimore Cooper, en font presque des dieux.

Du reste, on le voyait passer si paisible et si doux, que, sans le connaître encore, on l'aimait, les femmes surtout et les enfants. Pour les hommes, dans ses jours d'action, il les embauchait pour aller en mer, et payait généreusement la ration d'eau-de-vie. Par les gros temps, il mettait bravement la poigne à l'ouvrage, et, une fois au port, n'hésitait pas à poser dans ces mains calleuses sa fine petite main blanche, qu'il avait toujours dissimulée dans sa poche, au passage de l'épicier maire et notaire.

Albert était adoré, bien que, dans l'opinion de ces braves gens, « il eût quelque chose là. »

Ce quelque chose, Albert aussi le sentait ; mais il n'eût pu, non plus que les pêcheurs de Plounéour, en expliquer la nature. Il était dans l'état de la chrysalide d'où va sortir le papillon : — elle aussi sent sourdre dans ses entrailles une sorte de vigueur nouvelle; mais saurait-elle l'exprimer? — Le ver se dit-il : « Demain, j'aurai des ailes? »

Pour la première fois de sa vie, Albert de Bruyères regardait en lui-même.

Jusqu'alors, il avait jeté en prodigue sa vie aux quatre vents du ciel; pour la première fois, il la concentrait sur un objet unique.

Ce vieillard éprouvait les curiosités de l'enfant qui, après avoir admiré les rayons diffus du soleil sans en comprendre la puissance, les concentre un jour avec une loupe et s'étonne qu'ils brûlent. De même, Albert se disait dans ses longues promenades à l'aventure :

— Suis-je donc si jeune, moi qui me croyais si vieux?

Ses admirations naïves, sur la grève, en face du grand spectacle de la mer, le faisaient rêver.

— Suis-je donc poëte, pensait-il ironiquement, moi qui me croyais si sceptique?

La première verdeur, étouffée volontairement, jaillissait en bourgeons impétueux, à l'exemple des arbres rachitiques opprimés par l'ombre d'un mur, et sur qui, le mur abattu, tombent largement les rayons du soleil.

Oh! qu'était-ce que cette existence factice où la lueur du gaz remplace celle des étoiles? où l'on ne connaît la senteur divine des fleurs que par les essences de Pinaud?... où l'on ne voit la nature immortellement jeune, immortellement belle, qu'à travers les toiles de Lavieille, de Daubigny et de Corot? Qu'était-ce que cette vie où la femme n'est qu'un instrument de plaisir, où l'amour n'est qu'un vertige?...

L'amour!...

Ce mot le faisait longuement rêver. Ce blasé de trente-six ans retrouvait les vagues songeries qui, d'ordinaire, gonflent, à seize, le cœur de l'homme.

Ce n'est pas impunément que l'on a tenté d'endiguer ces flux de séve : tôt ou tard, ils font éclater l'écorce. Coupez les bourgeons, écrasez les boutons, qu'importe? l'arbuste, n'ayant pas fleuri cette année, fleurira tant que la séve ne sera pas étouffée.

C'est là la loi éternelle que chaque personnalité

humaine, ainsi que chaque année, contient un printemps. On nous permettra d'ajouter que ce sont presque toujours les printemps tardifs qui produisent les plus belles fleurs.

Tout d'abord, Albert se laissa aller naïvement à ce bonheur inconscient de se sentir renaître. Il en éprouvait la jouissance et n'en voyait pas le danger.

Il se disait qu'il eût été dommage de se tuer avant de l'avoir éprouvée. Il bénissait tout bas le docteur d'avoir retenu sa main au moment fatal.

— Il sera bien temps, pensait-il, d'y songer « quand la bise sera venue. »

Mais les visites fréquentes qu'il faisait au château pour sauvegarder les apparences, l'éclairèrent bientôt sur leur véritable danger.

Dans le principe, ces visites furent pour lui une corvée. Il avait si bien arrangé son nid d'oiseau sauvage dans la maison de Plouneour, qu'il lui fallait un effort de volonté presque cruel pour le quitter, ne fût-ce que quelques instants. — Puis, peu à peu, cette course journalière lui devint un besoin.

A l'heure ordinaire où il sellait son cheval, il devenait inquiet; il lui manquait quelque chose. Il ne s'aperçut de la cause réelle de l'attrait qui le tirait vers le manoir des Noëllis que le jour où, pour la première fois, il ne trouva pas Berthe à la maison.

En apprenant qu'elle était sortie avec son père et

ne rentrerait pas de la journée, il ne put réprimer un mouvement d'inquiétude et de mauvaise humeur.

C'était donc Berthe qui lui rendait si indispensable ce voyage quotidien? Berthe qu'il n'avait épousée que par dévouement et pour la conserver à son ami!

Aimerait-il Berthe?

Cette supposition le fit éclater de rire.
Comment l'aimerait-il? Il ne se souvenait même pas de la couleur de ses yeux! Quelles folies cependant peuvent traverser une imagination désœuvrée!

Albert repartit pour Plouneour, en se moquant beaucoup de ses rêveries. Malgré cette hilarité, la nuit tombée, il était tout pensif en arrivant.

Il dormit fort bien.

En pleine nature, le corps obéit mal à l'âme.

Fussiez-vous Werther, et désolé et lamentable à mourir, l'air salin des côtes vous accable, et, la veille du jour où vous poserez le pistolet fatal sur votre front, il vous faudra, de toute nécessité, dîner de grand appétit.

Le lendemain, en se réveillant, notre échappé du bagne parisien réfléchit longuement.

— J'ai bien dormi, me voici frais et dispos, je ne ressemble à rien moins qu'à un héros de roman.

Sur cette certitude, complétement rassuré, la pensée lui vint de faire sa promenade ordinaire à travers les galets.

Qui fut donc bien étonné? Ce fut Albert de Bruyères, lorsque, sur le coup de neuf heures, son heure habituelle, il se trouva dans l'écurie, caressant le cou de son cheval et s'apprêtant à mettre la bride.

Il jeta les harnais dans un coin avec mauvaise humeur et s'en fut au jardin.

— Maudite accoutumance, pensait-il, voilà bien de tes coups!...

Il se promenait à grands pas dans les allées en tirant de sa pipe de courtes et rapides bouffées.

— Eh bien, je m'arrêterai sur ce sentier glissant! J'ai assez fait pour le monde! je n'irai plus chez ma femme.

Sur cette décision, son cœur éprouvait comme une douleur sourde encore, mais qui cependant déjà accusait la morsure des douleurs durables.

— Non, je n'irai plus, je n'y dois plus retourner!

Et ses yeux restaient fixés sur la porte derrière laquelle le cheval piaffait, étonné de sa lenteur inaccoutumée.

— Pauvre bête, philosopha le sceptique, ce n'est pas une raison pour la punir et la priver de sa promenade. Ne puis-je la diriger d'un autre côté?

Cette fois encore, il s'arrêta.

Il s'avoua sincèrement que, s'il sortait à cheval, au bout de dix minutes, il galoperait vers Berthe de Noëllis.

Cette découverte l'atterra. Il se laissa tomber à la

porte de sa maison, sur un banc que le vieil oncle avait posé de ses propres mains, et se prit à réfléchir, si on peut appeler réflexion une marée trouble d'idées hétérogènes et mal formulées.

Il songeait à la fois à Berthe, à lui-même, à Philippe, puis à son suicide, à sa vie passée, — au bonheur encore possible, et dont le devoir le séparait à jamais.

Il songeait à tout.

Tout à coup, au milieu des brumes qui, peut-être, se fussent dissipées, éclata un de ces coups de tonnerre qui annoncent l'orage avant l'heure. On heurta violemment à la porte d'entrée. Le cœur d'Albert bondit.

Il eut le pressentiment que le visiteur inattendu n'était autre que Berthe de Noëllis.

Pourquoi?

Bien habile qui nous expliquera la loi terrible et douce des pressentiments.

VI

C'était, en effet, Berthe de Noëllis, un peu pâle et adorablement souriante.

Elle était descendue de voiture, et, derrière, le docteur s'avançait, tirant le cheval par la bride. En une minute, d'une main habile et en homme qui a l'habitude de ces sortes d'expéditions, M. Gerbier avait, sans aide, rangé la voiture sous le hangar et attaché le cheval à l'écurie.

— Eh bien, s'écria-t-il en revenant et riant joyeusement, que dites-vous de la surprise? — On était inquiet de vous là-bas!... — J'avais justement une course à faire par ici, et je vous ai amené une petite curieuse.

Albert s'inclina, trop ému et trop surpris pour

oser prononcer une parole, dans la crainte d'accuser son trouble. — Berthe demeurait là, sans un mouvement, surprise, émue, enchantée.

La bonne humeur du docteur les mit pourtant bien vite à l'aise.

Berthe, comme une enfant, trouvait tout joli : la vieille maison, et la cour, et le hangar encombrés de paille.

Il fallut tout lui faire visiter ! la chambre unique et le jardin. Elle sauta de joie en apercevant le coin ensoleillé dont nous avons parlé, et, s'agenouillant prestement dans l'herbe, elle se mit en devoir de cueillir un gros bouquet de violettes. Le bouquet achevé, il s'agit d'aller à la promenade. La jeune femme, c'était son droit, n'est-ce pas ? s'accrocha au bras de M. de Bruyères. Au dehors, ce furent bien d'autres admirations ! Les étonnements joyeux recommencèrent.

Elle embrassait tous les marmots et ramassait tous les coquillages.

— Oh ! la charmante chose qu'une femme ! songeait de Bruyères en sentant ce bras mollement appuyé sur le sien !

Il la dévorait des yeux à la dérobée.

De cette jouissance intime, il ne songeait même pas à se repentir. Ils étaient bien loin de sa pensée en cet instant, le lieutenant Villepré et le reste du monde !

Il ne voyait plus que Berthe, il ne savait qu'une chose, c'est qu'elle était adorable et qu'elle était là et qu'elle pouvait y rester toujours, puisqu'elle était sa femme. Il se grisait de sa voix et de ses éclats de rire et de ses jolis mouvements, gracieux comme des mouvements de chatte, chastes comme des mouvements d'enfant.

Le docteur les suivait de loin et souriait mieux que jamais.

Après une heure de course, Berthe se sentit faim et l'avoua bravement. On s'empressa bien vite de revenir à la maison.

Albert avoua en riant que son garde-manger était vide. On acheta des œufs en chemin.

— Vous verrez comme je fais bien la cuisine, dit Berthe; oh! je suis une femme de ménage, moi!...

— Et moi, dit le docteur, je suis un homme d'ordre, j'ai garni le coffre de la voiture.

— Entendez-vous, Albert? quel gourmand que ce bon docteur!

Et l'on se sentait heureux de vivre, et le fourneau s'alluma au milieu d'éclats de rire.

O bons rires sains et sincères! comme ils résonnent autrement que ceux de la Maison d'or et du café Riche!

De Bruyères avait entendu frapper à la porte trop souvent ouverte de son esprit bien des rires de femmes, étincelants d'esprit, de gaieté, de verve? Il avait entendu bien des voix se faire murmurantes et douces pour lui. Combien, à cette heure, les uns et les autres, à entendre la franche gaieté de Berthe à la fois turbulente et naïve, lui semblaient vides et faux !

Le docteur tira du coffre, ainsi qu'il l'avait annoncé, une collation complète. Le reproche de gourmandise qu'on venait de lui faire n'était pas, en effet, complétement immérité, et il savait de longue date, grâce à ses tournées médicales, le peu de ressources culinaires que présente cette héroïque terre de la Bretagne maritime. Il y avait de tout dans ce coffre inépuisable : quelques bouteilles cachetées, des friandises, un gros pâté ; mais Berthe tint absolument à fabriquer son omelette, qu'elle brûla avec la meilleure grâce du monde.

On la jeta par la fenêtre, et ce fut motif à de nouvelles gorges chaudes. La collation terminée, une vrai collation de petit oiseau, Berthe déclara qu'elle voulait retourner au jardin.

Albert se leva aussitôt pour l'accompagner. Le docteur, lui, de son côté, déclara, la bouche pleine, que c'était bien assez d'avoir écourté son déjeuner, et qu'il prétendait dîner à l'aise.

Au fond, un mensonge insigne de sa part !

Car, aussitôt les jeunes gens sortis, son grand appétit disparut, et, se frottant silencieusement les mains, M. Gerbier alla s'asseoir auprès de la fenêtre, d'où il pouvait tout voir, sinon tout entendre.

Ils se promenaient côte à côte, le long des allées encombrées de branchages.

De quoi parlaient-ils?

Ils ne parlaient pas; toutefois, leurs pensées intimes à l'un et à l'autre se répondaient certainement, car aux mêmes instants leurs pas se hâtaient ou leur marche se ralentissait.

De temps en temps, l'un d'eux hasardait un mot indifférent. Vous devinez, vous tous, les amoureux, de quelle façon il était prononcé?

— Il fait beau temps aujourd'hui.

Traduction précise : « Je vous aime. »

Ce petit jardin désert que le soleil incliné et plus pâle éclairait, se transformait en paradis par la force et la candeur de leur amour.

— Que c'est joli chez vous ! affirmait la voix langoureuse de Berthe.

En effet, Albert trouvait tout charmant, parce que la présence de Berthe embellissait tout.

Oui, je vous l'assure, le gazon était plus moelleux depuis que la jeune femme marchait dessus.

Les groseilliers rachitiques trouvaient des attitudes d'arbuste; la treille rongée d'oïdium relevait coquettement ses ramures lépreuses, et les fleurs jaunes des colzas semblaient vouloir se transformer en renoncules d'or.

Albert de Bruyères laissait son cœur s'ouvrir librement et renaître aux joies de cette fête inconnue.

De même que dans le jardin abandonné, dans ce cœur aussi les instincts bons ou mauvais avaient poussé en liberté, — voire en silence : la ciguë auprès du myosotis, le doute auprès de l'amour, et la pensée de Berthe y transformait tous les doutes antérieurs, comme sa présence transformait la végétation du jardin. Le désabusé ne se reconnaissait plus lui-même, il ne reconnaissait pas davantage cet enclos, le matin encore si dénudé. Il s'interrogeait avec délices :

— Que se passe-t-il donc en moi?

Au bout d'un instant, — était-ce un instant ou une heure? — Berthe déclara qu'elle se sentait fatiguée.

On alla s'asseoir sur le vieux banc où, la veille encore, Albert s'était assis seul et sans volonté.

Ce fut le tour des confidences.

Albert s'expliqua tout entier, malgré lui, sans y penser, aux yeux étonnés de la jeune femme.

Elle comprit cette anomalie d'une âme tendre, presque rêveuse, dans un corps ardent et enfiévré. Elle devina quelle somme cruelle de tristesses, inconnues même de celui qui les avait éprouvées, avaient caché toutes ses joies, quelle soif d'idéal il y avait dans cette poursuite incessante de toutes les satisfactions matérielles.

La confession du jeune époux, car c'était bien véritablement une confession qui lui échappait, effrayait par situation cette âme candide, mais l'intéressait tout autant que le plus beau des romans.

Elle s'avouait qu'il avait dû être bien dangereux de rencontrer cette insatiabilité sur sa route, mais personnellement elle n'éprouvait aucune crainte auprès de lui.

Elle plaignait les malheureuses qui l'avaient aimé, et se réjouissait tout bas de ce qu'il ne les aimait plus.

Oh! qu'ils étaient loin maintenant, les doutes qui la torturaient depuis deux mois! qu'elles étaient loin, ces inquiétudes sous lesquelles elle avait été sur le point de s'affaisser!

Qu'avait-elle besoin de savoir ce qu'on lui cachait pour son bien sans doute? que lui importait le secret si longuement dissimulé? ne savait-elle pas qu'elle aimait et ne devinait-elle pas, la chère créature féminine, qu'elle était aimée? Irait-elle, à l'instar de Psyché épiant son époux divin, détruire son bonheur par une fatale et hâtive curiosité?

Puis le bonheur a de ces effets qui mordent autant que la douleur; — elle sentit son âme lui monter aux lèvres, une sensation à la fois cruelle et voluptueuse; un voile s'étendit sur ses yeux comme un brouillard, et, tendant les mains en avant, elle s'affaissa dans les bras d'Albert de Bruyères.

Albert eut peur d'une syncope et poussa un grand cri. Mais déjà le docteur, franchissant l'appui de la fenêtre avec une légèreté toute juvénile, avait saisi Berthe par la taille et la transportait sur le lit. Le digne homme tira de sa poche la petite pharmacie qui ne le quittait jamais, et donna les premiers soins à la belle enfant.

Bruyères, qu'on eût dit frappé de la foudre, restait debout et immobile devant le banc. Cet accident le ramenait à la conscience de la réalité. Lui aussi sentait qu'il aimait Berthe; mais, en même temps que son amour, la grandeur du devoir qu'il avait à accomplir lui remonta à hauteur du cœur. Ce généreux cœur ne recula pas devant la tâche imposée, si féroce qu'elle fût désormais.

L'âme brisée par ce sacrifice qu'il comprenait tardivement, il répéta en lui-même avec une austérité solennelle, devant sa conscience et Dieu, le serment de ne pas trahir la foi jurée et de quitter cette vie enchantée pour laisser sa part de bonheur à Philippe de Villepré.

Berthe, couchée dans le grand lit où s'était éteint le vieil oncle rustique, sommeillait à demi. A travers les limbes confus de son cerveau flottaient, comme des rêves, les impressions diverses de cette journée trop pleine.

Deux voix résonnèrent dans le silence, d'abord

avec précaution, puis plus hautes à mesure que la conversation s'animait.

— Docteur, affirmait l'une, il ne reste plus qu'une solution !... la mort.

— Elle est impossible, répondait l'autre. Vous êtes donc aveugle? Nos prévisions fatales, celles qui ont nécessité votre mariage, ne sont que trop réalisées : l'accident de ce soir suffit à vous en convaincre. Songez à l'éclat que ferait un suicide en de telles circonstances.

— Mais, de votre côté, songez donc, docteur, que, ne mourant pas, je suis un misérable !

Et, secouant la tête dans ses deux mains crispées, Albert de Brùyères répétait follement :

— Un misérable !...

Berthe, d'abord inattentive, s'était dressée sur le lit, les yeux agrandis, toute pâle et toute frissonnante.

Elle cherchait à comprendre et ne comprenait pas.

Par une intuition subite et terrible, la vérité lui apparut lucide, effayante. Ses douleurs physiques, ses étranges vertiges, tout était expliqué. — Tout !

— Ce mariage imposé et *nécessaire*, elle en comprenait la raison. La froideur d'Albert à son égard, si incompréhensible qu'elle ressemblait à un remords, elle la comprenait ! — Cette conversation d'aujourd'hui, qui avait précédé son évanouissement, était un commencement de justification.

Et à son tour elle murmurait:

— Oh! oui, le misérable!

Quoi! ces femmes qu'elle plaignait tout à l'heure pendant le récit d'Albert de Bruyères, elle en était une elle-même, et c'était lui qui l'avait faite ainsi! Cet homme qu'elle avait été sur le point d'aimer saintement, l'avait souillée, elle, la fiancée de son ami! Cet homme était un lâche et un traître! Elle songeait en frissonnant, à cette nuit terrible qui ne lui avait laissé que le souvenir d'un cauchemar odieux; à ces étreintes brutales, comme un combat; à ces baisers brûlants, comme la sensation d'un fer rouge.

Et c'était lui!... lui!... que son imagination parait de toutes les générosités et de toutes les grandeurs! — Et elle était liée à jamais à cet homme, elle était sa femme! Oh! oui, on avait eu raison de lui cacher ce fatal secret, car plutôt que d'accepter cette réhabilitation déshonorante, elle lui eût craché à la face son indignation et son invincible mépris.

Ce mépris était immense. Elle sentait son être entier se rebeller: la pudeur, l'orgueil, l'âme.

Si les lis pouvaient parler, et se tordre et repousser quelque chose, ils repousseraient ainsi la limace impure qui se hasarde sur leurs pétales blancs. Néanmoins, à cette indignation et à cette colère se mêlait je ne sais quelle amère et profonde tristesse.

Ce n'était pas à Albert de Bruyères que s'adressaient ses regrets; non certes, mais à un fantôme qui lui ressemblait; ce fantôme, mademoiselle de Noëllis l'avait paré comme une jeune fille pare l'autel de son oratoire.

Combien elle l'avait aimé, la pauvre enfant ne le devinait qu'à cette minute même. Hélas! que de beaux rêves perdus! — Que de délicates pensées égarées au bénéfice d'une organisation brutale et vulgaire!

Les deux promeneurs continuaient leurs confidences dans la cour, si bas qu'elle ne pouvait plus les entendre.

Elle se leva lentement et se vêtit; elle ne voulait pas rester une heure, une seconde de plus sous ce toit. Pendant qu'elle achevait à la hâte cette toilette silencieuse, le docteur essayait vainement de calmer l'exaltation d'Albert de Bruyères.

Gagner du temps, encore et toujours, tel était le calcul de M. Gerbier. Il savait, ce philosophe pratique, cet analyste sceptique, que, à la façon des galets, les sentiments s'usent à force de rouler sur eux-mêmes.

Un jour ne pouvait manquer de venir où le remords d'Albert céderait à la violence de son amour;

que si alors Philippe revenait... eh bien, on aviserait à parer à ce nouveau danger.

Le docteur lisait les feuilles progressives : Espérance!... confiance!... l'avenir est à nous!

La tête entre ses poings fébriles, Albert écoutait ou n'écoutait pas.

Tout à coup il se dressa tout de son haut... devant lui, Berthe de Noëllis, pâle comme un fantôme, se tenait debout.

VII

Ils formaient un groupe saisissant à eux trois, ces deux têtes en pleine efflorescence et cette barbe grise; le docteur, immobile, attendait le dénoûment de cette situation, qu'en partie il avait créée, mais dans laquelle un élément qu'il n'avait pas calculé venait de s'introduire. C'était un curieux, ce docteur. Il observait en se frottant les mains.

Berthe, elle, froide et rigide comme la statue de la justice, faisait peser sur le front courbé d'Albert le poids de son regard.

Elle prit le bras de M. Gerbier, et, sans prononcer une parole, l'entraîna vers la porte de la cour.

Albert se leva, et tendit instinctivement les mains vers elle.

Mais Berthe, d'un nouveau coup d'œil chargé de

reproches, le fit retomber assis sur le banc de pierre.

— Attelez vite, mon bon docteur ! dit-elle d'une voix où vibrait toute l'indignation de ses rêves trompés, je ne veux pas rester davantage sous ce toit maudit.

» Ah ! comme je vous comprends à cette heure ! murmura-t-elle à son oreille ; c'était le fond de votre pensée, à vous, qu'une Noëllis ne pût refuser une semblable réparation, et vous la lui avez imposée !...

Le docteur attela sans mot dire. Détromper Berthe eût été, à son sens, un remède pire que le mal ; et qui sait si l'erreur de la jeune fille ne servirait pas un jour elle-même à amener entre elle et son mari le rapprochement désiré si ardemment par M. de Noëllis ?

— Une indignation de cette nature n'est sans doute pas éternelle, pensait le docteur.

Les jeunes filles sont si bizarres, et ces vieux docteurs sont si sceptiques !...

Berthe pleura beaucoup dans la voiture, mais silencieusement, sans éclats, et se cachant autant que possible dans l'ombre du cabriolet. Le docteur, qui devinait ces larmes, les laissa couler tout à leur aise ; une seule observation, il le savait, eût surexcité encore la fierté bien connue de sa chère malade et rendu peut-être impossible tout raccommodement entre elle et M. de Bruyères.

Pour celui-ci, ce fut seulement au bout de quelques minutes qu'il put se rendre un compte exact de ce qui venait de se passer, et comprendre la nature de l'accusation que Berthe portait contre lui. Ainsi elle avait pu, elle pouvait supposer, lui, Albert de Bruyères, capable d'un crime si odieux, d'une trahison, d'une violence, d'une embûche nocturne? A la pensée qu'elle le méprisait à jamais, il sentit quelque chose se briser en lui. Il venait, dans sa conversation avec le docteur Gerbier, de renoncer à l'amour de Berthe, c'était beaucoup! il sentit que c'était au delà de ses forces.

Il marchait à grands pas dans ce petit jardin, maintenant obscur comme si la nuit, pour s'y faire, n'eût attendu que le départ de Berthe. Il courait comme un fou au seuil de cette cour, où, tout à l'heure encore, elle se tenait hautaine, inflexible et superbe. Il écoutait dans le silence de la soirée les cahots lointains de la voiture qui l'emportait; il éprouvait des envies farouches de courir après, pour lui crier :

— Berthe! Berthe! je vous aime et je ne suis pas coupable!

Puis il bâillonnait ses lèvres de ses deux mains pour ne pas laisser d'issue à son émotion. Cent fois des blasphèmes et des sanglots lui montèrent à la gorge, cent fois il les refoula brutalement. A la suite de ces orages intimes, il retournait au banc de pierre ou entrait dans la petite chambre. Le lit blanc avait conservé l'empreinte du corps adoré de mademoiselle de Noëllis. Cinq minutes plus tôt, elle était là, endormie et confiante... Et maintenant, elle était partie pour jamais !

On s'est beaucoup révolté contre le monologue au théâtre, et, en cela, on n'a pas toujours raison. Le besoin de s'exhaler longuement est commun à toutes les grandes surprises de l'âme.

Lorsque Oreste n'a pas sous la main Pylade à qui raconter ses douleurs, il se les raconte à lui-même. Les expansions passionnées se rapprochent des côtés extérieurs de la folie, et le signe le plus évident de l'hallucination, c'est le monologue.

Qu'Albert de Bruyères fût fou ou sur le point de le devenir, ce serait trop avancer ; toutefois, il était dans un de ces instants d'exaltation cruelle où l'esprit, incertain, flotte entre mille résolutions plus contradictoires les unes que les autres. Par instant, il pensait :

— Je veux bien mourir, accomplir en entier mon sacrifice, tout en le sentant aujourd'hui plus lugubre et plus lourd que je ne l'eusse supposé !... Mais comment renoncer à la vie sans m'être réhabilité à ses yeux ?

» Cette pensée me terrifie, m'anéantit ! Quoi ! mon dévouement demeurera à jamais ignoré de cette chaste créature ? Que dis-je ! c'est moi qu'elle accusera de son malheur!... La chose est-elle vraiment possible? Me laisserai-je injustement maudire par cette pureté rayonnante qui a illuminé mon âme?... laisserais-je mon souvenir souillé, dans la seule conscience à l'estime de laquelle j'attache un prix souverain?

» Non! je mourrai! quoi qu'en dise le docteur, une solution prompte est encore la meilleure! — Je mourrai, mais Berthe recevra mon testament, ma justification. Elle saura combien je l'ai respectée, et mon nom restera sans tache dans son souvenir.

Puis, un autre courant d'idées l'emportant :

— Que vais-je faire? Oublierai-je ce que je dois à Villepré? N'est-ce pas pour sauvegarder son bonheur que je me suis jeté dans cette entreprise?... Un suicide trop prompt violerait le fatal secret de mademoiselle de Noëllis... Elle croirait peut-être se devoir à ma mémoire, quand elle saurait combien je l'ai aimée. Ce serait quelque chose comme une trahison posthume.

» Il vaut mieux emporter avec moi le mystère de mon dévouement. Il vaut mieux que Berthe me méprise et me haïsse. Sa haine et son mépris, au moins, n'auront plus de but, et elle pourra vivre heureuse avec Villepré,... moi mort! — Je dois mourir!

Ainsi, dans l'âme d'Albert se livrait un combat

incessant entre les inspirations de son dévouement et celles de l'amour naissant. Il passa toute la nuit dans ces alternatives douloureuses. — Mais, avec le jour, le calme revint. Lorsque l'aube pâle commença à éclairer le ciel, et que les premiers nuages jaunes et roses se profilèrent à l'horizon, il sortit et alla promener sur la grève ses rêveries sans suite. Les deux ou trois pêcheurs valides de Plouneour apprêtaient leurs barques.

Quelques enfants retournaient le sable pour y chercher de menus coquillages; une demi-douzaine de femmes, les jambes nues, récoltaient quelques rares varechs que la mer avait envoyés avant l'époque ordinaire, et, sous l'influence de ce calme des choses et des êtres, Albert de Bruyères se sentit plus calme lui-même.

Involontairement, il se prit à admirer et à envier ces honnêtes gens en qui, certes, l'âme n'était point destinée à tuer le corps. Combien n'étaient-ils pas heureux dans leur misère ! Leurs figures rougeaudes et insouciantes respiraient le contentement animal de la bête reposée et repue. Ils n'avaient jamais connu que les besoins matériels, et leur plus grande douleur avait été le manque d'un morceau de pain ou d'une goutte d'eau-de-vie.

Quel temps, en effet, laissait chez eux l'occupation physique à la vie morale ? Debout dès l'aube, ils allaient arracher à l'Océan (au prix de quelles fatigues!) leur maigre pitance. Le soir, la lassitude les étendait comme des masses sur leur grabat, et leur vie s'était toujours écoulée, s'écoulerait jusqu'à la fin entre ces deux alternatives : le travail qui empêche de penser, le sommeil qui empêche de souffrir.

Que si, par hasard, sous ces membres de fer, dans ces sortes d'animaux courbés vers la terre, selon l'expression de La Bruyère, une âme était née, si une souffrance morale avait pu se faire jour dans un de ces cœurs auxquels les périls de la mer courroucée donnaient à peine un frisson, ce danger même devenait un refuge, et, de même que le misérable, se jetant sur son lit après les souffrances de la journée, se dit avec je ne sais quelle sombre satisfaction : « Enfin, je vais dormir et oublier pour quelques heures! » eux, chaque matin, pouvaient penser : « Aujourd'hui, peut-être, je vais mourir et oublier à jamais!... »

Cette idée fut une révélation pour Bruyères.

A lui aussi ce refuge restait. Il avait juré au docteur de ne point attenter à sa vie, du moins pour quelque temps; mais il n'avait pas juré de ne point l'exposer.

Qui sait si, dans ces exercices violents et journaliers, il ne trouverait pas le repos moral auquel il aspirait, et si quelque vague bienveillante ne lui épargnerait pas la tâche douloureuse du suicide?

De tous les habitants de Plouneour, le plus hâve et le plus pauvre, certainement, était un certain Jacques Faou de Lesneven, qui s'était baptisé lui-même le père Mal-en-Point. Il logeait tout à fait à l'extrémité du terrain conquis sur la grève, dans une sorte de cahute en gros moellons gris, qui, de loin, semblait un rocher informe apporté là-bas par la mer. Cette maison fermait au moyen de quatre planches ajustées à la diable, et le toit, percé en maint endroit, indiquait le peu de souci que le propriétaire prenait de son immeuble.

Jacques Faou de Lesneven avait, dès la plus tendre jeunesse, mérité son surnom de Mal-en-Point. Fils de père et mère inconnus, élevé au hasard de la charité publique, — et Dieu sait si à Plouneour et aux environs la charité est prodigue! — le petit Jacques n'avait pas même un nom qui lui appartînt. Son nom est, en effet, composé de ceux des deux bourgs qui se disputaient l'honneur de l'avoir vu naître (le Faou et Lesneven). De même qu'Homère, Jacques n'avait rien au monde, pas même une patrie certaine.

Dans tout autre pays qu'un pays maritime, Jacques, avec de tels éléments d'éducation, fût devenu probablement un franc vaurien; mais, là-bas, la misère est saine, et la mer, cette parente farouche, est clémente parfois à ses enfants. Jusqu'à dix ans, Jacques fit les mille petits métiers des fils de pêcheurs. Il

15

allait à la grève recueillir des crevettes et des bigorneaux; plus tard, il s'occupa à la cueillette du goëmon, et, si quelquefois le pain lui manqua, il trouva presque toujours la galette de sarrazin.

Comme, après tout, ce petit vagabond ne demandait qu'à devenir un honnête homme, on s'intéressa à lui, et je ne sais quel pêcheur de la côte le prit pour mousse et fit sa première éducation maritime.

Hélas! nous l'avons dit, Jacques Faou de Lesneven était né sous une mauvaise étoile.

Il était devenu assez bon marin, la pêche n'allait pas mal, l'heure peut-être allait sonner où il pourrait épouser quelque vaillante et forte fille de la grève, et finalement louer un bateau pêcheur pour son propre compte, lorsqu'il fut pris pour le service maritime.

— Autant cela qu'autre chose! se dit Jacques Faou, qui était philosophe.

Et il servit l'État commeil avait servi son premier patron, consciencieusement, mais sans qualités saillantes et sans succès.

Je ne sais comment s'y prenait Jacques Faou; mais, aussitôt qu'il y avait un mauvais coup à recevoir, soyez sûr qu'il était pour lui. Les marins, qui sont superstitieux, n'aimaient point à le voir sur le même bord qu'eux; ils prétendaient que les navires où il se trouvait étaient ensorcelés. Le certain est qu'il fit quatre ou cinq fois naufrage, resta deux ans, Robinson nouveau, dans je ne sais quelle île d'Océanie; fut réduit une seconde fois, lui troisième, à manger des semelles de bottes au milieu des mers du Sud, et n'échappa que par miracle à l'affection trop vive d'une tribu de cannibales.

Enfin, pour terminer la liste des désastres attribués par les matelots de Brest à la déveine de Jacques Faou, le brick marchand *la Belle-Amélie*, qu'il monta le dernier, brûla, après une heureuse traversée, en rade de Valparaiso.

Pour le coup, nul capitaine ne voulut plus de Faou. Son nom seul sur une liste de bord eût démoralisé un équipage, et c'est à peine s'il put trouver le moyen d'échanger son passage contre son travail à seule fin de se faire rapatrier.

Encore ses camarades, pour déjouer le sort, ne lui permirent-ils aucune activité pendant toute la traversée; il ne lui fut loisible ni de prendre un ris, ni de nouer un filin. Ils faisaient son ouvrage à tour de rôle, croyant, de cette façon, déconcerter le sort, ce qui fut, en effet, prouvé par l'expérience.

Jacques Faou se vit donc contraint, à cinquante ans, de dire adieu à la mer. — Sa fatale réputation s'était répandue, et pas un patron de la plus petite barque de pêche n'eût consenti à lui laisser toucher un aviron ou un cordage.

Toutes ses tentatives pour trouver un engagement

furent inutiles, toutes ses négociatons à ce sujet aboutissaient à cette réponse :

— Je sais que tu es un matelot fini, mon pauvre Faou ; mais, que veux-tu ! je ne veux pas perdre mon bateau, tu n'as pas de chance !

Jacques, ne l'ai-je pas déjà déclaré, était philosophe.

Bien que cette réponse uniforme lui brisât le cœur, encore fallait-il qu'il en prit son parti. Il revint à Plouneour, et dans un coin de la grève que personne ne lui disputa, bâtit sa cahute de ses propres mains. Il s'y entendait, ayant appris le métier de Robinson dans un de ses nombreux naufrages.

Après tout, le voisinage des naturels de Plouneour était moins périlleux que celui de ses anciens amis noirs de la Nouvelle-Zélande, et, si personne ne s'inquiétait de savoir s'il avait soupé, il était sûr, du moins, de ne concourir activement au souper de personne ; ce qui est toujours une consolation.

Après s'être transformé en maçon et en charpentier pour édifier sa maison, Jacques Faou se fit tapissier et ébéniste pour la meubler ; une pierre plate servit de cheminée, trois planches sur quatre billots de bois formèrent sa table, un gros quartier de roche, voilà une chaise ! Le lit était à l'avenant.

Philosophe de plus en plus, Faou se dit, non sans un certain orgueil, en contemplant son logis, qu'il pouvait rendre des points au palais royal de Tahi-Taho, grand chef de tribu à la Terre-de-Feu.

En résumé, Jacques Faou de Lesneven eût presque trouvé l'existence aimable s'il lui eût été loisible de naviguer, ne fût-ce que sur un pauvre bateau plat.

Hélas! cette jouissance lui était à jamais interdite. Il n'était pas assez riche pour acheter une barque, et personne n'eût voulu faire place, dans la sienne, au vieux Mal-en-Point.

Chaque matin, il se mettait sur le seuil de sa porte, sa courte pipe à la bouche, et, d'un regard mélancolique, suivait les bateaux de pêcheurs jusqu'à ce qu'ils eussent disparu dans la haute mer. Alors, par trois coups secs sur l'ongle, il faisait tomber la cendre de son *brûle-gueule*, le glissait dans la poche de sa vareuse de toile, et rentrait en soupirant dans son taudis.

Tout en maugréant de son impuissance, il allait se mêler au travail des femmes, il raccommodait des filets ou ramassait du varech, suivant la saison; mais, lorsque, par hasard, la vague devenait un peu forte, c'est alors qu'il fallait le voir jeter sa navette avec colère, tirer de sa pipe noire des bouffées précipitées; c'est alors qu'il fallait l'entendre grommeler entre ses dents :

— Satané sort! doivent-ils avoir de l'agrément, là-bas!...

Ce à quoi il ajoutait, d'un air pensif, son habituel refrain :

— Pas de chance!

Au moment où la dernière barque s'éloignait de la rive, Albert de Bruyères se trouvait avec Jacques Faou.

— Pardieu! se dit-il, voilà mon affaire. Eh bien, matelot, continua-t-il à voix haute, que dis-tu de ce ciel-là?

— Dame! mon lieutenant, répondit le bonhomme, je dis qu'il y a là-bas un petit nuage bien gentil, et l'on pourrait bien s'amuser tout de même aujourd'hui au delà de Goulven.

— En effet, reprit Albert en regardant le ciel. Tu as raison, et la mer menace d'être grosse.

— Oh! mon lieutenant, la fête ne commencera guère que sur les deux heures, et ce tas de *feignants* sera rentré. Ça flaire l'orage censé comme des mouettes, et pas de danger qu'ils attendent! ça ne connaît pas le plaisir des marins, quoi!

— Et tu ne reculerais pas de la sorte, toi, matelot, si tu avais une barque? demanda Albert de Bruyères en souriant. Voudrais-tu avoir une barque?

Jacques Faou tira sa pipe de sa bouche, tant était grand son saisissement :

— Si je voudrais avoir une barque? dit-il. On ne fait pas de ces questions-là au pauvre monde!

— Oui, une bonne barque, ça ne doit pas être rare, par ici, une barque à vendre?

— Pardi! non, dit Jacques Faou; j'en connais bien trois ou quatre, de vrais bijoux; mais ce qui manque, c'est...

Et, par un geste expressif, l'ancien marin faisait glisser l'un sur l'autre le pouce et l'index.

— Ne crains rien, dit de Bruyères, cela ne manquera pas. Le tout est de me trouver, et très-vite, une bonne barque que nous puissions manœuvrer à nous deux. Je te préviens, par exemple, qu'il ne faudra pas avoir froid aux yeux; je sais que tu es habitué aux naufrages, matelot, et c'est mon idée de voir comment tu te comportes par le gros temps.

— Alors, murmura Jacques avec un reste de défiance, ce n'est pas une blague?

— Si peu, que voici de quoi payer la frégate, répondit Albert en lui donnant sa bourse; mais je te préviens que jamais tu n'auras entrepris navigation plus dangereuse que celle que nous allons faire de compagnie.

— Ah! bon, alors! s'écria le marin en ouvrant toutes larges ses trente-deux dents blanches comme des dents de requin, il y aura du plaisir!

Puis, regardant Albert qui s'éloignait:

— Il est comme moi, ajouta-t-il en manière de réflexion, il s'ennuie de la mer.

VIII

Un proverbe spécial, j'imagine, aux amoureux que la destinée sépare, s'écrie mélancoliquement : « Heureux ceux qui partent !... »

Il devrait en exister un autre, plus viril, exprimant cette pensée réconfortante :

« Heureux ceux qui peuvent agir !... »

Dans les fièvres de l'action, la peine morale s'oublie. Allez donc songer à votre maîtresse, lorsque, carguant une voile ou grimpant dans une mince échelle de cordages, votre vie dépend de la précision de votre coup d'œil ou de la sûreté de votre pied ! L'autre, cependant, l'inconsolée, assise en face de sa broderie au tambour ou de son métier à tapisserie, aura tout loisir de se laisser ronger le cœur par sa douleur incessante.

La douleur est comme la goutte d'eau, c'est par la continuité patiente qu'elle mine le granit ; la gouttière use plus sûrement une pierre que les ondes accumulées et poussées par l'ouragan.

Aussi, Berthe était-elle cent fois plus à plaindre qu'Albert de Bruyères : elle l'aimait.

Elle l'aimait et ne voulait point l'aimer... L'Albert de Bruyères dont son cœur gardait précieusement l'image était celui qu'elle avait connu avant la fatale révélation de Plouneour.

Elle avait vu celui-là entouré de tous les prestiges de l'élégance, mystérieux comme un héros de roman, beau comme un ange, fatal comme un démon, candide comme un enfant. Et voilà que, tout à coup, elle s'était trouvée victime d'un crime honteux, que le passion, même la plus violente, ne pouvait excuser. Le criminel était justement l'être admiré entre tous, paré de toutes les beautés, de toutes les grandeurs !...

Tomber sans transition de Roméo en Lacenaire, la chute était profonde, et l'âme de la fière jeune fille en restait douloureusement meurtrie.

Son premier cri avait été : « Le mépris a tué l'amour ! »

Le second était : « Non, l'amour n'est pas mort ; ma légitime dignité le tuera ! »

Ainsi elle disait, ainsi elle ferait ; car cette noble

créature ne connaissait point de transactions entre l'honneur et la passion.

La passion dût-elle la dévorer à la longue, comme la flamme dessèche l'huile d'une lampe, elle avait résolûment et saintement fait le sacrifice de sa riche jeunesse. Frappée d'un malheur immérité, elle s'en était imposé la punition comme si elle eût été coupable.

Peut-être une dernière pensée plus indulgente pour le véritable criminel se mêlait-elle, à son insu, à cette expiation volontairement acceptée; peut-être espérait-elle, par ce sacrifice, assumer sur elle, aux yeux de Dieu, une part de la faute de l'être indigne qu'elle aimait.

Quant à Villepré, elle n'y songeait guère, ou, si elle y songeait, elle ne regrettait que pour lui la fatalité qui les séparait dorénavant à jamais. Elle lisait couramment, à cette heure, dans ses vagues impressions de jeune fille; elle n'avait jamais aimé le jeune officier de marine autrement que comme un frère aîné.

Sans doute elle pensait qu'à côté de cette loyale nature, sa vie se fût écoulée plus calme et plus heureuse; toutefois, ce bonheur et ce calme perdus ne lui laissaient aucune amertume dans l'âme.

A quoi bon, d'ailleurs, évoquer désormais ce rêve de la première adolescence?... Même libre de tout lien, sûre du secret sur les événements de ces derniers mois, était-elle femme à porter un corps souillé dans le lit de cet honnête homme ? ne serait-elle pas la première à lui dire : « Je suis indigne de vous ? »

Le désespoir non moins profond d'Albert se manifestait d'une façon bien différente, et il faisait, depuis un mois, assister la population de Plouneour, de Kerlouen, de toute la côte de Goulven, en un mot, à un singulier spectacle.

C'était une sorte de chasse délirante au danger, à la mort.

Lorsqu'on voyait le bateau dont Albert était l'officier et maître Jacques Faou de Lesneven le seul matelot, raser les flots comme une mouette, on pouvait se dire : « La tempête n'est pas loin, » et toutes les barques de pêcheurs revenaient en hâte à la côte.

Ce que l'on racontait de ce bateau-fantôme était incroyable. Dans quelques vingtaines d'années, *l'Éclair* (c'était le nom de la barque, gréée en chasse-marée, achetée par Jacques Faou au nom d'Albert de Bruyères) sera devenu le motif d'une mystérieuse légende maritime.

Légende attendrie et point terrible que celle-là ! Légende qui fera mouiller les yeux de bien des mères quand leurs filles ou leurs maris seront « en péril ; » car, si l'apparition de *l'Éclair* était synonyme de tempête, elle était aussi synonyme de délivrance.

Lorsqu'au milieu de la nuit, un bateau démâté, faisant eau de toutes parts, roulé lamentablement par les vagues, prêt à sombrer, voyait courir à ses côtés le fanal rouge de *l'Éclair*, traçant de rapides zigzags dans le ciel noir, la foi du salut renaissait dans les cœurs les plus découragés.

Pour les populations naïvement superstitieuses des côtes, *l'Éclair* était fée : ni les vagues ni les rochers ne lui pouvaient rien.

A quoi tient cependant la destinée !... Jacques Faou de Lesneven avait perdu son lugubre sobriquet de Mal-en-Point, et même — voyez la versatilité des jugements humains ! — ceux qui jadis étaient le plus disposés à lui attribuer une influence fatidique et nuisible, n'étaient pas loin de croire aujourd'hui que *l'Éclair* devait à sa présence une partie de son invulnérabilité merveilleuse.

Si Jacques Faou de Lesneven eût voulu reprendre du service, son nom eût fait prime sur toutes les listes de bord.

C'était, lorsqu'il s'aventurait dans l'intérieur des terres, des déluges de petits verres et de pots de cidre.

Les femmes de pêcheurs se pendaient à sa veste et ne la lâchaient point qu'il n'eût daigné accepter un pichet. — Lorsqu'il avait bu dans une maison, le péril de mer était, croyait-on, conjuré pour une année.

Si sa modestie l'eût permis, on eût suspendu des petits tableaux de naufrage et des guirlandes tout autour de sa cahute, comme à la chapelle de Bon-Secours.

Mais Jacques Faou de Lesneven était modeste, et la plus grande part de cette reconnaissance enthousiaste, il la reportait sur son officier, son maitre, son dieu, Albert de Bruyères.

Celui-ci était trop pâle, trop triste, trop silencieux, pour ne pas refroidir l'expansion de ces braves gens.

Tous l'adoraient, mais la vénération qu'il inspirait était mélangée d'une sorte de terreur. Quand on le voyait errer solitaire sur la grève : on s'écartait de son passage. Quand il s'approchait, les voix s'assourdissaient instinctivement, comme dans une église.

Ces paysans rêveurs des rivages conservent, comme aux siècles primitifs, une singulière tendance à matérialiser les idées par des images étrangement poétiques. Ce sont des païens qui, pour chaque force naturelle ou morale, inventent un sylphe, un génie ou une fée.

On disait tout bas, aux veillées, qu'Albert de Bruyères était triste. Il était hanté, en effet, par un grand amour et un grand désespoir, par une idée unique et incessante : mourir, et, par une mort généreuse, se réhabiliter aux yeux de Berthe.

D'ailleurs, ainsi que nous le disions au début de ce chapitre, cette vie, dévorée tout entière par une fiévreuse activité, était bonne et fortifiante pour ce découragé. Ce n'était que par les temps calmes qu'il avait le loisir de penser et de souffrir. Alors, on le voyait errer ainsi qu'une âme en peine sur les falaises, le front courbé, la marche molle, les bras ballants, les membres affaissés comme au sortir d'une longue maladie de langueur; mais, lorsque l'horizon s'assombrissait, que le vent, rasant le sol, inclinait les herbes et les feuillages avec les inflexibilités d'une immense faux; lorsque les vagues, faibles d'abord et grossissant par gradation avec une sourde rumeur, faisaient jaillir contre les rocs sous-marins leur écume blanche; lorsque cette odeur spéciale de marée et de soufre, présage de la tempête, emplissait l'horizon, alors Bruyères relevait sa noble taille, et, l'œil brillant, le geste actif, la voix brève et presque joyeuse, il hélait Jacques Faou, son compagnon.

— Allons, matelot, voici l'heure!

Et tous deux couraient à la côte, et, quelques minutes après, l'*Éclair*, s'inclinant sur ses bordages, plongeant coquettement les extrémités de ses vergues dans l'écume, se cabrant avec des souplesses de cheval arabe, se jouant au milieu des récifs, franchissant en manière de bravade les passes les plus dangereuses, gagnait la haute mer, accompagné des bénédictions des femmes assemblées sur le rivage comme une troupe de mouettes effarées.

Parfois, c'était au milieu de la nuit. En haut, rien que l'obscurité opaque traversée, de seconde en seconde, par ces éclairs livides qui emplissent tout le ciel; en bas, le grondement formidable du gouffre. — Le vent apportait, par intervalle, jusqu'au rivage, un cri lointain, une clameur d'appel sinistre et désespérée. — A ces moments terribles, on hissait au sommet du mât le fanal libérateur, et l'on partait, bravant la tempête, narguant la menace de l'Océan et criant à cette fauve qui s'appelle la mer :

— Tu n'auras pas ta proie !

A ces heures de péril, non seulement Bruyères ne souffrait plus, il était heureux et rayonnant ! — C'était la lutte ! Il en venait presque à bénir la torture qui l'avait amené à connaître ces joies puissantes. Tous les appétits de sa nature débordante d'activité trouvaient leur pâture dans ce combat corps à corps du petit contre l'immense, de l'homme contre l'ouragan.

Combien, en plein enthousiasme de ces nobles luttes il prenait en pitié ses mesquines passions d'autrefois ! Combien la jouissance était plus âpre, de dompter la mer ! Que devenaient les fièvres du lansquenet ou de la roulette, comparées à ce jeu dont le gain ou la perte étaient représentés par des existences humaines !

Comment ! il avait consumé toute sa jeunesse à

la recherche d'émotions et n'avait jamais songé à celle-là !... Debout sur le pont, la tête nue sous l'ondée, cramponné de la main à un cordage, tenant de l'autre le porte-voix, dans lequel il poussait le cri de délivrance bien connu des pêcheurs en péril, il se sentait vivre pour la première fois; car, pour la première fois, il affrontait des dangers dignes de son énergie et de son amour de l'impossible.

Ces ivresses, on le pressent, avaient leur réaction fatale. Ces déploiements formidables de force nerveuse étaient suivis d'affaissements mornes. Une fois le combat fini, il se sentait triste jusqu'à la mort de n'en avoir pas été victime. Il reprochait amèrement à la tempête de ne l'avoir pas englouti, et, pensant à Berthe de Noëllis, il murmurait :

— A quoi bon vivre, puisque je ne peux pas, puisque je ne veux pas m'en faire aimer ?...

Tous les instincts mauvais de sa nature, assoupis un instant, mais aussi vivaces que les bons, remontaient à flot. Il prenait en haine ceux dont il venait de faire le bonheur, il fermait sa porte au nez des familles, tout à l'heure éplorées, maintenant joyeuses, grâce à lui, qui venaient baiser ses mains et le bénir. Il traitait de stupide le dévouement sacré qui l'avait animé pendant quelques heures. Il se disait avec amertume :

— Qu'ai-je fait ? Ces gens-là allaient dormir

pour toujours, et je les ai réveillés, je les ai rendus à leur misère!... pourquoi ne me lapident-ils pas?

Personne autre que Jacques Faou de Lesneven n'eût pu l'aborder dans ces traverses de misanthropie; le vieux matelot seul parvenait à faire naître sur ses lèvres un pâle sourire, et, pendant de longues heures, tous deux restaient assis sur le banc moussu du petit jardin. Faou racontait ses voyages et ses catastrophes grotesques, du temps qu'il s'appelait encore Mal-en-Point.

Albert, le regard perdu dans les lointains de l'horizon, semblait écouter le bonhomme.

C'étaient ses seuls souvenirs qu'il écoutait au dedans de lui-même.

IX

Le comte Montgeron se promenait seul et pensif. Nous le retrouvons bien changé.

Quelques mois seulement avaient suffi pour humilier cette intelligence pratique, pour terrasser cette organisation physique qui faisait l'admiration et forçait le respect des gars les plus madrés de la province. C'était un triste spectacle de voir ce grand vieillard courbé, marchant d'un pas solennel et régulier, reins fléchissants, front sans pensée, regards éteints, au milieu des hautes avenues du parc de Noëllis.

Il allait devant lui, ébauchant on ne sait quel vague sourire qui n'arrivait jamais à son expression définitive. De temps à autre, il posait ses mains étendues sur ses paupières comme pour interroger les horizons.

Puis il reprenait bientôt sa marche interrompue, tirait machinalement des poches de sa longue lévite des paquets de gazette. Au bout d'un quart d'heure, — tantôt plus, tantôt moins, — il se laissait tomber sur un banc qu'il avait machinalement adopté, et paraissait plongé dans de profondes réflexions. Tout à coup, fébrilement, il déployait les feuilles publiques qu'il avait prises au hasard dans la bibliothèque du château. Elles dataient presque toutes du règne de Charles X.

Il s'acharnait à la lecture et notait ses impressions d'un geste automatique.

— Ah! ah! bonnes nouvelles! excellentes nouvelles, disait-il en se frottant les mains. Grand mouvement dans les ports, il paraît: — Allons! tant mieux! Notre Philippe ne peut pas tarder à nous revenir. Ce sera une fière joie pour tous. On signale l'arrivée du *Goëland* à Bordeaux, *le Duquesne* est annoncé au Havre. Un de ces matins, ce sera le tour de *la Foudroyante*, et nous serons tous bien heureux. Ma chère petite Berthe retrouvera ses adorables sourires d'autrefois, Bruyères ne vivra plus en mutineries quand son ami sera de retour, et les bonnes parties de jacquet que nous entamerons avec mon vieux Gerbier! Elle est bien pâle et bien maladive, ma pauvre fille... Le docteur dit que la gaieté et les belles couleurs reviendront... J'attends!... Il me semble que voilà bien longtemps de tout cela !

Ce n'était pas un dérangement absolu des facultés mentales ; le vieillard accomplissait toutes les fonctions usuelles de son existence de châtelain avec la dignité native qui ne l'avait jamais abandonné. Il recevait ses tenanciers, signait les quittances, donnait des conseils et prêtait de l'argent aux plus pauvres. De sa vie ponctuelle, calme et bien disposée, il avait conservé la régularité et la méthode. Pour les gens du dehors, c'était toujours le noble comte Montgeron de Noëllis ; pour Berthe, c'était un cœur brisé ; pour le docteur, une intelligence foudroyée.

Mais, comme aux vieux donjons de la féodalité, découronnés, démantelés et tombant en ruine, la dignité extérieure d'aspect lui restait.

Par instants, de vagues intuitions lui venaient du malheur qui l'avait frappé dans la personne idolâtrée de son enfant. Une lueur fugitive tremblait dans les ténèbres de ce cerveau. Alors, il avait des redressements surprenants : sa grande taille retrouvait la fierté de la jeunesse. Mais l'énergie dépensée dans cette minute le brisait. Deux grosses larmes s'incrustaient à l'angle de ses paupières fatiguées ; il retombait sur son banc de prédilection et rouvrait ses gazettes.

Il restait des journées entières plongé dans ces abattements. La seule vue de Berthe éclairait parfois d'un rayon cette physionomie nébuleuse et navrée.

A l'entendre prononcer : « Ma fille! » on lui sentait des larmes plein la voix. Ce n'était pas la folie dans ses violences et ses ravages : une mélancolie taciturne, morne et douce, sans autre souvenir précis du passé que celui d'une grande souffrance imméritée.

Le docteur ne quittait guère le château ; c'était un indépendant qui ne tenait qu'en médiocre estime les malades de la ville. Il aimait les paysans et son grand salon de Noëllis. Il était là comme chez lui. Il disait : « *Mon* grand salon de Noëllis. »

Ce vieux garçon, ce vieux sceptique, cet ancien bel homme à succès galants, s'était pris d'une affection tout angélique et vraiment toute paternelle pour la malheureuse victime de l'attentat de Montfort.

Cinq mois s'étaient écoulés depuis le jour du crime. Il ne quittait pas du regard l'intéressante malade, et c'étaient des soins touchants et des attentions de toutes les minutes. Les alanguissements de la jeune femme, ses pâleurs subites et ses irritabilités soudaines de nerfs devenaient des diagnostics irrécusables pour l'œil perspicace du vieux médecin.

Il avait alors des révoltes qui dérangeaient singulièrement l'édifice de sa belle tenue. Il fripait jusqu'à le déchirer son jabot finement plissé, il se mordait les ongles et s'écriait avec des majestés d'un grand juge de théâtre :

— Il faudra pourtant que je dénoue ce drame inique... Pauvre chère créature ! mère sans être épouse, quelle destinée !

Il réfléchissait cinq minutes ; puis, avec des pétulances de l'ancien Directoire, il pirouettait en continuant ses déductions philosophiques et médicales.

— Qu'est-ce que la femme ? Un être nerveux et spontané, qui se livre aux premières impressions. Quel est son but dans la vie ? L'amour ! Je veux que notre Berthe soit aimante, je veux qu'elle soit éprise et aimée comme elle le mérite, je veux...

Il s'interrompait lui-même comme si quelqu'un lui eût donné la réplique.

— Dites donc, bonhomme, vous allez vite en besogne ! L'amour, c'est gentil sans doute, mais il s'agirait de s'entendre et de le faire naître compatible avec le devoir. Sans quoi...

Il gesticulait et répondait avec feu à son interrupteur imaginaire :

— Me prenez-vous pour un imbécile ? J'ai bien étudié Bruyères : c'est un grand cœur. Berthe ne se doute pas de son dévouement romanesque, elle se croit victime d'une violence odieuse, et le cher garçon porte courageusement le soupçon d'une pareille ignominie. Il ne se trahira pas; il accomplira son sacrifice jusqu'au bout; je le sens énergique et bien maître de sa volonté.

» Heureusement que le compères Eude-Jean-Honoré Gerbier se trouve là, qui s'entend à merveille à faire le *deus ex machinâ*, comme nous disions au collége.

» Ce serait dommage de laisser ce pauvre Albert se faire des fractures à lui-même. Bien difficile à raccommoder les têtes endommagées par une chevrotine! Je sens, d'ailleurs, malgré sa mélancolie, notre petite Berthe plus éprise au fond de son mari qu'elle ne le manifeste. J'entends qu'elle le trouve adorable. De fait il l'est... Et, précisément voici notre intéressante demoiselle. Je vais lui corner aux oreilles, de ma vieille voix cassée, les gazouillements de l'amour. D'ailleurs, c'est son mari. Ah! si peu! si peu!...

Ainsi marmottant et bâtissant des projets, le docteur se dirigeait vers la belle languissante. Elle était radieuse dans son peignoir de mousseline claire. Ce n'étaient plus les irradiations de la première jeunesse. C'étaient la grâce et les ondulements reposés de la femme. Ses yeux, légèrement bistrés aux abords des paupières, prenaient une expression nouvelle, attendrie et profonde.

— Nous sommes belle comme un astre! dit galamment le mythologique docteur en abordant mademoiselle de Noëllis. Bon! voici un pouls qui va son train régulier : il réglerait l'horloge de la mairie, si la mairie avait une horloge. Les lèvres sont vermeilles, l'œil nage bien dans l'émail. Tout est à merveille et nous allons faire des folies. Si nous poussions une pointe jusqu'à Plouneour, après le déjeuner? Vous êtes forte ce matin, forte et fraîche; un peu de hâle donnera du ton à ces joues qui s'obstinent à rester pâlottes...

Berthe sentit une légère rougeur lui monter au front.

— Je ne me sens pas encor assez vaillante pour une pareille excursion. Les chemins sont durs...

— Nous prendrons la berline afin de n'être pas trop secoués.

— Non; du reste, ce serait risquer une course probablement inutile. M. de Bruyères est devenu navigateur acharné, si j'en crois vos récits merveilleux, et tout porte à croire qu'il aura profité de cette belle journée pour aller faire un tour en mer...

— Laissez donc! voilà bien en effet les temps qui conviennent à M. de Bruyères! La mer, d'un temps pareil, est plate et monotone tout autant que ces boulevards parisiens dont il ne veut plus entendre parler. Ce qu'il lui faut, à lui, c'est l'ouragan, c'est la nuit, c'est la bourrasque. Tenez, pas plus tard qu'avant-hier, par une nuit endiablée, noire comme l'encre, il a retiré des récifs deux grands dadais de dix-huit ans qui restaient perchés sur les rochers comme un couple de pingouins.

La peur les avait perclus à toutes les entournures. A peine s'il leur restait la force de crier : « Au secours ! »

Il fallait voir les deux mères sur le rivage ! Elles avaient beau supplier le ciel, faire les grands bras, la mer montait. Tout à coup *l'Éclair* parait avec son fanal rouge.

Elles tombèrent à genoux d'un mouvement simultané :

— Nos enfants vivront ! s'écrièrent-elles en se signant.

Et de fait, cinq minutes plus tard, M. de Bruyères déposait sur le rivage les deux gaillards, mal dégourdis et blêmes d'effroi.

Après les *Ave Maria*, on songea au sauveur, qui méritait bien quelques remerciments, lui aussi.

M. de Bruyères était déjà à quatre portées de fusil en pleine mer.

La petite barque se balançait et semblait ronronner dans l'écume comme une minette au coin d'un fournil. Le fanal rouge dansait une sarabande. Pour le comte, on distinguait de loin qu'il était en train de battre philosophiquement le briquet.

— Voilà bien du courage inutilement dépensé!...
fit Berthe avec un leger dépit.

— Inutilement est bientôt dit. C'est à l'avis des bonnes femmes et des gars repêchés qu'il faudrait s'en rapporter en pareil cas...

Elle eut un mouvement fébrile — impatience et inquiétude — qui n'échappa pas à l'œil du docteur.

— Donnez-moi votre bras, ma chère Berthe, et causons comme de vieux amis que nous sommes.

Elle se laissa faire avec une petite moue d'enfant gâté qui lui allait à ravir.

— Est-ce un sermon ou une consultation? demanda-t-elle. Il faut se préparer selon les circonstances.

— Ceci et cela, mon enfant. Berthe, l'homme auquel vous avez donné votre main est une des plus loyales natures que je sache au monde.

Il prononça cette phrase d'un ton plein d'autorité et de conviction, dont la jeune femme fut vivement frappée.

Sans doute elle avait pressenti toutes les hautes qualités de son mari devant les hommes; mais sa fierté de tête ne lui permettait pas d'écouter les élans de son cœur. Elle était fille noble avant tout. Pour sa jeunesse surprise, sa pureté flétrie, sa vie violentée, elle ne sentait nulle indulgence sourdre au fond de son âme. Et puis elle s'indignait qu'un vieil ami de la famille, qui n'ignorait rien des odieux mystères sous le poids desquels elle courbait la tête, prit en main non-seulement la réhabilitation du coupable, mais presque sa glorification.

Le docteur suivait tous les mouvements de la pensée sur cette physionomie mobile et sans dissimulation.

Un moment elle s'oublia jusqu'au rêve. Appuyée au bras protecteur du vieillard, elle sentit sa tête s'alanguir soudainement.

Elle évoquait le souvenir de sa visite à la maison de Plouneour. Ce ne pouvait être un misérable, cet être sympathique, admirablement doué, jeune, intelligent et beau, porteur d'un des plus illustres noms de France, qui consentait à vivre seul, isolé, superbe et dédaigneux dans cette masure de mille écus, quand tous les plaisirs de la vie de gentilhomme l'appelaient et l'attendaient sur les domaines de Noëllis. Et puis quel étrange emploi de son temps! Étrange sans doute, disait la raison; mais généreux et vaillant! répliquait l'âme fière de la jeune comtesse.

Elle suivait l'allée du jardin dans une muette interrogation d'elle-même. M. Gerbier s'occupait à mordiller les pétales d'une rose, pour lui laisser la libre direction de sa pensée.

Ces voyages intimes que les nobles natures entreprennent de bonne foi au dedans d'elles-mêmes sont parfois terribles, plus hérissés d'écueils, plus désespérants que la descente aux enfers du Dante.

Elle se demandait, l'irréprochable patricienne, comment la pensée de l'outrage avait pu germer dans les plis calmes et sincères du front d'Albert, un front pur comme celui d'un enfant, et comment surtout, après une semblable lâcheté, il trouvait au fond de ce même misérable cœur, les énergies et les dévouements qui le signalaient à la reconnaissance des mères et à l'admiration de toute la contrée.

Quand elle releva ses yeux assombris, presque hallucinés dans la direction du docteur, elle sentit le brave et profond regard du digne homme la pénétrer et la protéger à la fois.

— Comtesse de Bruyères, Berthe, ma fille, vous savez si je vous aime, si je vous estime, si j'exige du monde, pour vous, le respect et l'affection à laquelle vous avez droit. Je vous jure, sur mon honneur, sur ma consience, sur l'adoration que je vous ai vouée, que le comte de Bruyères est le cœur le plus noble et le plus généreux esprit que j'aie rencontré de ma vie.

Il approcha de ses lèvres la tête de la jeune fille et l'embrassa longuement.

— Berthe, c'est moi qui suis votre père à présent, à coup sûr votre meilleur ami; regardez-moi fixement, bien en face.

Elle obéit, stupéfaite et comme subjuguée. Les

yeux spirituels du vieillard brillaient d'un éclat affirmatif et prophétique. Il répéta lentement :

— Je vous le jure !

Elle se jeta dans ses bras en sanglotant :

— Oui, c'est la vérité ! Je dois vous croire.

Et elle cacha sa tête dans la poitrine du vieux médecin.

La cloche du château sonnait le déjeuner, et, tout au bout de l'allée, la haute stature de M. Montgeron se dessinait. Il faisait signe de la main aux retardataires.

Berthe s'essuya les paupières.

— Je vous crois et je me sens bien heureuse de vos paroles, docteur !

X

Les jours s'écoulaient au château de Noëllis avec une monotonie régulière et propice à l'assoupissement des grandes douleurs.

Le comte Montgeron suivait, à son ordinaire, le cours des événements dans la gazette de la Restauration. Entre les deux repas, un bout de sieste. Les matins où il se sentait stimulé par un rayon de soleil trempé d'air marin, une pointe de promenade jusqu'à l'extrémité de la grande avenue. Ses grands triomphes étaient au jacquet, où le docteur Gerbier se laissait imperturbablement gagner.

Nous avons dit qu'il avait conservé, au milieu de cette déchéance intellectuelle, toute la dignité extérieure et les mêmes attitudes pleines de grâce et de noblesse.

Pour des indifférents, les étrangers et les domestiques, c'était absolument le gentilhomme châtelain des années précédentes.

Berthe, *comtesse de Bruyères*, ainsi que prononçait le docteur avec force révérences de l'ancienne cour, demeurait toujours dans un état relatif de souffrance et de langueur, mais langueur intéressante, comme disait encore le bonhomme Gerbier avec un sourire à lui.

Il se faisait ces sortes de confidences en dedans, le brave docteur. Ses observations un peu gauloises eussent effarouché la pudeur délicate de sa chère pupille; il le sentait et les gardait pour ces conversations dans lesquelles il faisait à la fois les demandes et les réponses.

A cette époque de l'année, la famille Noëllis avait l'habitude d'aller passer quinze jours, un mois, dans un hôtel qu'elle avait à Brest. M. Montgeron, qui n'oubliait rien de l'étiquette, eut un matin la pensée d'accomplir ses devoirs de civilité à la ville. Berthe prit une grande frayeur de cette décision. Depuis le jour de son mariage, elle avait vécu dans une solitude absolue. La première semaine, il avait bien fallu recevoir les visites de félicitation et les rendre. Mais, à dater de la dernière visite, elle n'avait plus quitté le vieux manoir.

A coup sûr, la haute société de la ville avait appris la vie bizarre du beau marié et ses excursions périlleuses en mer, par les nuits d'orage. Le journal officiel avait même consacré quelques lignes éloquentes à ces actes de courage. La fière créature se sentait des rébellions à passer sous la rangée de regards malicieux et jaloux de ses anciennes camarades de couvent. Toutefois, elle n'osait manifester ses répugnances à son père.

Le docteur se chargea de ces diplomaties et s'en tira à merveille. Il eut l'héroïsme de mener jusqu'à la fin, laborieusement, stratégiquement, du premier coup de dés au dernier, une partie de jacquet qu'il gagna triomphalement en amenant un nouveau double six. L'enjeu était une discrétion.

Il prit le bras du comte et l'emmena au jardin.

— Vous êtes mon homme lige, fit-il gravement, et, comte, il s'agit d'obéir à ma discrétion.

— Commandez, répondit le comte, en s'inclinant avec la gravité que comportait la circonstance.

Il adorait ces petits jeux... Le docteur continua :

— Je commande que... vous *décommandiez*, — à cet endroit il rit beaucoup, et M. Montgeron lui fit écho, — que vous *décommandiez* — car, encouragé par l'approbation du comte, le docteur se répéta lâchement — vos préparatifs de départ pour Brest.

— Y songez-vous, docteur? et qu'en penserait le préfet, à qui nous rendons nos devoirs tous les ans à date précise?

Le préfet signera une ordonnance contre le braconnage, et ce sera tout bénéfice pour les pauvres gourmands!

— Et mon vieil ami l'amiral?

— Il soignera sa goutte et ne trinquera pas avec vous en racontant ses exploits. Tout bénéfice pour sa santé.

— Et tout le quartier noble, Seigneur Dieu?

— Le quartier noble, mon vieil ami, continuera à marier ses filles quand l'occasion s'en présentera; à envoyer ses garçons à Saint-Cyr, et à parler du dernier sermon de M. le vicaire général, un jeune abbé maigre, blondasse, qui ne saurait manquer de devenir évêque. Du reste, nous sommes peu de monde, et nous enverrons un avis au quartier noble, que diable!

Le comte semblait hésiter. Depuis vingt ans, il avait vécu dans le respect du quartier noble. La feue comtesse n'entendait point composition quand il s'agissait du quartier noble.

— Mais que va-t-on penser?

— On pensera la vérité : conséquemment, que vous restez chez vous par ordonnance de la Faculté.

— Moi? pourquoi cela?

M. Gerbier sentit qu'il venait de faire un demi-pas de clerc. M. Montgeron n'avait jamais eu conscience de sa déclivité intellectuelle.

— Vous? C'est bien de vous qu'il est question!

Vous vous portez comme les rochers de notre côte. Chacun sait ça.

Le comte fit un effort pour retrouver sa haute prestance des temps passés.

Le médecin s'arrêta devant le vieillard, qui, pour attester sa vigueur, marchait comme un facteur rural, et, lui barrant presque le passage, il lui mit la main sur l'épaule.

— Berthe est maintenant sauvée, je vous en donne la garantie ; toutefois, la vie fébrile des présentations et des soirées ne lui saurait convenir, je craindrais une rechute. L'œuvre de la guérison a été longue et touche presque à sa fin. La moindre surexcitation est à redouter.

— Vous en êtes bien certain, mon ami ?

— Tout à fait. Pourtant, je ne suis pas juge d'autre chose que de ma cure, moi ! Si les usages exigent absolument votre présence; si le préfet allait se formaliser...

— Le préfet fera des parafes !

— Si l'amiral...

— L'amiral fera le tour du monde sur un atlas.

— Et le quartier noble?

— Ah ! le quartier noble, c'est grave cela !

Il eut l'air de réfléchir profondément, et, tout à coup :

— Que le quartier noble aille se promener !

C'était précis et nettement formulé.

Lorsqu'ils rentrèrent au salon, Berthe, assise au piano, faisait pleurer sous ses doigts cette étreignante mélodie du *Lac*, où le musicien égale le poëte.

Sa belle tête expressive et pâle s'était rosée de teintes plus chaudes et plus vivantes sous l'effluve de ces belles notes, de la passion qui se souvient et qui regrette. Elle avait bien encore les langueurs de l'attitude et les abattements d'Ophélie, mais c'était Ophélie retirée de la source, souriant aux caresses de la brise, aux baisers du soleil, et rêvant peut-être de la physionomie captivante et sombre d'Hamlet.

Le comte la regardait avec des éblouissements dans les yeux.

— Comme elle est belle ! murmurait-il à l'oreille du docteur.

Puis, lui prenant la main et la faisant asseoir près de lui sur son canapé favori :

— Mignonne, commença-t-il du ton d'un homme qui demande une grâce, si tu veux, nous retarderons notre voyage de Brest.

— Je veux tout ce qui peut vous être agréable, mon père adoré.

— Oh ! pas de sacrifices, au moins ! C'est très-joli, les bals de la préfecture ; mais je ne me sens pas solide, moi... Hum ! hum !

Le docteur approuvait de la tête ce dévouement paternel qui prenait le sacrifice sur son compte.

Berthe surprit le signe et devina tout.

— Vous êtes bons tous les deux comme des anges, fit-elle en leur tendant les mains.

— Des anges un peu décrépits ! affirma le bonhomme Gerbier, en dodelinant de la tête d'une façon comique.

Elle n'écoutait pas.

Elle les remerciait d'un regard plein de gratitude et de tendresse.

Elle continua en les caressant du geste et de la voix :

— Oui, restons dans notre bonheur ; car nous sommes *presque* heureux maintenant.

Le père admirait sa fille sans autre préoccupation. Le docteur notait ce « presque » dans un coin de sa mémoire.

— Un bon point à l'élève Bruyères, pensait-il. Dix bons points valent une exemption. Un peu de clémence dans la température, du soleil, encore du soleil, toujours du soleil, puis quelques-unes de ces nuits nébuleuses et vagues qui font rêver les filles d'Ève, on ne parlera plus même d'exemptions, l'élève Bruyères obtiendra le prix d'honneur haut le pied.

Berthe restait pensive, mais on lui sentait l'âme pleine d'un bon calme

— A l'assaut! c'est le moment de l'assaut! se disait le victorieux Gerbier. Il amena, par des méandres habilement ménagés, la conversation sur Bruyères.

— On ne l'a pas vu depuis plus de quinze jours, fit remarquer M. Montgeron en comptant sur ses doigts.

Le docteur trouva des excuses. Il mentit héroïquement. C'était un voyage à Paris, impérieusement exigé pour affaires urgentes. Albert redevenait un homme d'ordre; d'autre part, une vieille parente à l'article de la mort, des devoirs avec lesquels il n'est pas permis à un homme de cœur de transiger. Imaginez les *et cætera* d'un esprit inventif comme l'était notre excellent docteur.

Mais où il arrivait à l'enthousiasme et aux pompes du genre descriptif qui firent *florès* à l'époque de ses humanités, c'était à décrire les sauvetages de son jeune protégé. Il groupait, en un ordre habile prescrit par La Harpe, les mères éplorées et les fiancées agenouillées sur le rivage. Les petits enfants avaient leur refrain navrant dans ce chœur de la lamentation. Et les vieux pères! et les vieilles mères! et les cheveux blancs! et les fronts dénudés!

Il commençait en riant dans son for intérieur, le sceptique acharné! Puis, comme il aimait réellement Albert de tout son cœur, la véritable émotion le gagnait. Il avait, lui aussi, sa part de paternité à placer, ce vieux garçon qui ne savait rien des joies admirables de la famille. Il avait adopté Bruyères, et c'était compte fait : il voulait le bonheur de ces deux enfants-là.

Berthe subissait ces émissions de volonté comme un fluide magnétique. Elle avait beau résumer dans ses souvenirs le drame qui avait dévasté sa vie et l'avait liée à Bruyères, trouver des charges accablantes contre ce mari que la fatalité lui avait imposé, la haine n'avait jamais trouvé place dans son âme généreuse. Elle avait cherché à se réfugier dans le mépris. Impossible ! Les faits dont elle portait le stigmate au front et au cœur la révoltaient toujours. Ses lèvres blêmissaient et ses tempes battaient violemment à l'évocation de la nuit cruelle. Mais pourquoi cette honte, pourquoi ce guet-apens ? pourquoi cette ignominie ? quel but ? quelle volonté sinistre ? Rien, elle ne pouvait rien deviner ! Le lendemain du mariage, Albert de Bruyères s'était éloigné. Nul compte de fortune, nulle bassesse d'intérêts.

Et, loin d'elle, à quoi cet être énigmatique et charmant passait-il ses journées ? A vivre au milieu de pauvres gens, à les fortifier, à les sauver de la misère, à les disputer à la mort.

— Le mot de l'énigme, je le veux, je le chercherai, je l'aurai !

Elle cherchait en vain.

Le docteur Gerbier, qui devinait ses angoisses, lié par un serment à Bruyères, n'avait pas le droit de parler. Combien de fois pourtant les paroles ne lui montèrent-elles pas aux lèvres, impétueuses et près de forcer la digue!

Il avait promis le silence — et s'en rongeait les poings. Mais ce sceptique avait sa religion, — une seule, bien farouche aussi, — celle de la parole échangée.

Quand il sentait le secret sur le point de lui échapper, il se réfugiait dans une phrase qu'il répétait vingt fois de suite comme pour se donner une conviction :

— L'amour fera tout!

C'est une logique qui vaut celle de tous les rudiments, la logique de l'amour. Insensiblement, la pensée d'Albert pénétrait dans le cœur de Berthe, et, d'abord hostile avec certaines attractions, elle avait fait sa place à la longue ; un mot, un hasard, un de ces cas inopinés qui hâtent les dénoûments, et elle allait dominer.

La jeune femme ne se rendait pas un compte précis de tous les envahissements qu'elle subissait. Elle ne croyait plus que la bassesse pût se cacher sous les grands yeux pénétrants et limpides de son mari. Mais enfin, elle était dans un état d'âme anxieuse qui cherche sa voie et ne rencontre que des ténèbres à ses alentours. Si ce n'était pas son mari qui s'était introduit au château dans cette nuit horrible, qui donc cela pouvait-il être? A la suite de ces incertitudes qui se livraient combat dans sa conscience, il lui passait fréquemment de grandes douceurs dans l'esprit et de belles flammes sous les paupières. Sans se rendre compte des causes, elle se sentait raffermie. Elle ne concluait pas comme le docteur.

— L'amour fera tout!

Mais une voix intérieure lui chantait la romance de *l'Éclair* :

> C'est l'espérance
> En l'avenir.

Elle espérait.

Qu'espérait-elle? Elle l'ignorait elle-même; seulement, elle se sentait rassérénée et remerciait Dieu de l'avoir laissée vivre.

C'était une bonne journée, celle dont nous venons de raconter l'aube.

Ils étaient là tous les trois, le père, la jeune fille et le vieux médecin, attendris sans trop savoir pourquoi, confiants et tout portés aux expansions. On ne parlait plus ici de jacquet ni de gazettes; on se taisait. Certains mutismes ont leur éloquence. Un soleil joyeux gambadait en semant des arabesques à travers les rideaux blancs des fenêtres.

La lumière entrait dans l'appartement, superbe, fortifiante, et toute peuplée d'atomes jaseurs.

Berthe, pensive et rajeunie pourtant, se levait avec des mouvements plus décidés et plus fermes pour se remettre au piano, lorsqu'un valet de chambre entra qui demanda M. Gerbier.

— Quoi? qu'est-ce encore? Qu'on nous laisse tranquilles! nous faisons de la musique aujourd'hui! Une fois n'est pas coutume. Je n'y suis pour personne.

Le valet de chambre s'inclina. Puis, au moment de franchir le seuil :

— Je vous fais mes excuses d'insister, monsieur le docteur. C'est votre propre domestique Jean-Guillaume qui vient d'arriver à toute bride dans votre cabriolet, et qui semble fort pressé.

— Le diable soit de l'importun!... Allons, puisqu'il est venu, fais entrer.

Aussitôt dit, aussitôt fait.

Jean-Guillaume opéra son exhibition en se courbant en deux, ainsi que le doit un domestique bien stylé à son entrée dans un manoir seigneurial.

— On ne me laissera donc pas une minute de répit? vociféra le docteur en rompant la bande d'une demi-douzaine de journaux et les enveloppes d'autant de lettres.

Guillaume repartit piteusement, mais avec justesse, que « ce n'était point de sa faute; » qu'on lui avait donné l'ordre d'atteler, qu'il avait attelé; de venir grand train, et qu'il avait fouetté selon les instructions reçues. Il ajouta que M. Texier de la Hallière — un vieux fesse-matthieu enrichi dans l'usure aux paysans et ennobli par le seul fait de sa volonté — était à l'article de la mort. Le curé avait dit en latin : *In articulo mortis.* Guillaume, qui avait étudié dans le temps jadis pour entrer au séminaire, avait rapidement traduit. Les parents du moribond suppliaient M. Gerbier de faire diligence.

— Peuh! les parents! Ça n'a pas de famille, ce monde-là, grommela le médecin, évidemment impatienté. Les parents, cela signifie le groupe des héritiers. C'est un huissier qu'il faut appeler.

Et, renvoyant Guillaume d'un geste, il ajouta péremptoirement :

— Vous direz que vous ne m'avez pas rencontré.

— Ah! docteur! objecta Berthe avec reproche.

— Laissez donc, mon enfant! cet homme est condamné, il sera mort avant le retour de mon domestique... Il mourra... par économie, compliquée d'un catarrhe. Les apothicaires sont si chers.

Jean-Guillaume salua et sortit. C'était la personnification de la ponctualité et de l'obéissance, Jean-Guillaume.

Le docteur acheva la lecture de sa correspondance et haussa dédaigneusement les épaules d'un mouvement qui signifiait :

— C'est bien la peine de déranger les gens.

Il allait emmaganiser la collection des journaux dans ses vastes poches, lorsque l'une des feuilles se détacha du paquet et tomba sur le tapis. Il la ramassa et l'ouvrit machinalement. Il parcourut les enseignements politiques d'un Machiavel du cru avec quelque négligence, et passa d'un coup d'œil rapide à la colonne des nouvelles diverses.

Tout à coup la physionomie sanguine et fortement colorée du lecteur devint blanche comme un linge. M. Gerbier dut s'appuyer du poing contre le mur pour ne pas défaillir.

— Est-ce possible? murmura-t-il; est-ce Dieu possible? Déjà?... Oui, six mois bientôt.

Il se raffermit sur les jambes et courut vers la porte en criant :

— Jean-Guillaume! Jean-Guillaume!

La face obséquieuse du séminariste-palefrenier parut dans l'entre-bâillement :

— A vos ordres, monsieur.

Le docteur Gerbier serra fébrilement la main de M. Montgeron et celle de sa fille sans mot dire.

Puis il disparut comme un insensé.

Le numéro du journal gisait à terre, maculé et fripé.

Ce journal était évidemment destiné à tomber.

Berthe le ramassa.

XI

Berthe parcourut rapidement le journal abandonné par le docteur, depuis le premier Brest jusqu'au *Courrier de Paris*, dont les feuilles de province ont pris la mode de se régaler, ni plus ni moins que des habitués du boulevard. Le dilettantisme du prosateur parisien ne l'arrêta pas plus longtemps que les appréciations obèses et boursouflées de la politique locale.

Aux « faits divers, » elle constata que la mer était mauvaise, que de nombreuses barques de pêcheurs avaient échoué sur la côte pendant les deux nuits précédentes.

Involontairement, elle songea à Bruyères et aux dangers que l'intrépide sauveteur avait dû courir. Elle supposa que c'était cette même pensée qui avait si subitement traversé l'esprit de M. Gerbier, et elle se sentit le cœur inondé de gratitude pour ce vieil et fidèle ami.

Elle allait tendre le journal à son père, derechef plongé dans les enseignements des gazettes gothiques, lorsque ses yeux se trouvèrent arrêtés par des *capitales* imposantes:

NOUVELLES DE LA NAVIGATION

« La présence de *la Foudroyante* a été signalée vendredi dans le golfe de Gascogne. Malgré les violences de l'Océan, ce navire, un des plus vaillants de notre marine pour la résistance, ne saurait tarder à faire son entrée dans notre port. »

C'etait tout.

Mais que de drames menaçants dans ces six lignes !

La jeune fille sentit que ses forces allaient l'abandonner ; elle se retint aux angles du piano qui se trouvait à sa portée ; puis, essayant l'un après l'autre ses pieds tremblants sur le tapis, elle trouva la force de se traîner jusqu'aux bords du canapé.

Elle se laissa choir sur le vieux meuble, lourdement, presque sans connaissance, les yeux grands ouverts et ne voyant rien.

Le vieillard éprouva comme un sursaut, et ses lunettes d'écaille, dans la précipitation du premier mouvement, se décrochèrent de leur cap naturel pour rouler à ses pieds.

Machinalement il cherchait à les ramasser.

Cette préoccupation des lunettes, commune à toutes les personnes âgées, dura bien une demi-minute.

Ce fut assez pour que Berthe, comprenant le péril de la situation, pût rassembler son énergie et tenir tête à l'interrogatoire inévitable.

— Qu'est-ce donc, fillette?... qu'est-ce donc qui te prend? Tu bondis comme un cabri, toi qui, hier encore, ne quittais que difficilement ta chaise longue ?

— Oui, père, je me sens alerte et gaie aujourd'hui, répondit-elle en réprimant un sourire amer. Oh ! bien heureuse, va !

Et elle lui tapotait affectueusement ses longues mains amaigries avec des espiègleries d'enfant.

— Ce cher Gerbier fait des miracles ! C'est admirable de la part d'un athée ! fit le bonhomme enchanté.

Elle approuva d'un mouvement de la tête.

— Oui, le docteur est un puits de science; mais c'est ce bon soleil d'octobre surtout qui me rend brave comme me voilà. Regarde donc, père, les beaux horizons onduleux qui vont jusque là-bas, tout là-bas, — et plus loins encore ! Comme l'air flotte bien, comme il est doux et clément, et comme il ferait bon respirer un peu ! Veux-tu risquer une bonne promenade à mon bras ?

— Heuh ! les jambes regimbent au bout d'un quart d'heure.

— Oh ! je serai là, moi ! je te soutiendrai ; je suis très-forte, tu verras ! Et puis l'exercice te fera du bien ! Tu dors d'un si bon sommeil quand tu consens à forcer un peu ta paresse habituelle.

— Oh ! paresse... un bien gros mot !

— Les mots sont faits pour peindre les choses. Je n'y puis rien, moi ! C'est l'Académie que cela regarde !

Elle se fit enjouée, enfantine, charmante.

Le vieillard souriait. Il se leva en gardant la mine de gronder pour la forme.

— Tu es encore bien près de la convalescence, et le moindre excès te fatigue.

— Voulez-vous bien vous taire ; je suis forte, vous dis-je, à soutenir un assaut contre notre arrière-grand-oncle le sénéchal. Partons !

— Soit, partons ! puisque telle est la volonté de la petite fée de Noëllis, qui se ligue avec les sénéchaux contre son radoteur de père ; surtout, n'oublie pas ton ombrelle ni ta capeline. Les jours d'octobre ont des soleils du diable qui cuisent l'orage pour la nuit.

Pendant qu'il égrenait son chapelet de conseils, Berthe s'était préparée pour l'excursion en un tour de main.

— Me voilà armée de pied en cap!

Elle lui prit despotiquement le bras et l'entraîna.

— Bonsoir, grand-oncle! fit-elle en passant devant le portrait du sénéchal.

La pauvre Berthe profita de ce mouvement pour essuyer deux grosses larmes tyranniquement contenues sous ses paupières, pendant la durée de cette petite scène.

Les souvenirs qui vinrent se grouper dans son cerveau enfiévré, tout le temps que dura cette promenade, furent, on l'imagine aisément, des plus cruels et des plus douloureux.

Elle n'avait pas oublié la promesse solennelle qui la liait à Villepré. Elle connaissait à fond cette nature austèrement loyale. Comment allait-il la juger, elle, la victime de toutes ces combinaisons monstrueuses dans lesquelles elle se débattait sans comprendre? Et Bruyères? Qu'allait-il résulter de la rencontre de ces deux hommes? Ses tempes se soulevaient, ses artères se révoltaient à briser le réseau délicat de l'épiderme.

— N'importe! affirmait-elle en prenant sa conscience à témoin, je souffrirai jusqu'aux limites que la destinée m'imposera; mais j'empêcherai un meurtre! j'empêcherai un crime! Assez de monstruosités chez nous!

Si M. Montgeron se détournait pour la regarder un instant, pendant cette sucession d'angoisses lourdes à en mourir, ses lèvres desséchées ébauchaient un sourire.

Elle courait aux fleurs, aux gramens, aux insectes, et les apportait à son père avec des façons superbes de conquérante qui ravage ses domaines.

— Ah! que je remercie Dieu de cette journée, s'écriait le vieillard, radieux et tout rajeuni.

Dieu! C'est dans cette consolation de l'immense bonté que la chère affligée se réfugiait, elle aussi, et avec quels élans dans l'âme!

Elle ne voyait point d'issue à ces complications, point d'éclaircie possible à ces tempêtes, en dehors de la Providence qui veille sur les désespérés. C'est là qu'elle cherchait et trouvait la force et l'énergie surhumaine dont elle se sentait cuirassée.

— Je ferai mon devoir, dit-elle avec une résolution de martyre. Dieu fera le reste!

M. Montgeron de Noëllis s'essuyait béatement le front dans un vaste foulard des Indes. La promenade l'avait ravi et transfiguré. Toutefois, les meilleures choses ont une fin. Il se sentait des inquiétudes et des alourdisements qui lui grimpaient le long des tibias, il avait soif, il avait faim, il était las. Il soupirait avec délices :

— Comme je vais dormir cette nuit!

C'était ce sommeil-là que Berthe venait d'acheter par trois heures de pieuse hypocrisie et d'héroïque gaieté mensongère.

Il lui fallait, toute cette nuit, le sommeil calme de ce vieillard vénéré. Pendant ce temps, elle agirait !

On rentra, — plus lentement, sans doute ; encore est-il qu'on arriva. La nappe était mise dans la petite salle à manger de l'intimité. Deux couverts seulement ; un énorme bouquet de myosotis et de glayeuls au beau milieu de la nappe, un feu clair et léger petillait dans la haute cheminée, les aromes du potage montaient au plafond ; on respirait dans ce petit coin capitonné un bien-être tellement onctueux et subtil, qu'il s'insinuait jusqu'à l'âme par la route des sens.

M. Montgeron retrouva des éclairs de gaieté ; il risqua l'anecdote, il cita M. de Talleyrand, lequel s'entendait en repas fins. Au service du rôti, qui était de cailles bien juteuses, il demanda un flacon de romanée de derrière les fagots. On lui monta une bouteille à large base, qui s'éloignait, avec ses formes de commère trapue, de la mignardise des fioles à la mode.

Il versa lentement, respectueusement, avec une conviction sereine, et but de même.

Au dessert, il s'endormit, l'haleine reposée, la bouche entr'ouverte, le front lumineux, dans toute la splendeur d'un mortel qui n'a plus rien au monde à souhaiter.

C'était la minute que Berthe attendait anxieusement depuis le départ du docteur.

Elle embrassa le vieillard sur le front, il ouvrit à demi son bon regard paternel qui semblait descendre du septième ciel.

— Père, c'est le moment de nous mettre au lit.

— C'est toujours le moment de faire ce que tu veux.

Elle sonna.

Deux valets parurent sur la pointe du pied.

— Non, je ne veux que toi, ma bonne enfant, pour terminer cette ravissante journée. Je suis heureux, je t'aime. J'ai sommeil. Tu m'embrasseras et je rêverai de toi.

Il monta l'escalier avec des verdeurs de jeune homme. Elle le suivit. Pendant qu'il se glissait voluptueusement dans les draps de Hollande, assise près de la fenêtre, elle jouait, sur une harpe de sa mère, égarée dans un angle de la chambre, un air demi-sentimental et demi-paladin, du temps où le vieillard avait senti l'influence de la musique.

Ce fut dans ces sensations de jeunesse que M. de Montgeron reprit son voyage au septième ciel, à l'endroit précis où il l'avait quitté.

Aussitôt qu'elle eût la certitude que son père dormait de ce bon sommeil que donnent le grand air et la satisfaction, Berthe posa deux baisers sur ses cils alourdis. Puis elle s'agenouilla à la tête du lit et pria longuement le front dans les mains. Sa prière achevée, elle se releva forte, confiante.

Et elle sortit comme une inspirée.

Elles tombent subites et lourdes, les nuits d'octobre. C'est une opacité sinistre, surtout dans ces contrées envahies par les exhalaisons de l'Océan.

Berthe de Noëllis, comtesse de Bruyères, s'était résolûment engagée dans le petit sentier qui *raccourcit*, comme disent les paysans. Un chemin fortement encaillouté, large de deux toises au plus, aux bons endroits, et creusé dans les détritus calcaires. Des végétations grimpantes, ronces, viornes et chèvrefeuilles s'emmêlent confusément aux noisetiers sauvages et barrent obstinément la voie.

Elle marchait, heurtant ses pieds chaussés de satin aux cailloux, déchirant la capeline qui lui protégeait la tête, et souvent aussi la figure elle-même aux broussailles envahissantes.

Partout le silence et l'obscurité, non pas ce silence béni qui rassure et qui fortifie. Par intervalles, un cri d'oiseau nocturne, puis le vol bizarre et visqueux des chauves-souris. Dans le lointain, des lanternes sourdes de paysans revenant de la pêche ou des marchés voisins; ces lanternes d'un rouge blafard, qui semblent vous fixer comme des yeux de supplicié à travers l'ombre.

Elle ne voyait rien, elle ne regardait rien, elle n'entendait rien !

Rien que la voix de sa conscience, qui lui criait que, liée à un homme dont elle portait le nom, elle devait à cet homme sa présence et sa protection, contre tous et contre lui-même.

Berthe de Noëllis se rendait à Plouneour chez son mari, le comte Albert de Bruyères ; elle allait le défendre, se jeter à ses pieds et le supplier de vivre. Elle était sûre de Villepré : elle se sentait forte de son influence sur cette nature d'élite. Mais Albert ? Elle ne le connaissait que par sa vie fantasque, ses exagérations de courage et son dédain de la mort.

Tout à coup, elle se heurta contre une masse informe et résistante qui barrait le chemin. Elle ne put retenir un « Seigneur Dieu ! » qui jaillit avec un flot de sang de sa poitrine. C'était un dolmen verdâtre, oublié là et qui demandait du sang depuis quinze cents ans. Le choc fut si violent, que la courageuse enfant rebondit à deux pas dans une flaque d'eau. Combien de temps demeura-t-elle dans ce cloaque, presque inanimée, endolorie, invoquant le ciel de la dernière pensée qui lui restait ? Il y a des minutes qui comptent pour des siècles. Elle souffrait atrocement. Il lui resta néanmoins la présence d'esprit de laver la plaie qui lui brûlait le front avec l'eau bourbeuse qu'elle rencontra sous ses doigts.

Pendant qu'elle reprenait vaguement connaissance, le ciel noir se zébrait d'éclairs.

Une fois de plus, par cette cruelle saison, c'était la tempête qui se préparait. Cette lumière, si violente qu'elle éclatât, fut comme une lueur de vie pour la blessée. Elle ouvrit les yeux, reconnut le dolmen, les arbrisseaux rabougris; puis, dans un interstice des feuilles, elle aperçut la chapelle dentelée du Falgoët.

— J'irai jusqu'au bout, dit-elle. Sainte Vierge, donnez-moi la force de me relever!

Elle se redressa en se meurtrissant les poignets et en se brisant les ongles, mais elle se redressa tout d'une pièce et prête à repartir.

La pluie commençait à tomber en larges gouttes dolentes et glacées. Elle suivait son chemin sans rien sentir.

Tout à coup, le petit chemin sombre fit place aux larges aspects de la plaine; une plaine aride et désolée, mais offrant résistance au pied et permettant d'accélérer le pas.

Berthe marchait toujours. Le clocher de la chapelle lui servait de phare.

En arrivant, elle tomba à deux genoux sur la pierre du porche.

Ce qu'elle pleura, ce qu'elle pria, ce qu'elle implora, Dieu seul le sait, car il l'entendit à coup sûr.

Elle éprouva comme une ineffable renaissance à se sentir sous cet abri et à se confier au grand protecteur.

C'est d'ailleurs un des recoins les plus pittoresques de la côte, l'emplacement de cette chapelle. Une cour carrée plantée de grands arbres que dépasse seul le clocher à jour, une merveille de granit que l'on dirait ciselée par les grands orfévres de l'école florentine. Le calme, le recueillement, et je ne sais quelle vague odeur d'encens qui filtrait à travers les fondements humectés par la pluie, lui refirent comme un baume à l'âme et de nouveaux nerfs au corps.

Elle repartit; le vent qui rasait le sol aplani semblait lui prêter ses ailes. Deux fois encore, épuisée par sa course, hors d'haleine, elle dut se reposer sur la terre détrempée. Mais sa pensée veillait au milieu de cet épuisement général.

Elle voulait! et reprenait sa course mortelle.

Enfin... elle toucha la haie de la main, la petite haie sous l'abri de laquelle elle avait trouvé tant de joie et commencé des rêves si radieux, hélas! et si vite envolés! Toutes les grilles de bois étaient ouvertes.

Un horrible frisson la secoua des pieds à la tête. Elle pénétra dans le jardin. La porte de la maison était ouverte comme les grilles. Sur la cheminée, une pauvre bougie grésillait dans un chandelier de fer-blanc.

— Il n'est pas là! Ah! Dieu m'a trahie! dit Berthe en sanglotant.

Et elle tomba évanouie.

XII

Le soleil se couchait dans la pourpre; de longs nuages rouges comme du sang, déliés comme des lignes, reflétaient leurs immenses traînées à la surface des flots endormis.

Un incendie au-dessus et au-dessous, dans le ciel et dans la mer; au dehors, pas un nuage : à peine si quelques cirrus floconneux voltigeaient çà et là, anguleux ainsi que des mouettes.

Immobile sur la falaise, à la façon d'un gigantesque cormoran, le père Mal-en-Point regardait mélancoliquement l'astre sombre derrière l'horizon. Les lueurs aiguës qui s'accrochaient à la crête des vagues, semblables à des écailles d'or émaillées de rubis, s'éteignirent peu à peu; le rouge devint rose, le jaune d'or vert, puis un même voile grisâtre sembla tout couvrir, la nuit se fit, et Mal-en-Point, hochant la tête, rebroussa chemin vers Plouneour. A mi-route, il rencontra Albert de Bruyères, qui se rendait à sa promenade du soir.

— Eh bien, matelot, que nous dis-tu de bon?

— Hum! fit le vieux rechigné, m'est avis qu'il fera meilleur cette nuit sur un tas de varech bien sec qu'au milieu de la grande marmite. — Ceux qui dormiront là-bas seront drôlement secoués dans leurs cadres.

Puis il ajouta entre ses dents :

— Heureusement, tous les pêcheurs d'ici sont rentrés; sans quoi, nous aurions eu de la besogne.

— Ah! bah! fit de Bruyères en fouettant insoucieusement l'air de ses doigts, heureux ceux qui meurent!

Depuis longtemps, Mal-en-Point avait fait sur son « capitaine » une observation qui déconcertait tout l'équilibre de ses idées. — Ce dédain qu'Albert semblait éprouver pour la vie des autres, aussi bien que pour la sienne propre, lui semblait mal s'accorder avec la tâche de dévouement que le jeune homme s'était imposée. — Quoique l'on soit une sorte de chien fidèle, habitué à obéir au moindre signe, on a de la logique personnelle. Mal-en-Point avait dès longtemps décidé dans sa cervelle carrée de Breton, qu'il aurait tôt ou tard le mot de cette énigme. L'occasion lui parut bonne.

— Pas moins, dit-il, mon capitaine, il me semble, révérence parler, qu'un bon marin, solidement armé sur le plancher des vaches, doit entendre un singulier branle-bas au cœur, lorsqu'il sait tout près et en péril le navire sur lequel il a vécu.

Albert se retourna vivement, comme blessé par une pointe aiguë.

— Que veux-tu dire ?

Mais le loup-de mer, regrettant déjà son observation sans doute, continua en se parlant à lui-même :

— Après tout, j'ai tort, et les autres, s'ils ont eu bon vent, doivent être déjà entrés en rade de Brest.

— Les autres ! qui les autres ?

— Eh ! pardi ! qui ? Les marins de *la Foudroyante*. Il y a déjà huit jours qu'elle a été signalée dans le golfe de Gascogne !

Bruyères ne l'écoutait plus, et, d'un pas rapide, il regagnait sa maison.

Mal-en-Point, satisfait de son épreuve, le suivait de l'œil.

— Ah ! je le savais bien ! pensait-il joyeusement, que c'était un matelot fini, et que tout ce qu'il en disait n'était qu'une frime ! — Quel coup ça lui a donné, la nouvelle du retour de *la Foudroyante*.

Albert ne vivait plus, ne pensait plus. Il lui semblait que le tonnerre venait de tomber à ses pieds.

La Foudroyante était de retour, et avec elle le capitaine de Villepré.

Désormais toute hésitation devenait impossible. Il fallait que sa destinée s'accomplît.

Il s'assit auprès de son étroite table, le front dans ses mains, et se prit à réfléchir, si l'on peut appeler réflexion le va-et-vient troublé d'idées confuses qui, dans son cerveau en délire, suivait le battement précipité du pouls.

Au bout de quelques minutes, cependant, le calme lui revint; il ouvrit toute large la fenêtre; il faisait nuit sombre, le décor fulgurant avait changé. De grands nuages, noirs comme de l'encre, balayaient le ciel, et la rafale, rasant le sol, courbait les herbes comme la faux immense d'un invisible moisonneur.

Tout à coup elle siffla, sourdement furieuse, à la façon d'un serpent qu'un pied imprudent réveille et, s'engouffrant dans la croisée, secouant avec furie les mèches éparses sur le front nu d'Albert éteignit brusquement la lampe.

Il est de ces heures où, quelque fort qu'on soit, on sent respirer au-dessus de sa tête le souffle formidable de la fatalité antique. Cette lampe éteinte sembla un signe à Albert.

— Allons! se dit-il, c'est ce soir que je dois mourir.

Il ferma la croisée, ralluma sa lampe, et, de sang-froid, sans hésitation comme sans fièvre, commença de lugubres préparatifs.

Il alla décrocher à la muraille les pistolets de son

oncle le vieux capitaine, s'assura minutieusement qu'ils étaient en état et les chargea avec soin. Après quoi, comme il était coquet de sa mort et voulait avoir une fin de soldat, il revêtit son ancien uniforme d'enseigne de vaisseau.

Cette toilette achevée, il revint s'asseoir à la table, et, attirant une feuille de papier, écrivit la lettre indispensable à l'adresse du maire-épicier-notaire.

Les minutes fuyaient rapides.

Le moment était venu.

Albert de Bruyères saisit le pistolet, il l'examina d'un œil absorbé et fit craquer les deux crans de la gâchette; mais il le reposa tout armé sur la table.

Une idée, une idée insupportable venait de lui traverser l'esprit. Il voulait bien mourir ! Mais mourir en emportant dans la tombe l'horreur de Berthe, mourir en emportant le mépris de Villepré... c'était au dessus de ses forces! Il attira une seconde feuille de papier et d'une main fiévreuse écrivit. La plume glissait rapide et tourmentée sur le vélin, il écrivit tout.

La mort de Montfort, l'œuvre impossible de dévouement qu'il s'était imposée, son amour pour mademoiselle de Noëllis. De cet amour, il demandait pardon à son ami; car, dans sa vie, il ne trouvait que ce crime involontaire; il mourait justement, puisqu'il avait osé entreprendre une tâche trop lourde pour son cœur exténué.

« Ami, disait-il en terminant, je te lègue la veuve d'un honnête homme. Tu peux lui tendre ta main loyale sans rougir ni d'elle ni de ton ami.

» Pas un remords ; un bon souvenir, seulement, n'est-ce pas ? Il est aussi des fous qui essayent d'arrêter une locomotive lancée à toute vapeur, et que la locomotive écrase. Suppose que je sois un de ces fous là, et priez pour moi tous les deux ! »

Quand son papier fut rempli, Albert se sentit plus tranquille ; il rentra en possession de son âme et de sa virilité, la décision lui revint, et ce fut sans terreur, d'un œil froid et serein, qu'il regarda l'arme qu'il allait tourner contre lui-même.

Au moins, il ne mourrait pas tout entier et laisserait aux deux seuls êtres qu'il eût aimés au monde un honnête, un loyal souvenir.

Ce n'était pourtant que le second acte de la terrible tragédie qui devait ébranler ce soir-là, dans leurs plus intimes profondeurs, le cerveau et la conscience d'Albert de Bruyères.

Avec la tranquillité et le sang-froid, un sens plus raisonnable de la situation lui revint ; il fut bien obligé alors de s'avouer que cette lettre marchait directement contre son but et rendait, par conséquent, son sacrifice inutile.

Pourquoi avait-il épousé Berthe ? Pour que Villepré, pour qu'elle-même ignorassent à jamais l'odieux attentat dont elle avait été victime. — L'attentat, cette lettre d'agonie le leur révélait.

Il leur disait d'être heureux ! Pourraient-ils l'être, désormais, ces deux cœurs sincères et vaillants dont Albert connaissait de longue date la générosité et la grandeur, lorsqu'ils seraient condamnés à vivre dans cette horrible certitude que leur bonheur et leur union avaient impérieusement exigé le suicide de leur ami ?

Non ! il fallait que le sacrifice fût accompli sans hésitation et en entier, il fallait qu'Albert de Bruyères le fou et le héros pérît complétement.

Le jeune homme plia la lettre qu'il venait d'écrire, la déchira, et, approchant les lambeaux de papier de la lampe pour les enflammer, il les regarda avec tristesse se tordre sur le plancher.

Lorsque le dernier fragment fut devenu un peu de cendre, Bruyères poussa un long soupir ; son bonheur était mort, c'était au tour de l'honneur à s'en aller.

A cette cruelle minute, un long cri, un appel retentit sur la grève. Encore une fois, Albert reposa le pistolet dont l'anneau glacial se trouvait déjà appuyé sur son front, il se leva pour écouter. Un second cri suivit le premier, et, presque aussitôt, les vêtements trempés de pluie, Mal-en-Point fit invasion dans la chambre.

— Vite! vite! mon capitaine! Une barque en péril!

— Allons! dit Albert. Dieu, sans doute, veut m'épargner un crime stérile. L'ouragan emportera ma vie comme il a soufflé cette lampe.

Les heures suprêmes arrachent de ces cris.

L'incrédule songeait à Dieu et lui faisait sa part dans le roman de sa vie.

Au dehors, la tempête rugissait au paroxysme de la fureur; les rafales se suivaient rapides, dispersant la pluie en poussière presque impalpable. On entendait la vague se heurter contre les rochers de Goulven, avec les sonorités brutales de coups de canon.

Les deux hommes, enveloppés dans leurs cabans, gagnaient en trébuchant dans les opacités de l'ombre la petite anse où *l'Éclair* était amarré et attendirent silencieusement une accalmie pour savoir dans quel sens ils devaient se diriger. — L'attente ne fut pas longue : un long cri qui partait d'à peine quelques centaines de mètres parvenait jusqu'à eux.

— En mer! ordonna de Bruyères. Je sais où ils sont. Puissions-nous arriver assez promptement !

Les deux hommes avaient déjà sauté dans la frêle coquille de noix. Agenouillés et l'oreille collée au bord du bateau harcelé par la tempête, ils épiaient encore ces cris d'angoisse, les seuls indices qui pussent les conduire vers les naufragés.

Si, au lieu d'être en entier absorbés par ces cris qui leur venaient de la mer, ils avaient épié les bruits du rivage, peut-être eussent-ils entendu — tant il fut terrible et retentissant — le cri d'angoisse que poussait en cet instant Berthe de Noëllis, en trouvant vide et abandonnée la maison d'Albert de Bruyères.

La distance qui séparait la rive de la barque en péril n'était pas longue; mais, pour la franchir, le sang-froid et l'habileté consommée des deux marins n'étaient pas de trop. Ils avaient besoin de toute la connaissance merveilleuse de la côte, acquise dans leurs nombreux sauvetages. A chaque instant, il fallait louvoyer pour éviter quelque roche de sinistre renom, traverser des passes étroites où la vague se ruait désespérément, tâcher enfin de gagner la haute mer pour revenir sans obstacle sur l'embarcation naufragée. Sans doute ceux qui la montaient ne connaissaient pas parfaitement la baie de Goulven et avaient fait fausse route. Ils étaient séparés du rivage par un lit épais de rochers presque à fleur d'eau à la marée basse.

Albert de Bruyères avait noté de longue date les traîtrises de ces brisants disséminés et perfides d'où s'élevaient des cris d'appel de plus en plus désespérés.

Enfin, après trois quarts d'heure d'efforts et de persévérance, le jeune marin s'aperçut qu'ils étaient sortis des écueils, et la longueur de la lame lui indiqua qu'ils se trouvaient en pleine mer.

— Pare à virer! cria-t-il à Mal-en-Point. Maintenant, s'ils ont eu le temps d'attendre, ils sont sauvés!

L'Éclair accomplit en cinq minutes le trajet qu'il avait mis presque une heure à franchir en sens inverse. Les cris d'appel, qui d'abord s'étaient affaiblis, se rapprochaient sans cesse.

Guidé par une main sûre, *l'Éclair* semblait marcher directement sur les naufragés.

Bientôt, en effet, on aperçut un fanal absolument immobile, ce qui semblait une ironie sauvage au milieu de cette mer tourmentée. La barque en péril s'était engagée entre deux rochers trop resserrés pour la laisser passer, et, saisie par l'implacable pierre comme par les mâchoires d'un formidable étau, les vagues furieuses la franchissaient sans l'en pouvoir démarrer.

Ce qui, dans le principe, avait causé sa perte causait maintenant son salut. Au bout de cinq minutes, les quatre naufragés étaient à bord de *l'Éclair*, et, un quart d'henre plus tard, le brave petit chasse-marée rentrait à son ancrage.

Ce fut alors seulement que, les horreurs de l'anxiété cessant, on commença à parler.

18.

Les premières paroles prononcées se confondirent en un double cri :

— Villepré !

— Bruyères !

— Ah ! docteur, murmura Villepré, la main de Dieu est dans tout cela ! C'est nous qui venions le sauver, et c'est lui qui nous sauve !

Ces effusions ne se racontent pas. Ils s'aimaient virilement, ils étaient sauvés, ils se jetèrent dans les bras l'un de l'autre.

Le docteur Gerbier avais pris l'avance par discrétion. Il avait de bonnes jambes, le docteur ; et, si prompts que fussent les épanchements qui coulaient entre les deux amis, le docteur allait plus vite. Peut-être aussi le digne homme accélérait-il sa course pour laisser aux jeunes gens la liberté de l'explication que leur situation délicate rendait indispensable.

En arrivant à la haie extérieure qui clôturait le petit jardin de Bruyères, M. Gerbier tira sa montre. La nuit était noire, mais les médecins de campagne sont tous gens de précaution ; ils ne quittent pas le logis sans trousse ni sans chronomètre à répétition.

Le bonhomme pesa sur le bouton. La sonnerie battait deux heures du matin.

— Je marche comme un dératé ! se dit-il ; et mes gaillards auront le temps de s'épancher les entrailles.

Deux nobles cœurs! Dieu! que c'est bête et superbe, les livres! Des héros de roman, ces gaillards-là! L'un qui revient de là-bas des antipodes, pour voir son bonheur détruit, et qui sourit comme un ange à retrouver son camarade vivant. Non! ce n'est pas bête, les livres! moins bête que l'iodure de potassium et l'ipécacuanha! Loyales et charmantes natures!... Un ineffable bonheur! Ah! tiens, c'est très-joli, ce que je dis là : mais les expansions m'attendrissent le cerveau, sans compter que les jambes me pèsent. Un acteur de mon bon temps, Arnal, témoignait le désir de s'en aller.

» — Moi, je voudrais bien m'en aller!

» Il avait des façons à lui de dire cette phrase toute naturelle. Moi, je voudrais bien m'asseoir, seulement. C'est que la pluie a tout ravagé! Ce n'est plus du repos qu'on prendait à terre, c'est une empreinte qu'on laisserait. J'ai l'empreinte ridicule.

Et, furetant de la main l'obscurité, il faillit, bien involontairement, laisser, en tombant de peur et de surprise, son empreinte sur le milieu du chemin.

La petite barrière était toute grande ouverte. Il entra comme un brave, trébuchant un tantinet, sans doute; l'idée de romans lui avait remis les *chauffeurs* en mémoire.

Néanmoins il entra.

Pas un bruit, pas un mot, pas un souffle! la porte de la maisonnette était toute grande ouverte. Sur la cheminée une bougie jetait ses dernières lueurs et crépitait avant de mourir.

Sur le lit!...

Sur le lit, Berthe de Noëllis, pâle, ensanglantée, terrifiante à voir, râlait douloureusement comme à l'heure suprême de l'agonie.

Le docteur courut droit à elle, souleva les coussins, redressa les oreillers ; puis, reculant tout à coup d'un bond à briser ses vieilles jambes qui flageolaient :

— Dieu! Dieu! Dieu! Justice souveraine! fit-il seulement.

Il courut à l'armoire : elle était ouverte à deux battants ; il en retira des linges, des draps avec des gestes de forcené, et refit le lit avec des douceurs de père, sans réveiller la jeune femme. On l'aurait crue morte.

Puis il tomba sur un fauteuil, vieux meuble du XVIII° siècle, égaré dans ce taudis; il prit avec des précautions infinies le bras de Berthe qui pendait à terre.

— Ce n'est rien ! affirma-t-il après reflexion. Dieu fait bien ce qu'il fait.

Que fit-il, lui, le docteur, pendant la demi-heure qui s'écoula?

On n'en sait rien, sinon qu'il fouilla dans ses poches pour en retirer des flacons.

La jeune femme demeurait toujours assoupie et blême. On sentait qu'elle souffrait horriblement.

Philippe et Bruyères marchaient côte à côte, en silence. Ils s'étaient tout dit en deux mots, ces cœurs éprouvés.

Arrivé aux abords du petit enclos, Bruyères hésitait. Sa confession ne lui semblait pas finie. Mais Villepré l'arrêta au premier mot, d'un mouvement impératif et doux.

— Je sais tout, il faut qu'elle t'aime! Le grand amour, c'est le tien.

— Il faut qu'elle ignore! répondit gravement Bruyères ferme comme un roc; on n'aime pas ceux qui se sont condamnés au mépris. Dans ces âmes altières, le mépris est une tâche qui ne s'efface pas. Elle ne m'aimera jamais... *Jamais, jamais!* sanglotait-il avec des éclats de voix qui tenaient du délire, en approchant de la triste chaumière.

Et sa voix éclatante prenait les accents éplorés de l'enfance.

Le docteur parut sur le petit perron qui conduisait à la chambre principale. Il avait entendu la douleur stridente de Bruyères, qui s'était arrêté hésitant et blême, les mains crispées à la haie d'épines, en répétant :

— Jamais! jamais!

La silhouette du vieillard s'échancrait, puissante et clémente à la fois, dans la baie illuminée de la porte.

— Pourquoi donc serait-elle ici, si elle ne vous aimait pas? demanda-t-il en tendant de loin ses mains aux arrivants.

Il ne dit rien de plus et marcha vers les nouveaux venus, grave et prophétique ainsi qu'une vision des époques bibliques.

Albert courut à cette main froide, et calme comme celle du Dieu du Sinaï; le vieux médecin semblait transfiguré. Il entra d'autorité dans la chambre de la malade; Villepré suivit, sans se rendre bien compte de la scène qui se passait sous ses yeux.

Dans les blancheurs de la couchette, Berthe de Noëllis, étendue, ouvrait douloureusement ses grands yeux alanguis. C'était la sainte et la martyre, avec on ne sait quoi d'héroïque, de féminin, d'humble et de suppliant.

Bruyères et Villepré s'étaient assis, celui-ci à sa droite, l'autre à sa gauche.

Le docteur toujours debout:

Elle sembla sortir d'un rêve en revoyant le fiancé des jeunes années : elle lui tendit son front décoloré.

Il lui baisa la main avec respect.

— Berthe, je suis marié, fit M. de Villepré.

Elle le regarda sans surprise.

— Alors, demanda-t-elle avec un intérêt de sœur, elle est bien belle?

— Belle comme vous, Berthe.

— Et vous l'aimez ?

— Je l'aime.

— Alors, repartez vite, mon ami, et nous la ramenez pour vivre heureux auprès de nous. Nous serons trois à lui faire la vie douce et bonne. A son tour, elle baisa la rude main du marin, qu'elle avait conservée entre les siennes.

Philippe se détourna pour cacher une larme. Albert aussi pliait sous l'émotion ; les paroles lui brûlaient les lèvres, il était prêt à s'écrier : « Il vous trompe ! c'est vous qu'il aime Ce mariage est une invention généreuse ! » Mais le doigt de Philippe, impérieusement posé sur sa bouche, lui imposait silence.

— Albert, continua la malade d'une voix faible, approchez, là !

Et, quand son mari se fut penché sur son lit, penché jusqu'à ce que son oreille effleurât l'oreille de la jeune femme, elle lui murmura d'un souffle :

— Albert, maintenant, je suis libre. Je vous aime et je vous pardonne !

Cet aveu avait été prononcé bien bas ; pourtant Villepré l'entendit. Ce mot, *je vous pardonne*, adressé an généreux dévouement de Bruyères, le fit bondir. Mais Albert, redressé déjà avec un loyal sourire dans les yeux, le doigt sur les lèvres, lui prenait le bras en disant tout bas :

— Mieux vaut qu'elle me croie coupable et qu'elle ignore toujours qu'elle a pu appartenir à un autre.

Ces deux hommes, se dévouant au bonheur de la même femme, s'étaient facilement juré un silence éternel.

Berthe, heureuse, s'endormit, et, pendant qu'elle sommeillait, les deux amis la veillaient.

— A toi la tâche la plus dure, mon pauvre Albert! murmura Philippe; moi, j'irai, je partirai, je ferai le tour du monde, je sombrerai peut-être dans quelque océan, tandis que toi...! Oh! avoir jusqu'à l'en- l'enfant du crime sous les yeux!

— L'enfant du crime? répondit le docteur, qui rentrait de la cuisine en remuant onctueusement une potion. L'enfant du crime n'est pas né vivant!

FIN

CATALOGUE
DE
MICHEL LÉVY
FRÈRES
LIBRAIRES ÉDITEURS
ET DE
LA LIBRAIRIE NOUVELLE

PREMIÈRE PARTIE

Nouveaux ouvrages en vente. — Ouvrages divers, format in-8°.
Bibliothèque contemporaine, format gr. in-18. — Bibliothèque nouvelle.
OEuvres complètes de Balzac. — Collection Michel Lévy, form. gr. in-18.
Collection format in-32. — Collection à 50 centimes.
Musée littéraire contemporain, in-4°. — Brochures diverses.
Ouvrages divers.

Tous les ouvrages portés sur ce Catalogue sont expédiés *franco* (contre mandats ou timbres-poste), sans augmentation de prix, excepté les volumes à 1 fr. de la Collection Michel Lévy, auxquels il faut ajouter 25 cent. par volume.

RUE VIVIENNE, 2 BIS
ET BOULEVARD DES ITALIENS, 15
AU COIN DE LA RUE DE GRAMMONT
PARIS

NOVEMBRE — 1866

NOUVEAUX OUVRAGES EN VENTE

Format in-8

M. GUIZOT — f. c.
MÉDITATIONS SUR L'ÉTAT ACTUEL DE LA RELIGION CHRÉTIENNE. 1 vol... 6 »
MÉMOIRES POUR SERVIR A L'HISTOIRE DE MON TEMPS. T. VII. 1 vol... 7 50

A. DE LAMARTINE
VIE DE CÉSAR. 1 vol........ 5 »

ERNEST RENAN
LES APOTRES. 1 vol....... 7 50

F. PONSARD
ŒUVRES COMPLÈTES. 2 vol..... 15 »

ALEXANDRE DUMAS FILS
AFFAIRE CLÉMENCEAU. — Mémoire de l'accusé. — 5ᵉ édition. 1 vol... 6 »

THOMAS ERSKINE MAY
Traduction Cornélis de Witt
HISTOIRE CONSTITUTIONNELLE DE L'ANGLETERRE (1760-1860), précédée d'une introduction. 2 vol..... 12 »

ALEXIS DE TOCQUEVILLE
CORRESPONDANCE ET ŒUVRES POSTHUMES, nouv. édit. (t. 5 et 6 des OEuv. complètes). 2 vol..... 12 »

LE PRINCE L. CZARTORYSKI
ALEXANDRE Iᵉʳ ET LE PRINCE CZARTORYSKI. Correspondance particulière et conversations publiées avec une introduction. 1 vol...... 7 50

MICHEL NICOLAS
ÉTUDES SUR LES ÉVANGILES APOCRYPHES 1 vol.............. 7 50

A. KUENEN
Traduction A. Pierson
HISTOIRE CRITIQUE DES LIVRES DE L'ANCIEN TESTAMENT, avec une préface d'Ernest Renan. 1ʳᵉ partie. — Livres historiques. 1 vol..... 7 50

AD. FRANCK
RÉFORMATEURS ET PUBLICISTES DE L'EUROPE. Moyen-âge et renaissance. 1 vol........ 7 50

LORD MACAULAY
Traduction Guillaume Guizot
ESSAIS SUR L'HISTOIRE D'ANGLETERRE. 1 vol........... 6 »

L. DE VIEL-CASTEL
HISTOIRE DE LA RESTAURATION. tome IX. 1 vol......... 6 »

DUVERGIER DE HAURANNE
HISTOIRE DU GOUVERNEMENT PARLEMENTAIRE EN FRANCE (1814-1848). Tome VII. 1 vol....... 7 50

Format gr. in-18 à 3 fr. le vol.

GEORGE SAND — vol.
THÉATRE COMPLET. T. 1 et 2.... 2

MARIO UCHARD
UNE DERNIÈRE PASSION......... 1

DANIEL STERN
NÉLIDA............ 1

PRÉVOST-PARADOL
de l'Académie française
QUELQUES PAGES D'HISTOIRE CONTEMPORAINE. Lettres politiques, 4ᵉ série. 1

MAXIME DUCAMP
LES BUVEURS DE CENDRES...... 1

ERNEST FEYDEAU
DU LUXE, DES FEMMES, DES MŒURS, DE LA LITTÉRATURE ET DE LA VERTU.............. 1

L'AUTEUR DU PÉCHÉ DE MADELEINE
FLAMEN........... 1

THÉODORE DE BANVILLE
LES PARISIENNES DE PARIS...... 1

LA COMTESSE DASH
Mlle CINQUANTE MILLIONS........ 1

AURÉLIEN SCHOLL
L'OUTRAGE........... 1

THÉOPHILE GAUTIER
LA BELLE JENNY........... 1

JULES NORIAC
LE CAPITAINE SAUVAGE......... 1

L'AUTEUR DES HORIZONS PROCHAINS
AU BORD DE LA MER.......... 1

HENRI RIVIÈRE
LE CACIQUE............ 1

ARSÈNE HOUSSAYE
LES FEMMES DU DIABLE........ 1

CHARLES MONSELET
LA FIN DE L'ORGIE.......... 1

MÉRY
LES JOURNÉES DE TITUS........ 1

ÉDOUARD OURLIAC
NOUVEAUX CONTES DU BOCAGE.... 1

PROSPER MÉRIMÉE
de l'Académie française
LES COSAQUES D'AUTREFOIS. 2ᵉ édit.. 1

A. DE PONTMARTIN
NOUVEAUX SAMEDIS, 3ᵉ série..... 1

C.-A. SAINTE-BEUVE
de l'Académie française
NOUVEAUX LUNDIS. Tome 6...... 1

HENRI HEINE
DRAMES ET FANTAISIES........ 1

ALEXANDRE DUMAS
THÉATRE COMPLET. Tome XIV et dernier. 1

OUVRAGES DIVERS
Format in-8

J.-J. AMPÈRE
f. c.

CÉSAR, Scènes historiques. 1 vol. . 7 50
L'HISTOIRE ROMAINE A ROME, avec des plans topographiques de Rome à diverses époques. 2ᵉ édit. 4 vol. 30 »
L'EMPIRE ROMAIN A ROME. 2 vol. . 15 »
MÉLANGES LITTÉRAIRES (S. presse) 2 v. 12 »
PROMENADE EN AMÉRIQUE. — États-Unis, Cuba, Mexique. 3ᵉ édit. 2 v. 12 »
VOYAGE EN ÉGYPTE ET EN NUBIE (Sous presse). 1 vol. 7 50

***
MAD. LA DUCH. D'ORLÉANS. 6ᵉ éd. 1 v. 6 »

***
ALESIA. Étude sur la septième campagne de César en Gaule. Avec 2 cartes (Alise et Alaise). 1 vol. 6 »

***
L'ANGLETERRE, études sur le Self-Government. 1 vol. . . . . 5 »

J. AUTRAN
LE CYCLOPE, d'après Euripide. 1 vol. 3 »
LE POÈME DES BEAUX JOURS. 1 vol. . 5 »

J. BARTHÉLEMY SAINT-HILAIRE
LETTRES SUR L'ÉGYPTE. 1 vol. . . . 7 50

L. BABAUD-LARIBIÈRE
ÉTUDES HIST. ET ADMINISTR. 2 vol. 12 »

L. BAUDENS
Memb. du conseil de santé des armées
LA GUERRE DE CRIMÉE. — Les campements, les abris, les ambulances, les hôpitaux, etc. 1 vol. . . . . 6 »

IS. BÉDARRIDE
LES JUIFS EN FRANCE, EN ITALIE ET EN ESPAGNE. 2ᵉ édition, revue et corrigée. 1 vol. 7 50

LA PRINCᵉˢˢᵉ DE BELGIOJOSO
ASIE-MINEURE ET SYRIE. Souvenirs de Voyage. 1 vol. 7 50
HIST. DE LA MAISON DE SAVOIE. 1 v. 7 50

J.-B. BIOT de l'Acad. des Sc. et de l'Ac. fr.
ÉTUDES SUR L'ASTRONOMIE INDIENNE ET SUR L'ASTRONOMIE CHINOISE. 1 v. 7 50
MÉLANGES SCIENTIFIQUES ET LITTÉRAIRES. 3 vol. 22 50

CORNELIUS DE BOOM
UNE SOLUT. POLIT. ET SOCIALE. 1 vol. 6 »

FRANÇOIS DE BOURGOING
HISTOIRE DIPLOMATIQUE DE L'EUROPE PENDANT LA RÉVOL. FRANÇAISE. 1 v. 7 50

M.-L. BOUTTEVILLE
LA MORALE DE L'ÉGLISE ET LA MORALE NATURELLE. 1 vol. 7 50

LE PRINCE A. DE BROGLIE
f. c.

QUESTIONS DE RELIGION ET D'HISTOIRE. 2 vol. . . . . 15 »

CAMOIN DE VENCE
MAGISTRATURE FRANÇAISE, son action et son influence sur l'état de la société aux diverses époques. 1 vol. 6 »

AUGUSTE CARLIER
DE L'ESCLAVAGE dans ses rapports avec l'Union américaine. 1 vol. . 6 »
HISTOIRE DU PEUPLE AMÉRICAIN. — États-Unis — et de ses rapports avec les Indiens. 2 vol. . . . . . 12 »

J. COHEN
LES DÉICIDES. Examen de la Vie de Jésus et des développements de l'Église chrétienne dans leurs rapports avec le judaïsme. 2ᵉ édit. revue, corrigée. 1 vol. . . . . . 6 »

A. DE COSTER
LÉGENDES FLAMANDES. 1 vol. . . . 6 »

J.-J. COULMANN
RÉMINISCENCES. 2 vol. . . . . . . 10 »

VICTOR COUSIN de l'Acad. française
PHILOSOPHIE DE KANT. 1 vol. . . . 5 »
PHILOSOPHIE ÉCOSSAISE. 1 vol. . . 5 »

J. CRETINEAU-JOLY
LE PAPE CLÉMENT XIV, lettre au Père Theiner. 1 vol. . . . . 3 »

A. BEN-BARUCH CRÉHANGE
LES PSAUMES, traduct. nouv. 1 vol. 10 »

LE PRINCE L. CZARTORYSKI
ALEXANDRE Iᵉʳ ET LE PRINCE CZARTORYSKI. Correspondance particulière et conversations, publiées avec une Introduction. 1 vol. . . 7 50

LE GÉNÉRAL E. DAUMAS
LE GRAND DÉSERT : Itinéraire d'une Caravane du Sahara au pays des Nègres (royaume de Haoussa), suivi d'un Vocabulaire d'histoire naturelle et du code de l'esclavage chez les musulmans, avec une carte coloriée. *Nouv. édition.* 1 vol. . 6 »

MARIA DERAISME
LE THÉÂTRE CHEZ SOI. 1 vol. . . . 6 »

CAMILLE DOUCET
COMÉDIES EN VERS. 2 vol. . . . . 12 »

MAXIME DU CAMP
LES CONVICTIONS. 1 vol. . . . . . 5 »

A. DU CASSE
DU SOIR AU MATIN. Scènes de la vie militaire. 1 vol. . . . . . . 5 »

Mme DU DEFFAND

CORRESPONDANCE COMPLÈTE AVEC LA DUCHESSE DE CHOISEUL, L'ABBÉ BARTHÉLEMY ET M. CRAUFURT. Nouvelle édit, revue et augm. avec introd. par *M. de Sainte-Aulaire*. 3 v. 22 50

ALEXANDRE DUMAS FILS

AFFAIRE CLÉMENCEAU. — Mémoire de l'accusé. — 5e *édition*. 1 vol. . . 6 »

MARIE ALEXANDRE DUMAS

AU LIT DE MORT. 1 vol. . . . . . 6 »

DUMONT DE BOSTAQUET

MÉMOIRES INÉDITS, publiés par *Ch. Read et Fr. Waddington*. 1 v. 7 50

CHARLES DUVEYRIER

L'AVENIR ET LES BONAPARTE. 1 vol. . 6 »

DUVERGIER DE HAURANNE

HISTOIRE DU GOUVERNEMENT PARLEMENTAIRE EN FRANCE (1814-1848). 7 vol. 52-50

LE BARON ERNOUF

HIST. DE LA DERNIÈRE CAPITULATION DE PARIS. Evénem. de 1815. 1 vol. 6 »

LE PRINCE EUGÈNE

MÉMOIRES ET CORRESPONDANCE POLITIQUE ET MILITAIRE, publiés par *A. Du Casse*. 10 vol. . . . 60 »

J. FERRARI

HISTOIRE DE LA RAISON D'ÉTAT. 1 v. 7 50

GUSTAVE FLAUBERT

SALAMMBO. 4e *édition*. 1 vol. . . . 6 »

A. DE FLAUX

SONNETS. 1 vol. . . . . 5 »

LE COMTE DE FORBIN

CHARLES BARIMORE. *N. édition*. 1 vol. 3 »

AD. FRANCK *de l'Institut*

ÉTUDES ORIENTALES. 1 vol. . . . 7 50
RÉFORMATEURS ET PUBLICISTES DE L'EUROPE. Moyen-âge et Renaiss. 1 vol. 7 50

C. FRÉGIER

LES JUIFS ALGÉRIENS, leur passé, leur présent, leur avenir juridique, etc. 1 vol. . . . . 8 »

H. GACHARD

DON CARLOS ET PHILIPPE II. 2e édit. 1 vol. 7 50

G. GANESCO

DIPLOMATIE ET NATIONALITÉ. 1 vol. . 2 »

Cte AGÉNOR DE GASPARIN

L'AMÉRIQUE DEVANT L'EUROPE. 1 vol. 6 »
UN GRAND PEUPLE QUI SE RELÈVE, LES ÉTATS-UNIS EN 1861. 1 vol. . 5 »

P.-A.-F. GÉRARD

HISTOIRE DES FRANCS D'AUSTRASIE. 2 vol. . . . . 12 »

G.-G. GERVINUS

Trad. J.-F. Minssen et L. Syouk
INSURRECTION ET RÉGÉNÉRATION DE LA GRÈCE. 2 vol. . . . . . . 16 »

ÉMILE DE GIRARDIN

QUESTIONS DE MON TEMPS. 12 vol. . 72 »

ÉDOUARD GOURDON

HISTOIRE DU CONGRÈS DE PARIS. 1 vol. 5 »

ERNEST GRANDIDIER

VOYAGE DANS L'AMÉRIQUE DU SUD. 1 v. 5 »

H. GRAETS

SINAÏ ET GOLGOTHA ou les origines du christianisme. 1 vol. . . . . . . 6 »

F. GUIZOT

LA CHINE ET LE JAPON, par *Laurence Oliphant*. Trad. nouv. 2 v. 12 »
L'ÉGLISE ET LA SOCIÉTÉ CHRÉTIENNES. 4e *édition*. 1 vol. . . . . . . 5 »
HISTOIRE DE LA FONDATION DE LA RÉPUBLIQUE DES PROVINCES-UNIES, par *J. Lothrop Motley*, trad. nouvelle, précédée d'une grande introduction (l'*Espagne et les Pays-Bas aux* XVIe *et* XIXe *siècles*). 4 vol. . 24 »
HISTOIRE PARLEMENTAIRE DE FRANCE. Recueil complet des discours de M. Guizot dans les Chambres, de 1819 à 1848, accompagnés de résumés historiques et précédés d'une introduction ; formant le complément des *Mémoires pour servir à l'histoire de mon temps*. 5 vol. 37 50
MÉDITATIONS SUR L'ESSENCE DE LA RELIGION CHRÉTIENNE. 1 vol. . . 6 »
MÉDITATIONS SUR L'ÉTAT ACTUEL DE LA RELIGION CHRÉTIENNE. 1 vol. . 6 »
MÉMOIRES pour servir à l'histoire de mon temps. 2e *édition*. 7 vol. . 52 50
LE PRINCE ALBERT, son caractère et ses discours, traduit par ***, et précédé d'une préface. 1 vol. . . 6 »
WILLIAM PITT ET SON TEMPS, par *lord Stanhope*, traduction précédée d'une introduction 4 vol. . . . . 24 »

HERMINJARD

CORRESPONDANCE DES RÉFORMATEURS dans les pays de langue française. T. 1er. 10

ROBERT HOUDIN

TRICHERIES DES GRECS DÉVOILÉES. 1 v. 5 »

ARSÈNE HOUSSAYE

MADEMOISELLE CLÉOPATRE. 7e *éd*. 1 v. 6 »

VICTOR HUGO

LA LÉGENDE DES SIÈCLES. 2 vol. . . 15 »

VICTOR JACQUEMONT

CORRESPONDANCE INÉDITE avec sa famille, ses amis, et les professeurs du Muséum d'histoire naturelle, pendant ses voyages à Saint-Domingue et dans l'Inde, 1825-1832, précédée d'une notice par *V. Jacquemont neveu*, et d'une introduction de *Pr. Mérimée*. 2 vol. . 12 »

PAUL JANET

PHILOSOPHIE DU BONHEUR. 2e *édit*. 1 v. 7 50

JULES JANIN

LES GAÎTÉS CHAMPÊTRES. 2 vol. . . 12 »
LA RELIGIEUSE DE TOULOUSE. 2 vol. 12 »

OUVRAGES DIVERS. — FORMAT IN-8.

ALPHONSE JOBEZ
LA FEMME ET L'ENFANT. 1 vol. . . . 5 »

***
ÉTUDES SUR LA MARINE :
L'escadre de la Méditerranée. —
La Question chinoise. — La Marine
à vapeur dans les guerres continentales. 1 vol. 7 50

A. KUENEN — Trad. A. Pierson
HISTOIRE CRITIQUE DES LIVRES DE
L'ANCIEN TESTAMENT, avec une
préface par *Ernest Renan*. 1 vol. . 7 50

LAMARTINE
ANTONIELLA. 1 vol. . . . . 6 »
GENEVIÈVE, Hist. d'une Servante. 1 vol. . 5 »
NOUVELLES CONFIDENCES. 1 vol. . . 5 »
TOUSSAINT LOUVERTURE. 1 vol. . . 5 »
VIE DE CÉSAR. 1 vol. . . . . . . 5 »

CHARLES LAMBERT
L'IMMORTALITÉ SELON LE CHRIST. 1 v. 7 50
LE SYSTÈME DU MONDE MORAL. 1 vol. 7 50

DE LAROCHEFOUCAULD (duc de Doudeauville)
MÉMOIRES. 15 vol. 112 50

JULES DE LASTEYRIE
HISTOIRE DE LA LIBERTÉ POLITIQUE
EN FRANCE. 1re *Partie*. 1 vol. . 7 50

DE LATENA
ÉTUDE DE L'HOMME. 3e *édit*. 1 vol. 7 50

LATOUR DE SAINT-YBARS
VIE DE NÉRON. 1 vol. 7 50

LÉONCE DE LAVERGNE
LES ASSEMBLÉES PROVINCIALES SOUS
LOUIS XVI. 1 vol. 7 50

JULES LE BERQUIER
LA COMMUNE DE PARIS. 1 vol. . . . 3 »

VICTOR LE CLERC ET ERNEST RENAN
HISTOIRE LITTÉRAIRE DE LA FRANCE
AU XIVe SIÈCLE. 2 vol. . . . . . 16 »

CHARLES LENORMANT
BEAUX-ARTS ET VOYAGES, précédés
d'une lettre de *M. Guizot*. 2 vol. 15 »

L. DE LOMÉNIE
BEAUMARCHAIS ET SON TEMPS. Études
sur la Société en France au XVIIIe
siècle. 2e *édition*. 2 vol. . . . 15 »

LORD MACAULAY Traduct. G. Guizot
ESSAIS HIST. ET BIOGRAPHIQUES. 2 v. 12 »
—POLIT. ET PHILOSOPHIQUES. 1 vol. 6 »
—LITTÉRAIRES. 1 vol. . . . . . . 6 »
—SUR L'HIST. D'ANGLETERRE. 1 vol. 6 »

JOSEPH DE MAISTRE
CORRESPONDANCE DIPLOMATIQUE (1811-
1817), publiée par *A. Blanc*. 2 vol. 15 »
MÉMOIRES POLITIQUES ET CORRESPON-
DANCE DIPLOMATIQUE, avec explica-
tions, etc., par *Albert Blanc*. 1 v. 6 »

LE COMTE DE MARCELLUS
CHATEAUBRIAND ET SON TEMPS. 1 vol. 7 50
LES GRECS ANCIENS ET LES GRECS
MODERNES. Études littér. 1 vol. . 7 50
SOUVENIRS DIPLOMATIQUES. Corres-
pondance intime de M. de Chateau-
briand. *Nouv. édition*. 1 vol. . 5 »
VINGT JOURS EN SICILE. 1 vol. . . 5 »

J. MARTIN PASCHOUD
LIBERTÉ, VÉRITÉ, CHARITÉ. 1/2 vol. . 2 »

LE DOCTEUR FÉLIX MAYNARD
SOUVENIRS D'UN ZOUAVE DEVANT SÉ-
BASTOPOL. 2 vol. . . . . 6 »

J.-H. MERLE D'AUBIGNÉ
HISTOIRE DE LA RÉFORMATION EN
EUROPE AU TEMPS DE CALVIN. 4 vol. 30 »

MÉRY
NAPOLÉON EN ITALIE, Poëme. 1 vol. . 5 »

LE COMTE MIOT DE MÉLITO
Ancien *ambassadeur, ministre, conseil-
ler d'État et membre de l'Institut*
SES MÉMOIRES, publiés par sa famille
(1788-1815). 3 vol. . . . . . . 18 »

Mme A. MOLINOS-LAFITTE
SOLITUDES. 2e *édition*. 1 vol. . . 5 »

LE COMTE DE MONTALIVET
LE ROI LOUIS-PHILIPPE (liste civile).
*Nouv. édit., entièrement revue et
consid. augm. de notes, pièces, etc.,
avec portrait et fac-simile du roi,
le plan du château de Neuilly*. 1 v. 6 »

MORTIMER-TERNAUX
HISTOIRE DE LA TERREUR. (1792-1794),
d'après des documents authenti-
ques et inédits. Tome I à IV. 4 vol. 24 »

LE BARON DE NERVO
LES BUDGETS DE LA FRANCE ET DE
L'ANGLETERRE. 1 vol. 7 50
LES FINANCES FRANÇAISES SOUS L'AN-
CIENNE MONARCHIE, LA RÉPUBLIQUE,
LE CONSULAT ET L'EMPIRE. 2 vol. 15 »
LES FINANCES FRANÇAISES SOUS LA
RESTAURATION. 2 vol. . . . . . . 15 »

MICHEL NICOLAS
DES DOCTRINES RELIGIEUSES DES JUIFS
pendant les deux siècles antérieurs
à l'Ere chrétienne. 2e *édit*. 1 vol. 7 50
ESSAIS DE PHILOSOPHIE ET D'HISTOIRE
RELIGIEUSE. 1 vol. 7 50
ÉTUDES CRITIQUES SUR LA BIBLE.
Ancien Testament. 1 vol. 7 50
ÉTUDES CRITIQUES SUR LA BIBLE.
Nouveau Testament. 1 vol. . . . 7 50
ÉTUDES SUR LES ÉVANGILES APOCRY-
PHES. 1 vol. 7 50
LE SYMBOLE DES APÔTRES. 1 vol. . 7 50

CHARLES NISARD
LES GLADIATEURS DE LA RÉPUBLIQUE
DES LETTRES. 2 vol. . . . . . . 15 »

CASIMIR PERIER

	f. c.
LES FINANCES DE L'EMPIRE. 1/2 vol.	4 »
LES FINANCES ET LA POLITIQUE. 1 vol.	5 »
LE TRAITÉ AVEC L'ANGLETERRE. 2ᵉ édit. rev. et augm. 1/2 vol.	1 50

GEORGES PERROT

SOUVENIRS D'UN VOYAGE EN ASIE-MINEURE. 1 vol.	7 50

A. PEYRAT

HISTOIRE ÉLÉMENTAIRE ET CRITIQUE DE JÉSUS. 3ᵉ édition. 1 vol.	7 50

A. PHILIPPE

ROYER-COLLARD. Sa vie publique, sa vie privée, sa famille. 1 vol.	5 »

L'ABBÉ PIERRE

CONSTANTINOPLE, JÉRUSALEM ET ROME, avec un plan de Jérusalem et une carte des côtes orientales de la Méditerranée. 2 vol.	15 »

F. PONSARD de l'Académie française

ŒUVRES COMPLÈTES. 2 vol.	15 »

LE COMTE DE PONTÉCOULANT

SOUVENIRS HISTORIQUES ET PARLEMENTAIRES, extraits de ses papiers et de sa corresp. (1764-1848). 4 vol.	24 »

PRÉVOST-PARADOL de l'Académie française

ÉLISABETH ET HENRI IV (1595-1598). 2ᵉ édition. 1 vol.	6 »
ESSAIS DE POLITIQUE ET DE LITTÉRATURE. 2ᵉ édition. 1 vol.	7 50
NOUVEAUX ESSAIS DE POLITIQUE ET DE LITTÉRATURE. 1 vol.	7 50
ESSAIS DE POLITIQUE ET DE LITTÉRATURE. 3ᵉ série. 1 vol.	7 50

EDGAR QUINET

HISTOIRE DE LA CAMPAGNE DE 1815. 1 vol. avec une carte.	7 50
MERLIN L'ENCHANTEUR. 2 vol.	15 »

JOSEPH DE RAINNEVILLE

LA FEMME DANS L'ANTIQUITÉ ET D'APRÈS LA MORALE NATURELLE. 1 vol.	7 50

Mᵐᵉ RÉCAMIER

SOUVENIRS ET CORRESPONDANCE tirés de ses papiers. 3ᵉ édition. 2 vol.	15 »
COPPET ET WEIMAR — MADAME DE STAEL ET LA GRANDE-DUCHESSE LOUISE. Récits et Correspondances, par l'auteur des Souvenirs de Madame Récamier. 1 vol.	7 50

CH. DE RÉMUSAT de l'Académie française

	f. c.
POLITIQUE LIBÉRALE, ou Fragments pour servir à la défense de la révolution française. 1 vol.	7 50

ERNEST RENAN

LES APÔTRES. 1 vol.	7 50
AVERROÈS ET L'AVERROÏSME, essai historique. 2ᵉ édition. 1 vol.	7 50
LE CANTIQUE DES CANTIQUES, traduit de l'hébreu, avec une étude sur le plan, l'âge et le caractère du poëme. 2ᵉ édition. 1 vol.	6 »
LA CHAIRE D'HÉBREU AU COLLÈGE DE FRANCE. 3ᵉ édit. Brochure.	1 »
DE L'ORIGINE DU LANGAGE. 4ᵉ édition. 1 vol.	6 »
DE LA PART DES PEUPLES SÉMITIQUES DANS L'HISTOIRE DE LA CIVILISATION. 5ᵉ édit. Brochure.	1 »
ESSAIS DE MORALE ET DE CRITIQUE. 3ᵉ édition. 1 vol.	7 50
ÉTUDES D'HISTOIRE RELIGIEUSE. 6ᵉ édition. 1 vol.	7 50
HISTOIRE GÉNÉRALE DES LANGUES SÉMITIQUES. 4ᵉ édition revue et augmentée. 1 vol.	12 »
HISTOIRE LITTÉRAIRE DE LA FRANCE AU XIVᵉ SIÈCLE. 2 vol.	16 »
LE LIVRE DE JOB, traduit de l'hébreu, avec une étude sur l'âge et le caractère du poëme. 3ᵉ édition. 1 vol.	7 50
VIE DE JÉSUS. 12ᵉ édition. 1 vol.	7 50

D. JOSÉ GUELL Y RENTÉ

CONSIDÉRATIONS POLITIQUES ET LITTÉRAIRES. 1 vol.	5 »
PENSÉES CHRÉTIENNES, POLITIQUES ET PHILOSOPHIQUES. 1 vol.	5 »

LOUIS REYBAUD de l'Institut

ÉCONOMISTES MODERNES. 1 vol.	7 50
ÉTUDES SUR LE RÉGIME DES MANUFACTURES. — La soie. 1 vol.	7 50
LE COTON. Son régime, ses problèmes, son influence en Europe. 1 vol.	7 50
LA LAINE. 3ᵉ série des Études sur le régime des manufactures. 1 vol.	7 50

LE COMTE R. R.

LA JUSTICE ET LA MONARCHIE POPULAIRE. 1ʳᵉ partie : La Guerre d'Orient. 1 vol.	3 »

H. RODRIGUES

LES TROIS FILLES DE LA BIBLE. 1ʳᵉ aux Israélites. Brochure.	1 »
2ᵉ aux Israélites. — 3ᵉ aux Chrétiens — 4ᵉ aux Protestants. 1 vol.	5 »
5ᵉ aux Philosophes. 1 vol.	2 »
6ᵉ aux Mahométans — 7ᵉ spéciale aux Catholiques. 1 vol.	3 »

J.-J. ROUSSEAU

ŒUVRES ET CORRESPONDANCE INÉDITES, publiées par *M. Streckeisen-Moultou*. 1 vol. ... 7 50
J.-J. ROUSSEAU, SES AMIS ET SES ENNEMIS. Corresp. publ. par *M. Streckeisen-Moultou*, avec introd. de *M. J. Levallois* et une appréciat. crit. de *M. Sainte-Beuve*. 2 vol. 15 »

LE MARÉCHAL DE SAINT-ARNAUD

LETTRES, avec pièces justificatives. 2e *édit.*; une notice de *M. Sainte-Beuve*. 2 vol. ornés du portrait et d'un autographe. ... 12 »

SAINTE-BEUVE *de l'Acad. française*

POÉSIES COMPLÈTES — JOSEPH DELORME — LES CONSOLATIONS — PENSÉES D'AOUT. *N. édition*. 2 vol. 10 »

SAINT-MARC GIRARDIN *de l'Acad. fr.*

SOUVENIRS ET RÉFLEXIONS POLITIQUES D'UN JOURNALISTE. 1 vol. ... 7 50
LA FONTAINE ET LES FABULISTES. 2 vol. 15 »

SAINT-RENÉ TAILLANDIER

ÉTUDES SUR LA RÉVOLUTION EN ALLEMAGNE. 2 vol. ... 15 »
MAURICE DE SAXE. Étude historique d'après des documents inédits. 1 vol. 7 50

PAUL DE SAINT-VICTOR

HOMMES ET DIEUX. 1 vol. ... 6 »

J. SALVADOR

HISTOIRE DES INSTITUTIONS DE MOÏSE ET DU PEUPLE HÉBREU. 3e *édition, revue et augmentée*. 2 vol. . 15 »
JÉSUS-CHRIST ET SA DOCTRINE. Histoire de la naissance de l'Église et de ses progrès pendant le premier siècle. *Nouv. édit. augment.* 2 v. 15 »
PARIS, ROME, JÉRUSALEM. Question religieuse au XIXe siècle. 2 vol. . 15 »

MAURICE SAND

RAOUL DE LA CHASTRE. 1 vol. ... 6 »

SANTIAGO ARCOS

LA PLATA. Étude historique. 1 vol. 10 »

EDMOND SCHERER

MÉLANGES D'HISTOIRE RELIGIEUSE. 1 v. 7 50

DE SÉNANCOUR

RÊVERIES. 3e *édition*. 1 vol. . . 5 »

JAMES SPENCE

L'UNION AMÉRICAINE. 1 vol. ... 6 »

A. DE TOCQUEVILLE

ŒUVRES COMPLÈTES

L'ANCIEN RÉGIME ET LA RÉVOLUTION. 4e *édition*. 1 vol. ... 6 »
DE LA DÉMOCRATIE EN AMÉRIQUE. *Nouvelle édition*. 3 vol. ... 18 »
ÉTUDES ÉCONOMIQUES, POLITIQUES ET LITTÉRAIRES. 1 vol. ... 6 »

A. DE TOCQUEVILLE (*Suite*)

MÉLANGES. Fragments historiques et Notes. 1 vol. ... 6 »
ŒUVRES ET CORRESPONDANCE INÉDITES. Introd. de *M. G. de Beaumont* 2 v. 15 »
NOUVELLE CORRESPONDANCE, entièrement inédite. 1 vol. ... 6 »

E. DE VALBEZEN

LES ANGLAIS ET L'INDE, avec notes, etc. 3e *édition*. 1 vol. ... 7 50

OSCAR DE VALLÉE

ANTOINE LEMAISTRE ET SES CONTEMPORAINS. 2e *édition*. 1 vol. . 7 50
LE DUC D'ORLÉANS ET LE CHANCELIER D'AGUESSEAU. 1 vol. ... 7 50

LE DUC DE VALMY

LE PASSÉ ET L'AVENIR DE L'ARCHITECTURE. 1 vol. ... 5 »

PAUL VARIN

EXPÉDITION DE CHINE. 1 vol. ... 5 »

LE DOCTEUR L. VÉRON

QUATRE ANS DE RÈGNE. OU EN SOMMES-NOUS? 1 vol. ... 5 »

LOUIS DE VIEL-CASTEL

HISTOIRE DE LA RESTAURATION. 9 vol. 54 »

ALFRED DE VIGNY *de l'Acad. franç.*

ŒUVRES COMPLÈTES (nouvelle édition)

CINQ-MARS. Avec autographes de Richelieu et de Cinq-Mars. 1 vol. . . 5 »
LES DESTINÉES. Poèmes philos. 1 vol. 6 »
POÉSIES COMPLÈTES. 1 vol. ... 5 »
SERVITUDE ET GRANDEUR MILITAIRES. 1 vol. ... 5 »
STELLO. 1 vol. ... 5 »
THÉÂTRE COMPLET. 1 vol. ... 5 »

VILLEMAIN *de l'Académie française*

LA TRIBUNE MODERNE :
1re PARTIE. — M. DE CHATEAUBRIAND, sa vie, ses écrits, son influence litt. polit. sur son temps. 1 v. 7 50
2e PARTIE (*Sous presse*). 1 vol. 7 50

L. VITET *de l'Académie française*

L'ACADÉMIE ROYALE DE PEINTURE ET DE SCULPTURE. Étude hist. 1 vol. 6 »
LE LOUVRE. Étude historique, *revue et augmentée* (*Sous pr.*). 1 vol. 6 »

CORNELIS DE WITT

L'ANGLETERRE POLITIQUE ET RELIGIEUSE (1815-1860). 2 vol. . . 12 »
HISTOIRE CONSTITUTIONNELLE DE L'ANGLETERRE (1760-1860) par *Thomas Erskine May*, traduite et précédée d'une introduction. 2 vol. . . 12 »

LE RÉV. CHRISTOPHER WORDSWORT

DE L'ÉGLISE ET DE L'INSTRUCTION PUBLIQUE EN FRANCE. 1 vol. ... 5 »

BIBLIOTHÈQUE CONTEMPORAINE
ET COLLECTION DE LA LIBRAIRIE NOUVELLE
Format grand in-18 à 3 francs le volume

EDMOND ABOUT — vol.
LETTRES D'UN BON JEUNE HOMME A SA COUSINE. 2ᵉ *édition*. 1
DERNIÈRES LETTRES D'UN BON JEUNE HOMME A SA COUSINE 1

AMÉDÉE ACHARD
LA CHASSE ROYALE. 2
LES CHATEAUX EN ESPAGNE. 1
LES PETITS-FILS DE LOVELACE . . . 1
LES RÊVEURS DE PARIS. 1

ALARCON
THÉATRE, traduit par *Alph. Royer*. . 1

***
LES ZOUAVES ET LES CHASSEURS A PIED. 1

***
VARIA.-Morale.-Politique.-Littérature. 5

***
UN MARI EN VACANCES. 1

ALFRED ASSOLLANT
D'HEURE EN HEURE 1
GABRIELLE DE CHÉNEVERT. 1

ALBERT AUBERT
LES ILLUSIONS DE JEUNESSE DE M. BOUDIN. 1

XAVIER AUBRYET
LES JUGEMENTS NOUVEAUX 1

L'AUTEUR de Mme la duch. d'Orléans
VIE DE JEANNE D'ARC. 2ᵉ *édition* . 1

L'AUTEUR des Études sur la marine
GUERRE D'AMÉRIQUE. Campagne du Potomac. 1

L'AUTEUR du *Vaste Monde*
ÉLÉONORE POWLE. 2

J. AUTRAN
ÉPÎTRES RUSTIQUES 1
LABOUREURS ET SOLDATS. 2ᵉ *édition*. 1
LES POÈMES DE LA MER. *Nouv. édition*. 1

AUGUSTE AVRIL
SALTIMBANQUES ET MARIONNETTES . . 1

LE Cᵗᵉ CÉSAR BALBO Trad. J. Amigues
HISTOIRE D'ITALIE. 2ᵉ *édition*. . . . 2

THÉODORE DE BANVILLE
LES PARISIENNES DE PARIS. 1

CH. BARBARA
HISTOIRES ÉMOUVANTES 1

J. BARBEY D'AUREVILLY
LE CHEVALIER DES TOUCHES 1
LES PROPHÈTES DU PASSÉ 1

ALEX. BARBIER — vol.
LETTRES FAMILIÈRES SUR LA LITTÉRATURE. 1

J. BARTHÉLEMY SAINT-HILAIRE
LETTRES SUR L'ÉGYPTE. 2ᵉ *édition*. . 1

CH. BATAILLE — E. RASETTI
ANTOINE QUÉRARD. Drames de Village. 2

L. BAUDENS
LA GUERRE DE CRIMÉE. Les Campements, les Abris, les Ambulances, les Hôpitaux, etc. 2ᵉ *édition* . . 1

GUSTAVE DE BEAUMONT
L'IRLANDE SOCIALE, POLIT. ET RELIGIEUSE 7ᵉ *édit., rev. et corrigée*. 2

ROGER DE BEAUVOIR
DUELS ET DUELLISTES 1
LES MEILLEURS FRUITS DE MON PANIER . 1

LA PRINCESSE DE BELGIOJOSO
ASIE-MINEURE ET SYRIE. — Souvenirs de voyage. *Nouvelle édition* 1
SCÈNES DE LA VIE TURQUE. 1
NOUV. SCÈNES DE LA VIE TURQUE. (*S.p.*) 1

GEORGES BELL
LES REVANCHES DE L'AMOUR. . . . 1
VOYAGE EN CHINE 1

LE Mⁱˢ DE BELLOY *traducteur*
THÉATRE COMPLET DE TÉRENCE (*Trad.*) 1

ADOLPHE BELOT
LE DRAME DE LA RUE DE LA PAIX. . . 1

HECTOR BERLIOZ
A TRAVERS CHANTS. 1
LES GROTESQUES DE LA MUSIQUE. . . 1
LES SOIRÉES DE L'ORCHESTRE. 2ᵉ *édit*. 1

CH. DE BERNARD
L'ÉCUEIL. 1
LE NŒUD GORDIEN. 1
NOUVELLES ET MÉLANGES. 1
LA PEAU DU LION ET LA CHASSE AUX AMANTS 1
POÉSIES ET THÉATRE. 1

PIERRE BERNARD
LA BOURSE ET LA VIE. 1

EUGÈNE BERTHOUD
UN BAISER MORTEL. 2ᵉ *édition*. . . . 1
SECRETS DE FEMME. 2ᵉ *édition* . . . 1

CAROLINE BERTON
LE BONHEUR IMPOSSIBLE. 1

CAMILLE BIAS
DIRE ET FAIRE 1

H. BLAZE DE BURY — vol.
LES AMIES DE GŒTHE (*Sous presse*). . 1
LE CHEVALIER DE CHASOT. Mémoires du temps de Frédéric-le-Grand . . . 1
ÉCRIVAINS ET POÈTES DE L'ALLEMAGNE . 1
ÉPISODE DE L'HISTOIRE DU HANOVRE. Les Kœnigsmark 1
MEYERBEER ET SON TEMPS. 1
MUSICIENS CONTEMPORAINS 1
INTERMÈDES ET POÈMES. 1
SOUVENIRS ET RÉCITS DES CAMPAGNES D'AUTRICHE. 1

***
HOMMES DU JOUR. 2ᵉ *édition* 1
LES SALONS DE VIENNE ET DE BERLIN. . 1
LES BONSHOMMES DE CIRE. 1

LA COMTESSE DE BOIGNE
UNE PASSION DANS LE GRAND MONDE. . 2

JULES BONNET
AONIO PALEARIO. Étude sur la réforme en Italie. 1

J.-B. BORÉDON
GABRIEL ET FIAMETTA 1

LOUIS BOUILHET
POÉSIES. Festons et Astragales. . . . 1

L'AMIRAL P. BOUVET
PRÉCIS DES CAMPAGNES. 1

FÉLIX BOVET
VOYAGE EN TERRE-SAINTE. 4ᵉ *édition*. 1

A. DE BRÉHAT
BRAS-D'ACIER. 1

A. BRIZEUX
ŒUVRES COMPLÈTES. *Edition définitive*, précédée d'une étude sur BRIZEUX par *St-René Taillandier*. 2

LE PRINCE A. DE BROGLIE
ÉTUDES MORALES ET LITTÉRAIRES . . . 1
QUESTIONS DE RELIGION ET D'HISTOIRE. 2ᵉ *édition* 2

PAUL CAILLARD
LES CHASSES EN FRANCE ET EN ANGLETERRE. Histoires de sport. 1

AUGUSTE CALLET
L'ENFER. 2ᵉ *édition* 1

A. CALMONT
WILLIAM PITT, Étude parlementaire et financière. 1

LOUIS DE CARNÉ
UN DRAME SOUS LA TERREUR. 1

CLÉMENT CARAGUEL
LES SOIRÉES DE TAVERNY. 1

ÉMILE CARREY
LES MÉTIS DE LA SAVANE. 1
RÉCITS DE LA KABYLIE 1

JULES DE CÉNAR (DE CARNÉ)
PÊCHEURS ET PÉCHERESSES. 1

MICHEL CERVANTES
THÉATRE traduit par *Alph. Royer*. . 1

CÉLESTE DE CHABRILLAN — vol.
MISS PEWEL 1
LA SAPHO 1
LES VOLEURS D'OR. 1

CHAMPFLEURY
CONTES VIEUX ET NOUVEAUX 1
LES DEMOISELLES TOURANGEAU. . . . 1
LES EXCENTRIQUES. 2ᵉ *édition* . . 1
LA MASCARADE DE LA VIE PARISIENNE. 1
SOUFFRANCES DU PROFESSEUR DELTEIL. 1

A. CHARGUÉRAUD
LES BATARDS CÉLÈBRES. 1

VICTOR CHERBULIEZ
UN CHEVAL DE PHIDIAS 1
LE PRINCE VITALE 1

EM. CHEVALIER
LA FILLE DES INDIENS ROUGES. . . . 1

H. DE CLAIRET
LES AMOURS D'UN GARDE CHAMPÊTRE. . 1

CHARLES CLÉMENT
ÉTUDES SUR LES BEAUX-ARTS EN FRANCE. 1

Mme LOUISE COLET
LUI. 5ᵉ *édition* 1

ATHANASE COQUEREL FILS
LES FORÇATS POUR LA FOI. 1

EUGÈNE CORDIER
LE LIVRE D'ULRICH 1

H. CORNE
SOUVENIRS D'UN PROSCRIT. 1

CHARLES DE COURCY
LES HISTOIRES DU CAFÉ DE PARIS. . . 1

ÉDOUARD COURNAULT
CONSIDÉRATIONS POLITIQUES. 1

AIMÉ COURNET
L'AMOUR EN ZIGZAG 1

VICTOR COUSIN
PHILOSOPHIE DE KANT. 4ᵉ *édition*. . 1
PHILOSOPHIE ÉCOSSAISE. 4ᵉ *édition*. 1
PHILOSOPHIE SENSUALISTE. 4ᵉ *édition*. 1

CUVILLIER-FLEURY
de l'Académie française
ÉTUDES ET PORTRAITS 1
ÉTUDES HISTORIQUES ET LITTÉRAIRES. 2
NOUV. ÉTUDES HIST. ET LITTÉRAIRES. 1
DERN. ÉTUDES HISTOR. ET LITTÉRAIRES. 1
HISTORIENS, POÈTES ET ROMANCIERS. 2
PORTRAITS POLITIQUES ET RÉVOLUTIONNAIRES. 2ᵉ *édition*. 2
VOYAGES ET VOYAGEURS. *Nouv. édit.* 1

LA COMTESSE DASH
LES BOHÊMES DU XVIIᵉ SIÈCLE. . . . 1
MADEMOISELLE CINQUANTE MILLIONS. . 1
LE ROMAN D'UNE HÉRITIÈRE. 1
LES VACANCES D'UNE PARISIENNE. . . 1

ALPHONSE DAUDET
LE ROMAN DU CHAPERON ROUGE. . . . 1

ERNEST DAUDET

	vol.
LES DUPERIES DE L'AMOUR.	1
DIPLOMATES ET HOMMES D'ÉTAT CONTEMPORAINS. — Le cardinal Consalvi.	1

LE GÉNÉRAL DAUMAS

LES CHEVAUX DU SAHARA ET LES MŒURS DU DÉSERT. 4ᵉ *édition, revue et augmentée,* avec des Commentaires par *l'émir Abd-el-Kader.*	1

L. DAVESIÈS DE PONTÈS

ÉTUDES SUR L'ANGLETERRE	1
ÉTUDES SUR L'HISTOIRE DES GAULES.	1
ÉTUDES SUR L'ORIENT. 2ᵉ *édition.*	1
ÉTUDES SUR L'HISTOIRE DE PARIS ANCIEN ET MODERNE.	1
NOTES SUR LA GRÈCE.	1

DÉCEMBRE-ALONNIER

TYPOGRAPHES ET GENS DE LETTRES.	1

E.-J. DELECLUZE

SOUVENIRS DE SOIXANTE ANNÉES.	1

LA COMTESSE DELLA ROCCA

CORRESPONDANCE INÉDITE DE LA DUCH. DE BOURGOGNE ET DE LA REINE D'ESPAGNE; publiée avec Introduction.	1
CORRESPONDANCE ENFANTINE. Modèles de lettres pour jeunes filles.	1

PAUL DELTUF

CONTES ROMANESQUES.	1
FIDÈS	1
RÉCITS DRAMATIQUES.	1

A. DESBAROLLES

VOYAGE D'UN ARTISTE EN SUISSE A 3 FR. 50 C. PAR JOUR. 3ᵉ *édition.*	1

ÉMILE DESCHANEL

CAUSERIES DE QUINZAINE.	1
CHRISTOPHE COLOMB ET VASCO DE GAMA. 2ᵉ *édition.*	1

DESSERTEAUX *traducteur*

ROLAND FURIEUX, *de l'Arioste*	1

PASCAL DORÉ

LE ROMAN DE DEUX JEUNES FILLES	1

MAXIME DU CAMP

LES BUVEURS DE CENDRES.	1
EN HOLLANDE, *nouvelle édition.*	1
EXPÉDITION DE SICILE. Souvenirs.	1

J.-A. DUCONDUT

ESSAI DE RHYTHMIQUE FRANÇAISE	1

E. DUFOUR

LES GRIMPEURS DES ALPES (Peaks, Passes and Glaciers). Trad. de l'anglais.	1

ALEXANDRE DUMAS

LES GARIBALDIENS.	1
THÉÂTRE COMPLET.	14

ALEXANDRE DUMAS FILS

CONTES ET NOUVELLES.	1
ANTONINE.	1
LA DAME AUX CAMÉLIAS.	1
LA VIE A VINGT ANS.	1

HENRI DUPIN

	vol.
CINQ COUPS DE SONNETTE.	1

CHARLES EDMOND

SOUVENIRS D'UN DÉPAYSÉ	1

Mᵐᵉ ELLIOTT

MÉMOIRES SUR LA RÉVOLUTION FRANÇAISE, trad. par *M. le* Cᵗᵉ *de Baillon,* avec étude de *M. Sainte-Beuve* et un portr. gravé sur acier. 2ᵉ *édition.*	1

ACHILLE EYRAUD

VOYAGE A VÉNUS.	1

A.-L.-A. FÉE

SOUVENIRS DE LA GUERRE D'ESPAGNE.	1
L'ESPAGNE A 50 ANS D'INTERVALLE.	1

FÉTIS

LA MUSIQUE DANS LE PASSÉ, DANS LE PRÉSENT ET DANS L'AVENIR (*S. pr.*).	2

FEUILLET DE CONCHES

LÉOPOLD ROBERT, sa vie, ses œuvres et sa correspondance. *Nouv. édition*	1

OCT. FEUILLET *de l'Acad. française*

BELLAH. 5ᵉ *édition.*	1
HISTOIRE DE SIBYLLE. 8ᵉ *édition.*	1
LA PETITE COMTESSE. Le Parc, Onesta.	1
LE ROMAN D'UN JEUNE HOMME PAUVRE.	1
SCÈNES ET COMÉDIES. *Nouv. édition.*	1
SCÈNES ET PROVERBES. *Nouv. édit.*	1

PAUL FÉVAL

QUATRE FEMMES ET UN HOMME. 3ᵉ *édit.*	1

ERNEST FEYDEAU

ALGER. Étude. 2ᵉ *édition.*	1
DU LUXE, DES FEMMES, DES MŒURS, DE LA LITTÉRATURE ET DE LA VERTU.	1
UN DÉBUT A L'OPÉRA. 3ᵉ *édition.*	1
MONSIEUR DE SAINT-BERTRAND. 3ᵉ *édit.*	1
LE MARI DE LA DANSEUSE. 3ᵉ *édition.*	1
LE ROMAN D'UNE JEUNE MARIÉE.	1
LE SECRET DU BONHEUR. 2ᵉ *édition.*	2

LOUIS FIGUIER

LES EAUX DE PARIS. 2ᵉ *édition.*	1

P.-A. FIORENTINO

COMÉDIES ET COMÉDIENS.	2

GUSTAVE FLAUBERT

MADAME BOVARY. *Nouv. édit. revue.*	1
SALAMMBO. 5ᵉ *édition.*	1

EUGÈNE FORCADE

ÉTUDES HISTORIQUES.	1
HIST. DES CAUSES DE LA GUERRE D'ORIENT.	1

MARC FOURNIER

LE MONDE ET LA COMÉDIE (*Sous presse*).	1

VICTOR FRANCONI

LE CAVALIER. Cours d'équitation pratique. 2ᵉ *édit. revue et augm.*	1
L'ÉCUYER. Cours d'équitation pratique.	1

ARNOULD FRÉMY

LES MŒURS DE NOTRE TEMPS.	1

BIBLIOTHÈQUE CONTEMPORAINE. — 3 FR. LE VOLUME.

EUGÈNE FROMENTIN
	vol.
UNE ANNÉE DANS LE SAHEL. 2ᵉ *édition*.	1
UN ÉTÉ DANS LE SAHARA. 2ᵉ *édition*.	1

LÉOPOLD DE GAILLARD
QUESTIONS ITALIENNES.	1

N. GALLOIS
LES ARMÉES FRANÇAISES EN ITALIE.	1

GALOPPE D'ONQUAIRE
LE SPECTACLE AU COIN DU FEU.	1

LE Cᵗᵉ AGÉNOR DE GASPARIN
LE BONHEUR. 3ᵉ *édition*.	1
LA FAMILLE, ses devoirs, ses joies et ses douleurs. 4ᵉ *édition*.	2
UN GRAND PEUPLE QUI SE RELÈVE. Les États-Unis en 1861. 2ᵉ *édition*.	1

***
LES HORIZONS CÉLESTES. 7ᵉ *édition*.	1
LES HORIZONS PROCHAINS. 6ᵉ *édition*.	1
LES PROUESSES DE LA BANDE DU JURA. 2ᵉ éd.	1
BANDE DU JURA.—Premier voyage, 2ᵉ éd.	1
— Chez les Allemands—Chez nous.	1
— A Florence.	1
CAMILLE. 2ᵉ *édition*.	1
LES TRISTESSES HUMAINES. 4ᵉ *édition*.	1
VESPER. 4ᵉ *édition*.	1
JOURNAL D'UN VOYAGE AU LEVANT. 2ᵉ *édition*.	3
AU BORD DE LA MER.	1

THÉOPHILE GAUTIER
LA BELLE JENNY	1
CONSTANTINOPLE.	1
LES GROTESQUES.	1
LOIN DE PARIS.	1
LA PEAU DE TIGRE.	1
QUAND ON VOYAGE.	1

JULES GÉRARD *le Tueur de lions*
VOYAGES ET CHASSES DANS L'HIMALAYA.	1

GÉRARD DE NERVAL
LES DEUX FAUST DE GŒTHE, suivi d'un choix de poésies allemandes (*traduction*).	1
VOYAGE EN ORIENT. *Nouvelle édition seule complète*.	2

Mᵐᵉ ÉMILE DE GIRARDIN
M. LE MARQUIS DE PONTANGES.	1
NOUVELLES.	1

AIMÉ GIRON
LES AMOURS ÉTRANGES.	1
TROIS JEUNES FILLES.	1

EDMOND ET JULES DE GONCOURT
SŒUR PHILOMÈNE.	1

ÉDOUARD GOURDON
NAUFRAGE AU PORT.	1

LÉON GOZLAN
ARISTIDE FROISSART.	1
BALZAC CHEZ LUI. 2ᵉ *édition*.	1
BALZAC EN PANTOUFLES. 3ᵉ *édition*.	1
CHATEAUX DE FRANCE.	2
LE DRAGON ROUGE.	1
ÉMOTIONS DE POLYDORE MARASQUIN.	1
HISTOIRE DE CENT TRENTE FEMMES.	1
HISTOIRE D'UN DIAMANT. 2ᵉ *édition*.	1
LE MÉDECIN DU PECQ.	1

CARLO GOZZI
	vol.
THÉATRE FIABESQUE, trad. par *A. Royer*.	1

Mᵐᵉ MANOEL DE GRANDFORT
L'AMOUR AUX CHAMPS.	1
RYNO. 3ᵉ *édition*.	1

GRANIER DE CASSAGNAC
DANAÉ.	1

GRÉGOROVIUS *Trad. de F. Sabatier*
LES TOMBEAUX DES PAPES ROMAINS, avec introduction de *J.-J. Ampère*.	1

F. DE GROISEILLIEZ
LES COSAQUES DE LA BOURSE.	1
HIST. DE LA CHUTE DE LOUIS-PHILIPPE.	1

AD. GUÉROULT
ÉTUDES DE POLITIQUE ET DE PHILOSOPHIE RELIGIEUSE.	1

AMÉDÉE GUILLEMIN
LES MONDES. CAUSERIES ASTRONOMIQUES. 3ᵉ *édition*.	1

M. GUIZOT
TROIS GÉNÉRATIONS —1789-1814-1848. 3ᵉ *édition*.	1

LE Cᵗᵉ GUY DE CHARNACÉ
ÉTUDES D'ÉCONOMIE RURALE.	1

F. HALÉVY
SOUVENIRS ET PORTRAITS.	1
DERNIERS SOUVENIRS ET PORTRAITS.	1

IDA HAHN-HAHN *Trad. Am. Pichot*
LA COMTESSE FAUSTINE.	1

B. HAURÉAU
SINGULARITÉS HISTOR. ET LITTÉRAIRES.	1

LE Cᵗᵉ D'HAUSSONVILLE
HIST. DE LA POLIT. EXTÉRIEURE DU GOUVERN. FRANÇAIS (1830-1848). *Nouv. éd.*	2
HISTOIRE DE LA RÉUNION DE LA LORRAINE A LA FRANCE. 2ᵉ *édition*.	4

***
MARGUERITE DE VALOIS. (*Sous presse*).	1
ROBERT EMMET. 2ᵉ *édition*.	1
SOUVENIRS D'UNE DEMOIS. D'HONNEUR DE LA DUCH. DE BOURGOGNE. 2ᵉ *édit*.	1

HENRI HEINE ŒUVRES COMPLÈTES
CORRESPONDANCE INÉDITE, avec une introduction et des notes.	2
DE LA FRANCE. *Nouvelle édition*.	1
DE L'ALLEMAGNE. *Nouvelle édition*.	2
LUTÈCE. 5ᵉ *édition*.	1
POÈMES ET LÉGENDES. *Nouv. édition*.	1
REISEBILDER, tableaux de voyage. *Nouv. édit.* avec une étude sur Henri Heine, par *Th. Gautier*, avec portrait.	2
DRAMES ET FANTAISIES.	1
DE TOUT UN PEU.	1

CAMILLE HENRY
LE ROMAN D'UNE FEMME LAIDE. 2ᵉ *édit*.	1
LE ROMAN D'UNE JOLIE FEMME. (*sous pr.*).	1
UNE NOUVELLE MADELEINE.	1

HOFFMANN. Trad. Champfleury vol.
CONTES POSTHUMES. 1

ROBERT HOUDIN
CONFIDENCES D'UN PRESTIDIGITATEUR. . 2

ARSÈNE HOUSSAYE
AVENTURES GALANTES DE MARGOT. . . 1
BLANCHE ET MARGUERITE. 1
LES FEMMES DU DIABLE. 1
MADEMOISELLE MARIANI, histoire parisienne (1858). 6º édition 1

CHARLES HUGO
LE COCHON DE SAINT ANTOINE. 1
UNE FAMILLE TRAGIQUE. 1

UN INCONNU
MONSIEUR X... ET MADAME ***. . . . 1

WASHINGTON IRVING. Trad. Th. Lefebvre
AU BORD DE LA TAMISE. Contes, Récits et Légendes. 2º édition 1

ALFRED JACOBS
L'OCÉANIE NOUVELLE. 1

PAUL JANET
LA FAMILLE. LEÇONS DE PHILOSOPHIE MORALE. 6º édition 1

JULES JANIN
BARNAVE. Nouvelle édition 1
LE CHEMIN DE TRAVERSE. 1
LES CONTES DU CHALET. 2º édition. 1
CONTES FANTAST. ET CONTES LITTÉR. . 1
HIST. DE LA LITTÉRATURE DRAMATIQUE. 6

AUGUSTE JOLTROIS
LES COUPS DE PIED DE L'ANE. 2º édit. 1

LOUIS JOURDAN
LES FEMMES DEVANT L'ÉCHAFAUD. 2º éd. 1

ARMAND JUSSELAIN
UN DÉPORTÉ A CAYENNE 1

MIECISLAS KAMIENSKI tué à Magenta
SOUVENIRS 1

KARL-DES-MONTS
LES LÉGENDES DES PYRÉNÉES. 4º édit. 1

ALPHONSE KARR
AGATHE ET CÉCILE. 1
SOIRÉES DE SAINTE-ADRESSE. 1
DE LOIN ET DE PRÈS. 2º édition. . 1
EN FUMANT. 3º édition. 1
LETTRES ÉCRITES DE MON JARDIN. . . 1
LE ROI DES ILES CANARIES. (Sous presse). 1
SUR LA PLAGE. 2º édition. 1

LA BRUYÈRE
LES CARACTÈRES. Nouvelle édition, commentée par A. Destailleur. . . 2

LAMARTINE
LES CONFIDENCES. Nouvelle édition. . 1
GENEVIÈVE. Hist. d'une Servante. 2º éd. 1
NOUVELLES CONFIDENCES. 2º édition. . 1
TOUSSAINT LOUVERTURE. 3º édition. . 1

LE PRINCE DE LA MOSKOWA vol.
SOUVENIRS ET RÉCITS. 1

LANFREY
LES LETTRES D'ÉVERARD. 1

VICTOR DE LAPRADE de l'Acad. franç.
POÈMES ÉVANGÉLIQUES. 3º édition. . 1
PSYCHÉ. Odes et Poèmes. Nouv. édit. 1
LES SYMPHONIES. IDYLLES HÉROÏQUES. 1

FERDINAND DE LASTEYRIE
LES TRAVAUX DE PARIS. Examen crit. 1

DE LATENA
ÉTUDE DE L'HOMME. 4º édition aug. 2

ÉMILE DE LATHEULADE
DE LA DIGNITÉ HUMAINE. 1

ANTOINE DE LATOUR
ÉTUDES LITTÉR. SUR L'ESPAGNE CONTEMP. 1
ÉTUDES SUR L'ESPAGNE. 2
LA BAIE DE CADIX. 1
TOLÈDE ET LES BORDS DU TAGE. . . . 1
L'ESPAGNE RELIGIEUSE ET LITTÉRAIRE. 1
LES SAYNÈTES DE RAMON DE LA CRUZ. 1

CHARLES DE LA VARENNE
VICTOR-EMMANUEL II ET LE PIÉMONT. 1

CH. LAVOLLÉE
LA CHINE CONTEMPORAINE. 1

JULES LECOMTE
VOYAGES ÇA ET LA. 1

A. LEFEVRE-PONTALIS
LES LOIS ET LES MŒURS ÉLECTORALES EN FRANCE ET EN ANGLETERRE. . . 1

ERNEST LEGOUVÉ de l'Acad. franç.
LECTURES A L'ACADÉMIE. 1

JOHN LEMOINNE
ÉTUDES CRITIQUES ET BIOGRAPHIQUES. 1
NOUV. ÉTUDES CRIT. ET BIOGRAPHIQUES. 1

FRANÇOIS LENORMANT
LA GRÈCE ET LES ILES IONIENNES . . 1

JULES LEVALLOIS
LA PIÉTÉ AU XIXº SIÈCLE. 1

G. LEVAVASSEUR
ÉTUDES D'APRÈS NATURE. 1

CH. LIADIÈRES
ŒUVRES DRAMATIQUES ET LÉGENDES. . 1
SOUV. HISTOR. ET PARLEMENTAIRES. . 1

FRANZ LISZT
DES BOHÉMIENS ET DE LEUR MUSIQUE. 1

BIBLIOTHÈQUE CONTEMPORAINE. — 3 FR. LE VOLUME

LE ROI LOUIS-PHILIPPE vol.
MON JOURNAL. Événements de 1815. . 2

LE VICOMTE DE LUDRE
DIX ANNÉES DE LA COUR DE GEORGES II. 1

CHARLES MAGNIN
HISTOIRE DES MARIONNETTES EN EUROPE, depuis l'antiquité. 2ᵉ *édition*. 1

FÉLICIEN MALLEFILLE
LE COLLIER. Contes et Nouvelles. . 1

HECTOR MALOT
LES AMOURS DE JACQUES 1
LES VICTIMES D'AMOUR. Les Amants . .
  2ᵉ *édition*. 1
LES VICTIMES D'AMOUR. Les Epoux. .
  —   Les Enfants. 1
LA VIE MODERNE EN ANGLETERRE. . . 1

EUG. MANUEL
PAGES INTIMES, poésies. 1

AUGUSTE MAQUET
LES VERTES FEUILLES. 1

MARC-BAYEUX
LA PREMIÈRE ÉTAPE. 1

LE COMTE DE MARCELLUS
CHANTS POPULAIRES DE LA GRÈCE MODERNE, réunis, classés et traduits. . 1

X. MARMIER
EN CHEMIN DE FER. 1

ROBERT MAUNOIR
LES NUITS DU CONGO. 1

CH.-DE MAZADE
DEUX FEMMES DE LA RÉVOLUTION . . 1
L'ITALIE ET LES ITALIENS 1
L'ITALIE MODERNE. 1
LA POLOGNE CONTEMPORAINE. . . . 1

E. DU MÉRAC
PLACIDE DE JAVERNY. 1

MERCIER
TABLEAU DE PARIS. *Nouv. édition*. . 1

PROSPER MÉRIMÉE de l'Acad. franç.
LES COSAQUES D'AUTREFOIS. 2ᵉ *édition* 1
LES DEUX HÉRITAGES. 1
ÉPISODE DE L'HISTOIRE DE RUSSIE . . 1
ÉTUDES SUR L'HISTOIRE ROMAINE. . . 1
MÉLANGES HISTORIQUES ET LITTÉRAIRES. 1
NOUVELLES. Carmen — Arsène Guillot —
  —L'abbé Aubain. etc. 4ᵉ *édition*. . 1

MÉRY
LES AMOURS DES BORDS DU RHIN . . 1
UN CRIME INCONNU. 1
LES JOURNÉES DE TITUS 1
MONSIEUR AUGUSTE. 2ᵉ *édition*. . . 1
LES MYSTÈRES D'UN CHATEAU. . . . 1
LES NUITS ANGLAISES. 1
LES NUITS ITALIENNES 1
LES NUITS D'ORIENT 1

MÉRY (Suite) vol.
LES NUITS PARISIENNES. 1
LES NUITS ESPAGNOLES. 1
POÉSIES INTIMES. 1
THÉATRE DE SALON. 2ᵉ *édition*. . . 1
NOUVEAU THÉATRE DE SALON. . . . 1
LE PARADIS TERRESTRE. 1
TRAFALGAR. 1
LES UNS ET LES AUTRES. 1
URSULE. 2ᵉ *édition*. 1
LA VÉNUS D'ARLES. 1
LA VIE FANTASTIQUE. 1

PAUL MEURICE
SCÈNES DU FOYER. LA FAMILLE AUBRY. . 1

ÉDOUARD MEYER
CONTES DE LA MER BALTIQUE. . . . 1

MIE D'AGHONNE
BONJOUR ET BONSOIR. 1

Cᵗᵉˢᵉ DE MIRABEAU—Vᵗᵉ DE GRENVILLE
HISTOIRE DE DEUX HÉRITIÈRES. . . 1

L'ABBÉ TH. MITRAUD
DE LA NATURE DES SOCIÉTÉS HUMAINES. 1

CÉLESTE MOGADOR
MÉMOIRES COMPLETS 4

PAUL DE MOLÈNES
L'AMANT ET L'ENFANT. 1
AVENTURES DU TEMPS PASSÉ. . . . 1
LE BONHEUR DES MAIGE. 1
CARACTÈRES ET RÉCITS DU TEMPS. . 1
LES COMMENTAIRES D'UN SOLDAT. . 1
LA FOLIE DE L'ÉPÉE. 1
HISTOIRES SENTIMENTALES ET MILITAIRES. 1

CHARLES MONSELET
LES ANNÉES DE GAITÉ. 1
L'ARGENT MAUDIT. 2ᵉ *édition*. . . 1
LES FEMMES QUI FONT DES SCÈNES. . 1
LA FIN DE L'ORGIE 1
LA FRANC-MAÇONNERIE DES FEMMES. 1
FRANÇOIS SOLEIL 1
LES GALANTERIES DU XVIIIᵉ SIÈCLE. . 1
M. LE DUC S'AMUSE. 1
LES ORIGINAUX DU SIÈCLE DERNIER. . 1

LE Cᵗᵉ DE MONTALIVET anc. ministre
RIEN. — Dix-huit années du gouvernement parlementaire. 2ᵉ *édition*. . 1

FRÉDÉRIC MORIN
LES HOMMES ET LES LIVRES CONTEMPOR. 1
LES IDÉES DU TEMPS PRÉSENT. . . . 1

HENRY MURGER
LES BUVEURS D'EAU 1
SCÈNES DE CAMPAGNE 1
SCÈNES DE LA VIE DE JEUNESSE. . . 1
NUITS D'HIVER, Poésies compl. 3ᵉ *édit*. 1

A. DE MUSSET, DE BALZAC, G. SAND
PARIS ET LES PARISIENS. 1

PAUL DE MUSSET
UN MAÎTRE INCONNU. 1

NADAR
	vol.
LA ROBE DE DÉJANIRE. 2ᵉ *édition*...	1

LA COMTESSE NATHALIE
LA VILLA GALIETTA............	1

CHARLES NISARD
MÉMOIRES ET CORRESPONDANCES HISTORIQUES ET LITTÉRAIRES, INÉDITS.	1

D. NISARD *de l'Acad. française*
ÉTUDES DE CRITIQUE LITTÉRAIRE....	1
ÉTUDES D'HISTOIRE ET DE LITTÉRATURE.	1
NOUVELLES ÉTUDES.............	1
ÉTUDES SUR LA RENAISSANCE. 2ᵉ *édit*.	1
SOUVENIRS DE VOYAGE. 2ᵉ *édition*...	1

CHARLES NODIER *traducteur*
LE VICAIRE DE WAKEFIELD.......	1

LE VICOMTE DE NOÉ
BACHI-BOZOUCKS ET CHASSEURS D'AFR.	1

JULES NORIAC
LES GENS DE PARIS............	1
JOURNAL D'UN FLANEUR..........	1
MADEMOISELLE POUCET. 2ᵉ *édition*..	1
LE CAPITAINE SAUVAGE..........	1

MAXIME OGET
COMTESSE ET VIERGE FOLLE.......	1

ÉDOUARD OURLIAC *Œuvres compl.*
LES CONFESSIONS DE NAZARILLE....	1
LES CONTES DE LA FAMILLE......	1
CONTES SCEPTIQUES ET PHILOSOPHIQUES.	1
LA MARQUISE DE MONTMIRAIL.....	1
NOUVEAUX CONTES DU BOCAGE....	1
NOUVELLES...................	1
LES PORTRAITS DE FAMILLE......	1
PROVERBES ET SCÈNES BOURGEOISES..	1
THÉÂTRE DU SEIGNEUR CROQUIGNOLE..	1

ALPHONSE PAGÈS
BALZAC MORALISTE ou Pensées de Balzac extraites de son œuvre, classées et mises en regard de celles de *La Rochefoucauld, Pascal, La Bruyère et Vauvenargues*..........	1

ÉDOUARD PAILLERON
LES PARASITES................	1

THÉOD. PARMENTIER
DESCRIPTION TOPOGRAPHIQUE ET STRATÉGIQUE DU THÉATRE DE LA GUERRE TURCO-RUSSE. *Trad. de l'allemand*, avec une carte topographique...	1

TH. PAVIE
RÉCITS DE TERRE ET DE MER.....	1
SCÈNES ET RÉCITS DES PAYS D'OUTRE-MER	1

***
LE PÉCHÉ DE MADELEINE. 3ᵉ *édition*.	1
FLAMEN......................	1

PAUL PERRET
LA BAGUE D'ARGENT............	1
LES ROUERIES DE COLOMBE......	1

LÉONCE DE PESQUIDOUX
	vol.
L'ÉCOLE ANGLAISE. —1672-1851—...	1
VOYAGE ARTISTIQUE EN FRANCE.....	1

A. PEYRAT
ÉTUDES HISTORIQUES ET RELIGIEUSES.	1
HISTOIRE ET RELIGION..........	1
LA RÉVOLUTION...............	1

LAURENT PICHAT
CARTES SUR TABLE. Nouvelles.....	1
LA SIBYLLE...................	1

AMÉDÉE PICHOT
LA BELLE RÉBECCA.............	1
SIR CHARLES BELL.............	1

BENJAMIN PIFFTEAU
DEUX ROUTES DE LA VIE.........	1

GUSTAVE PLANCHE
ÉTUDES LITTÉRAIRES............	1
ÉTUDES SUR L'ÉCOLE FRANÇAISE....	2
ÉTUDES SUR LES ARTS..........	1

ÉDOUARD PLOUVIER
LA BELLE AUX CHEVEUX BLEUS. 2ᵉ *édit*.	1

EDGAR POE *Trad. Ch. Baudelaire*
EUREKA......................	1
HISTOIRES GROTESQUES ET SÉRIEUSES..	1

VIC. DE POLI
JEAN POIGNE-D'ACIER............	1

F. PONSARD *de l'Acad. française*
ÉTUDES ANTIQUES..............	1

P. P.
L'OFFICIER PAUVRE.............	1
UNE SŒUR....................	1

A. DE PONTMARTIN
CAUSERIES LITTÉRAIRES. *Nouv. édition*.	1
NOUV. CAUSERIES LITTÉRAIRES. 2ᵉ *édit*.	1
DERNIÈRES CAUSERIES LITTÉRAIRES. 2ᵉ *éd*.	1
CAUSERIES DU SAMEDI. 2ᵉ *série des* Causeries Littéraires. *Nouv. édition*.	1
NOUVELLES CAUSERIES DU SAMEDI. 2ᵉ *éd*.	1
DERNIÈRES CAUSERIES DU SAMEDI....	1
ENTRE CHIEN ET LOUP. 2ᵉ *édition*..	1
LE FOND DE LA COUPE..........	1
LES JEUDIS DE Mᵐᵉ CHARBONNEAU..	1
LES SEMAINES LITTÉRAIRES.......	1
NOUVELLES SEMAINES LITTÉRAIRES...	1
DERNIÈRES SEMAINES LITTÉRAIRES...	1
NOUVEAUX SAMEDIS.............	2

EUGÈNE POUJADE
LE LIBAN ET LA SYRIE..........	1

PREVOST-PARADOL
de l'Académie française
ÉLISABETH ET HENRI IV (1595-1598). 3ᵉ *éd*.	1
ESSAIS DE POLITIQUE ET DE LITTÉRATURE. 2ᵉ *édition*............	3
QUELQUES PAGES D'HISTOIRE CONTEMPORAINE. Lettres politiques......	4

PUAUX
HIST. DE LA RÉFORMATION FRANÇAISE.	7

CHARLES RABOU
LA GRANDE ARMÉE..............	2

MAX RADIGUET
A TRAVERS LA BRETAGNE.........	1
SOUVENIRS DE L'AMÉRIQUE ESPAGNOLE.	1

RAMON DE LA CRUZ
SAYNÈTES, tr. de l'esp. par *A. de Latour*. 1
LOUIS RATISBONNE
L'ENFER DE DANTE, traduction en vers, texte en regard. 3ᵉ *édition*. . . . 2
LE PURGATOIRE DE DANTE. *Nouv. éd*. 1
LE PARADIS DE DANTE. *Nouv. édition*. 1
IMPRESSIONS LITTÉRAIRES. 1
MORTS ET VIVANTS. 1
JEAN REBOUL de Nîmes
LETTRES avec introd. de *M. Poujoulat*. 1
PAUL DE RÉMUSAT
LES SCIENCES NATURELLES. Études sur leur histoire et sur leurs progrès. . 1
ERNEST RENAN
ÉTUDES D'HISTOIRE RELIGIEUSE. 7ᵉ *édit*. 1
D. JOSÉ GUELL Y RENTÉ
LÉGENDES AMÉRICAINES. 1
LÉGENDES D'UNE AME TRISTE 1
TRADITIONS AMÉRICAINES. 1
LA VIERGE DES LYS — PETITE-FILLE DE ROI 1
LÉGENDES DE MONTSERRAT. 1
RODOLPHE REY
HIST. DE LA RENAISSANCE POL. DE L'ITALIE. 1
LOUIS REYBAUD
LA COMTESSE DE MAULÉON. 1
LES ÉCOLES EN FRANCE ET EN ANGLETERRE. . 1
JÉRÔME PATUROT à la recherche de la meilleure des républiques. 2
MARINES ET VOYAGES. 1
MŒURS ET PORTRAITS DU TEMPS. . . 2
NOUVELLES. 1
ROMANS. 1
SCÈNES DE LA VIE MODERNE. 1
LA VIE A REBOURS. 1
LA VIE DE CORSAIRE. 1
LA VIE DE L'EMPLOYÉ. 1
CHARLES REYNAUD
ÉPÎTRES, CONTES ET PASTORALES. . . 1
ŒUVRES INÉDITES. 1
HENRI RIVIÈRE
LE CACIQUE. Journal d'un marin . . 1
LA MAIN COUPÉE. 1
LES MÉPRISES DU CŒUR. 1
LA POSSÉDÉE. 1
JEAN ROUSSEAU
LES COUPS D'ÉPÉE DANS L'EAU. . . . 1
PARIS DANSANT. 2ᵉ *édition*. 1
EDMOND ROCHE
POÉSIES POSTHUMES. Notice de *V. Sardou*, et eaux-fortes. 1
AMÉDÉE ROLLAND
LES FILS DE TANTALE 1
LA FOIRE AUX MARIAGES. 2ᵉ *édition*. . 1
LES MARIONNETTES DE L'AMOUR. (*S. pr.*). 1
VICTORINE ROSTAND
UNE BONNE ÉTOILE. 1
AU BORD DE LA SAÔNE. 1
LES SARRAZINS AU VIIᵉ SIÈCLE. — L'Épée et le soc au XVIᵉ siècle. . . 1

LE DOCTᴿ FÉLIX ROUBAUD
LES EAUX MINÉRALES DE LA FRANCE, guide du médecin pratic. et du malade. 1
POUGUES, ses eaux minérales, ses environs. 1
ÉMILE RUBEN
CE QUE COUTE UNE RÉPUTATION. . . 1
LE MARÉCHAL DE SAINT-ARNAUD
LETTRES (1832-1854), 3ᵉ *édition*, avec une not. de *M. Sainte-Beuve* . . . 2
SAINTE-BEUVE de l'Acad. franç.
NOUVEAUX LUNDIS 6
SAINT-GERMAIN LEDUC
UN MARI. 1
SAINT-SIMON
DOCTRINE SAINT-SIMONIENNE. 1
GEORGE SAND
ANDRÉ. 1
ANTONIA. 1
LA CONFESSION D'UNE JEUNE FILLE. . 2
CONSTANCE VERRIER. 1
LA DERNIÈRE ALDINI. 1
ELLE ET LUI. 1
LA FAMILLE DE GERMANDRE. 1
FRANÇOIS LE CHAMPI. 1
INDIANA. 1
JACQUES. 1
JEAN DE LA ROCHE. 1
LAURA. 1
LETTRES D'UN VOYAGEUR. 1
MADEMOISELLE LA QUINTINIE. 1
LES MAÎTRES MOSAÏSTES. 1
LES MAÎTRES SONNEURS. 1
LA MARE AU DIABLE. 1
LE MARQUIS DE VILLEMER. 1
MAUPRAT. 1
MONSIEUR SYLVESTRE. 1
MONT-REVÊCHE. 1
NOUVELLES. 1
LA PETITE FADETTE 1
TAMARIS. 1
THÉÂTRE COMPLET. 4
THÉÂTRE DE NOHANT. 1
VALENTINE. 1
VALVÈDRE. 1
LA VILLE NOIRE. 1
MAURICE SAND
CALLIRHOÉ. 1
SIX MILLE LIEUES A TOUTE VAPEUR. 2ᵉ *édit*. 1
JULES SANDEAU
UN DÉBUT DANS LA MAGISTRATURE. 2ᵉ éd. 1
UN HÉRITAGE. *Nouvelle édition*. . . 1
LA MAISON DE PENARVAN. 8ᵉ *édition*. 1
FRANCISQUE SARCEY
LE MOT ET LA CHOSE. 1
C. DE SAULT
ESSAIS DE CRITIQUE D'ART. 1

AD. SCHÆFFER
HISTOIRE D'UN HOMME HEUREUX.... 1
EDMOND SCHERER
ÉTUDES CRITIQUES sur la littérature. 1
NOUV. ÉTUDES sur la littérature. 2e sér. 1
ÉTUDES SUR LA LITTÉRATURE. 3e série. 1
MÉLANGES D'HIST. RELIGIEUSE. 2e édit. 1
FERNAND SCHICKLER
EN ORIENT. SOUVENIRS DE VOYAGE... 1
AURÉLIEN SCHOLL
LES GENS TARÉS............ 1
HÉLÈNE HERMANN............ 1
L'OUTRAGE............... 1
LES PETITS SECRETS DE LA COMÉDIE.. 1
EUGÈNE SCRIBE
HISTORIETTES ET PROVERBES..... 1
NOUVELLES............... 1
THÉATRE (*ouvrage complet*)..... 20
ALBÉRIC SECOND
A QUOI TIENT L'AMOUR?........ 1
WILLIAM N. SENIOR
LA TURQUIE CONTEMPORAINE..... 1
J.-C.-L. DE SISMONDI
LETTRES INÉDITES, suivies de lettres de
Bonstetten, de Mmes de Staël et de
Souza, Intr. de *St-René Taillandier*. 1
DE STENDHAL (H. BEYLE) ŒUVRES COMPLÈTES
LA CHARTREUSE DE PARME. *Nouv. éd.* 1
CHRONIQUES ITALIENNES
CORRESPONDANCE INÉDITE Introduction
de *P. Mérimée* et Portrait... 2
HISTOIRE DE LA PEINTURE EN ITALIE. 1
MÉMOIRES D'UN TOURISTE. *Nouv. édit.* 2
NOUVELLES INÉDITES.......... 1
NOUVELLES ET MÉLANGES. (Sous pr.). 1
PROMENADES DANS ROME. *Nouv. édit.* 2
RACINE ET SHAKSPEARE. *Nouv. édit.*. 1
ROMANS ET NOUVELLES........ 4
ROME, NAPLES ET FLORENCE. *Nouv. édit.* 1
LE ROUGE ET LE NOIR. *Nouv. édition.* 1
VIE DE ROSSINI. *Nouv. édition*
VIES DE HAYDN, DE MOZART ET DE MÉ-
TASTASE. *Nouv. édit. entièr. revue.* 1
DANIEL STERN
ESSAI SUR LA LIBERTÉ. *Nouv. édit.*. 1
FLORENCE ET TURIN. Art et politique.. 1
NÉLIDA................. 1
MATHILDE STEV...
LE OUI ET LE NON DES FEMMES..... 1
SAINT-RENÉ TAILLANDIER
ALLEMAGNE ET RUSSIE......... 1
LA COMTESSE D'ALBANY........ 1
HISTOIRE ET PHILOSOPHIE RELIGIEUSE. 1
LITTÉRATURE ÉTRANGÈRE — ÉCRIVAINS
ET POÈTES MODERNES........ 1
TÉRENCE
THÉATRE COMPLET. *Trad. A. de Belloy*.. 1
EDMOND TEXIER
CONTES ET VOYAGES.......... 1
CRITIQUES ET RÉCITS LITTÉRAIRES... 1
***
MÉMOIRES DE BILBOQUET....... 3
EDMOND THIAUDIÈRE
UN PRÊTRE EN FAMILLE........ 1
A. THIERS
HISTOIRE DE LAW........... 1

CH. THIERRY-MIEG
SIX SEMAINES EN AFRIQUE. Souv. de
voyage, avec carte et 9 dessins.. 1
ÉMILE THOMAS
HISTOIRE DES ATELIERS NATIONAUX.. 1
TIRSO DE MOLINA
THÉATRE. Traduit par *Alph. Royer*.. 1
MARIO UCHARD
LA COMTESSE DIANE. 2e *édition*.... 1
UNE DERNIÈRE PASSION........ 1
LE MARIAGE DE GERTRUDE. 4e *édition*. 1
RAYMON. 4e *édition*.......... 1
LOUIS ULBACH
L'HOMME AUX CINQ LOUIS D'OR..... 1
LES SECRETS DU DIABLE........ 1
AUGUSTE VACQUERIE
PROFILS ET GRIMACES......... 1
E. DE VALBEZEN (LE MAJOR FRIDOLIN)
LA MALLE DE L'INDE. 2e *édition*.... 1
RÉCITS D'HIER ET D'AUJOURD'HUI.. 1
OSCAR DE VALLÉE
LES MANIEURS D'ARGENT. 4e *édition*.. 1
MAX VALREY
CES PAUVRES FEMMES!........ 1
LES VICTIMES DU MARIAGE. 2e *édition*.. 1
THÉODORE VERNES
NAPLES ET LES NAPOLITAINS. 2e *édit*.. 1
ALFRED DE VIGNY
ŒUVRES COMPLÈTES
CINQ-MARS, avec 2 autographes. 14e *éd*. 1
STELLO. 9e *édition*........... 1
SERVITUDE ET GRANDEUR MILITAIRES.
9e *édition*............... 1
THÉATRE COMPLET. 8e *édition*..... 1
POÉSIES COMPLÈTES 8e *édition*..... 1
JOURNAL D'UN POÈTE.......... 1
F. DE VILLARS
NOTICE SUR LUIGI ET FREDERICO RICCI. 1
SAMUEL VINCENT
DU PROTESTANTISME EN FRANCE. *N. éd.*
Introd. de *Prévost-Paradol*...... 1
MÉDITATIONS RELIGIEUSES. Not. de Fon-
tanès. Int. *d'A. Coquerel fils*.. 1
LÉON VINGTAIN
DE LA LIBERTÉ DE LA PRESSE..... 1
VIE PUBLIQUE DE ROYER-COLLARD
avec une préface de M. *A. de Broglie*. 1
L. VITET de *l'Académie française*
ESSAIS HISTORIQUES ET LITTÉRAIRES.. 1
LA LIGUE. — SCÈNES HISTORIQUES. Précéd.
des ÉTATS D'ORLÉANS. *Nouv. édit.*.. 2
HISTOIRE DE DIEPPE. *Nouvelle édit*.. 1
ÉTUDES SUR L'HISTOIRE DE L'ART.... 4
RICHARD WAGNER
QUATRE POÈMES D'OPÉRAS ALLEMANDS. 1
J.-J. WEISS
ESSAIS SUR L'HISTOIRE DE LA LITTÉ-
RATURE FRANÇAISE......... 1
FRANCIS WEY
CHRISTIAN............... 1
CORNÉLIS DE WITT
LA SOCIÉTÉ FRANÇAISE ET LA SOCIÉTÉ
ANGLAISE AU XVIIIe SIÈCLE..... 1
E. YEMENIZ, *consul de Grèce*
LA GRÈCE MODERNE.......... 1

BIBLIOTHÈQUE NOUVELLE

Format grand in-18 à 2 francs le volume

EDMOND ABOUT
	vol.
LE CAS DE M. GUÉRIN. 4e édition	1
LE NEZ D'UN NOTAIRE. 5e édition	1

AMÉDÉE ACHARD
BELLE-ROSE	1
NELLY	1
LA TRAITE DES BLONDES	1

PIOTRE ARTAMOV
HISTOIRE D'UN BOUTON. 4e édition	1
LES INSTRUMENTS DE MUSIQUE DU DIABLE	1
LA MÉNAGERIE LITTÉRAIRE	1

BABAUD-LARIBIÈRE
HISTOIRE DE L'ASSEMBLÉE NATIONALE CONSTITUANTE	2

H. DE BARTHÉLEMY
LA NOBLESSE EN FRANCE avant et depuis 1789	1

Mme DE BAWR
NOUVELLES	1
RAOUL, ou l'Enéide	1
ROBERTINE	1
LES SOIRÉES DES JEUNES PERSONNES	1

ROGER DE BEAUVOIR
COLOMBES ET COULEUVRES	1
LES MYSTÈRES DE L'ILE SAINT-LOUIS	1
LES ŒUFS DE PAQUES	1

FRÉDÉRIC BÉCHARD
LES EXISTENCES DÉCLASSÉES. 5e édit.	1
L'ÉCHAPPÉ DE PARIS. Nouv. série des *Existences déclassées*. 2e édition	1

GEORGES BELL
LUCY LA BLONDE	1

PIERRE BERNARD
L'A B C DE L'ESPRIT ET DU CŒUR	1

ALBERT BLANQUET
LE ROI D'ITALIE. Roman historique	1

RAOUL BRAVARD
CES SAVOYARDS !	1

E. BRISEBARRE ET E. NUS
LES DRAMES DE LA VIE	2

CLÉMENT CARAGUEL
SOUVENIRS ET AVENTURES D'UN VOLONTAIRE GARIBALDIEN	1

COMTESSE DE CHABRILLAN
EST-IL FOU ?	1

EUGÈNE CHAPUS
MANUEL DE L'HOMME ET DE LA FEMME COMME IL FAUT. 5e édition	1

CH. DICKENS. *Trad. Amédée Pichot*
	vol.
LES CONTES D'UN INCONNU	1
HISTORIETTES ET RÉCITS DU FOYER	1

MAXIME DU CAMP
LES CHANTS MODERNES	1
LE CHEVALIER DU CŒUR-SAIGNANT	1
L'HOMME AU BRACELET D'OR. 2e édition	1
LE NIL (Egypte et Nubie). 3e édition	1
LE SALON DE 1859	1
LE SALON DE 1861	1

JOACHIM DUFLOT
LES SECRETS DES COULISSES DES THÉATRES DE PARIS. Mœurs, Usages, Anecdotes, avec une préface de J. Noriac	1

ALEXANDRE DUMAS
L'ART ET LES ARTISTES CONTEMPORAINS au salon de 1859	1
UNE AVENTURE D'AMOUR	1
LES DRAMES GALANTS — LA MARQUISE D'ESCOMAN	2
DE PARIS A ASTRAKAN	3
LA SAN-FELICE	9
SOUVENIRS D'UNE FAVORITE	4

ÉMILIE
CHANTS D'UNE ÉTRANGÈRE	1

XAVIER EYMA
LE ROMAN DE FLAVIO	1

ANTOINE GANDON
LES 32 DUELS DE JEAN GIGON. 10e édit.	1
LE GRAND GODARD. 4e édition	1
L'ONCLE PHILIBERT. Histoire d'un peureux. 3e édition	1

JULES GÉRARD *le Tueur de lions*
MES DERNIÈRES CHASSES	1

ÉMILE DE GIRARDIN
BON SENS, BONNE FOI	1
LE DROIT AU TRAVAIL au Luxembourg et à l'Assemblée nationale	1
ÉTUDES POLITIQUES. *Nouvelle édit.*	2
LE POUR ET LE CONTRE	1
QUESTIONS ADMINIST. ET FINANCIÈRES	1

ÉDOUARD GOURDON
CHACUN LA SIENNE	1
LES FAUCHEURS DE NUIT. 5e édition	1

CHARLES D'HÉRICAULT
	vol.
LA FILLE AUX BLUETS. 2ᵉ édition.	1
LES PATRICIENS DE PARIS.	1

LA REINE HORTENSE
LA REINE HORTENSE EN ITALIE, EN FRANCE ET EN ANGLETERRE	1

ARSÈNE HOUSSAYE
LES FILLES D'ÈVE.	1
LA PÉCHERESSE.	1
LE REPENTIR DE MARION.	1

A. JAIME FILS
L'HÉRITAGE DU MAL.	1
LES TALONS NOIRS. 2ᵉ édition.	1

LOUIS JOURDAN
LES PEINTRES FRANÇAIS. SALON DE 1859	1

AURÈLE KERVIGAN
HISTOIRE DE RIRE.	1

MARY LAFON
LA BANDE MYSTÉRIEUSE	1
LA PESTE DE MARSEILLE.	1

LAGEROTE
DE PALERME A TURIN.	1

MARQUISE DE LAGRANGE
LA RÉSINIÈRE D'ARCACHON.	1

G. DE LA LANDELLE
LA GORGONE.	2
UNE HAINE A BORD.	1

STEPHEN DE LA MADELAINE
UN CAS PENDABLE.	1

F. LAMENNAIS
DE LA SOCIÉTÉ PREMIÈRE et de ses lois.	1

LARDIN ET MIE D'AGHONNE
JEANNE DE FLERS.	1

A. LEXANDRE
LE PÈLERINAGE DE MIREILLE.	1

FANNY LOVIOT
LES PIRATES CHINOIS. 3ᵉ édition.	1

LOUIS LURINE
VOYAGE DANS LE PASSÉ	1

VICTOR LURO
MARGUERITE D'ANGOULÊME.	1

AUGUSTE MAQUET
LE BEAU D'ANGENNES	1
LA BELLE GABRIELLE	3
LE COMTE DE LAVERNIE.	3
DETTES DE CŒUR. 4ᵉ édition.	1
L'ENVERS ET L'ENDROIT.	2
LA MAISON DU BAIGNEUR.	2
LA ROSE BLANCHE.	1

MÉRY
MARSEILLE ET LES MARSEILLAIS. 2ᵉ édit.	1

ALFRED MICHIELS
CONTES D'UNE NUIT D'HIVER.	1

EUGÈNE DE MIRECOURT
LES CONFESSIONS DE MARION DELORME.	3
DE NINON DE LENCLOS.	3

L'ABBÉ TH. MITRAUD
LE LIVRE DE LA VERTU.	1

L. MOLAND
LE ROMAN D'UNE FILLE LAIDE.	1

HENRY MONNIER
	vol.
MÉMOIRES DE M. JOSEPH PRUDHOMME.	1

MARC MONNIER
LA CAMORRA. MYSTÈRES DE NAPLES.	1
HISTOIRE DU BRIGANDAGE DANS L'ITALIE MÉRIDIONALE. 2ᵉ édition.	1

MORTIMER-TERNAUX
LA CHUTE DE LA ROYAUTÉ.	1
LE PEUPLE AUX TUILERIES.	1

CHARLES NARREY
LE QUATRIÈME LARRON. 2ᵉ édition.	1

HENRI NICOLLE
COURSES DANS LES PYRÉNÉES.	1

JULES NORIAC
LA BÊTISE HUMAINE. 16ᵉ édition.	1
LE 101ᵉ RÉGIMENT. Nouv. édition.	1
LA DAME A LA PLUME NOIRE. 2ᵉ édition.	1
LE GRAIN DE SABLE. 9ᵉ édition.	1
MÉMOIRES D'UN BAISER. 3ᵉ édition.	1
SUR LE RAIL. 2ᵉ édition	1

LAURENCE OLIPHANT
VOYAGE PITTORESQUE D'UN ANGLAIS EN RUSSIE ET SUR LE LITTORAL DE LA MER NOIRE ET DE LA MER D'AZOF.	1

ÉDOUARD OURLIAC
SUZANNE. Nouv. édition.	1

CHARLES PERRIER
L'ART FRANÇAIS AU SALON DE 1857.	1

LE COMTE A. DE PONTÉCOULANT
HISTOIRES ET ANECDOTES.	1

A. DE PONTMARTIN
LES BRULEURS DE TEMPLES.	1

CHARLES RABOU
LOUISON D'ARQUIEN	1
LES TRIBULATIONS DE MAITRE FABRICIUS.	1
LE CAPITAINE LAMBERT.	1

GIOVANI RUFINI
MÉMOIRES D'UN CONSPIRATEUR ITALIEN.	1

JULES SANDEAU
UN HÉRITAGE.	1

VICTORIEN SARDOU
LA PERLE NOIRE.	1

AURÉLIEN SCHOLL
LES AMOURS DE THÉATRE. 2ᵉ édition.	1
SCÈNES ET MENSONGES PARISIENS. 2ᵉ éd.	1

E.-A. SEILLIÈRE
AU PIED DU DONON.	1

Mme SURVILLE née DE BALZAC
LE COMPAGNON DU FOYER	1

THACKERAY Trad. Am. Pichot
MORGIANA.	1

EDMOND TEXIER
LA GRÈCE ET SES INSURRECTIONS. Avec carte. Nouvelle édition.	1

EM. DE VARS
LA JOUEUSE. Mœurs de province.	1

Mme VERDIER-ALLUT
LES GÉORGIQUES DU MIDI.	1

A. VERMOREL
LES AMOURS FUNESTES.	1
LES AMOURS VULGAIRES.	1

COUDE VÉRON
PARIS EN 1860. LES THÉATRES DE PARIS DE 1806 A 1860, avec gravures.	1

ŒUVRES COMPLÈTES
DE
H. DE BALZAC

NOUVELLE ÉDITION, COMPLÈTE EN 45 VOLUMES
à 1 fr. 25 cent. le volume
(Chaque volume se vend séparément)

Les œuvres que BALZAC a désignées sous le titre de :

La Comédie humaine, forment dans cette édition. . . . 40 volumes.
Les Contes drôlatiques. . . . . 3 —
Le Théâtre, seule édition complète . . . . 2 —

CLASSIFICATION D'APRÈS LES INDICATIONS DE L'AUTEUR :

COMÉDIE HUMAINE

SCÈNES DE LA VIE PRIVÉE

Tome 1. — LA MAISON DU CHAT QUI PELOTTE. Le Bal de Sceaux. La Bourse. La Vendetta. Madame Firmiani. Une double Famille.

Tome 2. — LA PAIX DU MÉNAGE. La fausse Maîtresse. Etude de femme. Autre Etude de Femme. La grande Bretèche. Albert Savarus.

Tome 3. — MÉMOIRES DE DEUX JEUNES MARIÉES. Une Fille d'Eve.

Tome 4. — LA FEMME DE TRENTE ANS. La femme abandonnée. La Grenadière. Le Message. Gobseck.

Tome 5. — LE CONTRAT DE MARIAGE. Un Début dans la vie.

Tome 6. — MODESTE MIGNON.

Tome 7. — BÉATRIX.

Tome 8. — HONORINE. Le colonel Chabert. La Messe de l'Athée. L'Interdiction. Pierre Grassou.

SCÈNES DE LA VIE DE PROVINCE

Tome 9. — URSULE MIROUET.

Tome 10. — EUGÉNIE GRANDET.

Tome 11. — LES CÉLIBATAIRES — I. Pierrette. Le Curé de Tours.

Tome 12. — LES CÉLIBATAIRES — II. Un Ménage de Garçon.

Tome 13. — LES PARISIENS EN PROVINCE. L'illustre Gaudissart. La Muse du département.

Tome 14. — LES RIVALITÉS. La Vieille Fille. Le Cabinet des Antiques.

Tome 15. — LE LYS DANS LA VALLÉE.

Tome 16. — ILLUSIONS PERDUES — I. Les deux Poëtes. Un grand homme de province à Paris, 1re partie.

Tome 17. — ILLUSIONS PERDUES — Un Grand homme de province, 2e partie. Eve et David.

SCÈNES DE LA VIE PARISIENNE

Tome 18. — SPLENDEURS ET MISÈRES DES COURTISANES. Esther heureuse. A combien l'amour revient aux Vieillards. Où mènent les mauvais chemins.

Tome 19. — LA DERNIÈRE INCARNATION DE VAUTRIN. Un Prince de la Bohême. Un Homme d'affaires. Gaudissart II. Les Comédiens sans le savoir.

Tome 20. — HISTOIRE DES TREIZE. Ferragus. La duchesse de Langeais. La Fille aux yeux d'or.

Tome 21. — LE PÈRE GORIOT.

Tome 22. — CÉSAR BIROTTEAU.

Tome 23. — LA MAISON NUCINGEN. Les Secrets de la princesse de Cadignan. Les Employés. Sarrasine. Facino Cane.

Tome 24. — LES PARENTS PAUVRES — La Cousine Bette.

Tome 25. — LES PARENTS PAUVRES — Le Cousin Pons.

SCÈNES DE LA VIE POLITIQUE

Tome 26. — UNE TÉNÉBREUSE AFFAIRE. Un Episode sous la Terreur.

Tome 27. — L'ENVERS DE L'HISTOIRE CONTEMPORAINE. Madame de la Chanterie. L'Initié. Z. Marcas.

Tome 28. — LE DÉPUTÉ D'ARCIS.

SCÈNES DE LA VIE MILITAIRE

Tome 29. — LES CHOUANS. Une Passion dans le Désert.

SCÈNES DE LA VIE DE CAMPAGNE

Tome 30. — LE MÉDECIN DE CAMPAGNE.

Tome 31. — LE CURÉ DE VILLAGE.

Tome 32. — LES PAYSANS.

ÉTUDES PHILOSOPHIQUES

Tome 33. — LA PEAU DE CHAGRIN.

Tome 34. — LA RECHERCHE DE L'ABSOLU. Jésus-Christ en Flandre. Melmoth réconcilié. Le Chef-d'œuvre inconnu.

Tome 35. — L'ENFANT MAUDIT. Gambara. Massimilla Doni.

Tome 36. — LES MARANA. Adieu. Le Réquisitionnaire. El Verdugo. Un Drame au bord de la mer. L'Auberge rouge. L'Elixir de longue vie. Maître Cornélius.

Tome 37. — SUR CATHERINE DE MÉDICIS. Le Martyr calviniste. La Confidence des Ruggieri. Les deux Rêves.

Tome 38. — LOUIS LAMBERT. Les Proscrits. Séraphita.

ÉTUDES ANALYTIQUES

Tome 39. — PHYSIOLOGIE DU MARIAGE.

Tome 40. — PETITES MISÈRES DE LA VIE CONJUGALE.

CONTES DROLATIQUES

Tome 41. — 1er dizain.

Tome 42. — 2e dizain.

Tome 43. — 3e dizain.

ŒUVRES COMPLÈTES DE H. DE BALZAC (Suite)

THÉATRE

Tome 44. — VAUTRIN, drame en 5 actes. Les Ressources de Quinola, comédie en 5 actes. Paméla Giraud, comédie en 5 actes.

Tome 45. — LA MARATRE, drame intime en 5 actes. Le Faiseur (Mercadet), comédie en 5 actes (entièrement conforme au manuscrit de l'auteur.)

ŒUVRES DE JEUNESSE
DE H. DE BALZAC

NOUVELLE ÉDITION COMPLÈTE EN 10 VOLUMES
A 1 fr. 25 cent. le volume (*chaque volume se vend séparément*)

	vol.		vol.
JEAN-LOUIS	1	LE VICAIRE DES ARDENNES	1
L'ISRAÉLITE	1	ARGOW LE PIRATE	1
L'HÉRITIÈRE DE BIRAGUE	1	JANE LA PALE	1
LE CENTENAIRE	1	DOM GIGADAS	1
LA DERNIÈRE FÉE	1	L'EXCOMMUNIÉ	1

OUVRAGES DIVERS

GEORGES BELL — f. c.
LE MIROIR DE CAGLIOSTRO. 1 vol. . . 1 »

CHARLES BLANC
LES PEINTRES DES FÊTES GALANTES. 1 vol. in-32 . . . . . 1 »

J. BRUNTON
LES 40 PRÉCEPTES DU JEU DE WHIST. 1 vol in-18 . . . . . 1 50

ALFRED BUSQUET
LA NUIT DE NOEL. 1 vol. in-32 . . 1 »

LE COMTE DE CHEVIGNÉ
LES CONTES RÉMOIS illustrés par E. Meissonier. 6e *édition*. 1 vol. . 5 »

CHARLES EMMANUEL
LES DÉVIATIONS DU PENDULE ET LE MOUVEMENT DE LA TERRE. 1 vol. 1 »

ALEXANDRE GUÉRIN
LES RELIGIEUSES. 1 vol. gr. in-18. . 1 »

LOUIS JOURDAN
LES PRIÈRES DE LUDOVIC. 1 v. in-32. 1 »

LASSABATHIE, Admin. du Conserv.
HISTOIRE DU CONSERVATOIRE IMPÉRIAL DE MUSIQUE ET DE DÉCLAMATION suivie de documents recueillis et mis en ordre. 1 vol. grand in-18. . 5 »

STEPHEN DE LA MADELAINE f. c.
CHANT. Études pratiques de style, 1/2 vol. in-8 . . . . . 2 »

P. MORIN
COMMENT L'ESPRIT VIENT AUX TABLES. 1 vol. in-18 . . . . . 1 50

A. PEYRAT
UN NOUVEAU DOGME. Histoire de l'Immaculée Conception. 1 vol. in-18. 1 »

LE DOCTEUR RAULAND
LE LIVRE DES ÉPOUX. Guide pour la guérison de l'Impuissance, de la stérilité et de toutes les maladies des organes génitaux. 1 fort vol. gr. in-18 . . . . . 4 »

MARY-ÉLIZA ROGERS
LA VIE DOMESTIQUE EN PALESTINE. 1 vol. gr. in-18 . . . . . 3 50

***
MÉMOIRES D'UN PROTESTANT condamné aux galères de France pour cause de religion, d'après le journal original de Jean Marteilhe de Bergerac. 1 vol. 3 50

LE Dr FÉLIX ROUBAUD
Inspecteur des Eaux minérales de Pougues (Nièvre)
LA DANSE DES TABLES. Phénomènes physiologiques démontrés, avec gravure explicative. 2e *édition*. 1 vol.

COLLECTION MICHEL LÉVY
ET BIBLIOTHÈQUE DE LA LIBRAIRIE NOUVELLE
1 franc le volume grand in-18 de 300 à 400 pages

AMÉDÉE ACHARD

	vol.
LES DERNIÈRES MARQUISES	1
LES FEMMES HONNÊTES	1
PARISIENNES ET PROVINCIALES	1
LA ROBE DE NESSUS	1

ACHIM D'ARNIM
Traduction Th. Gautier fils

CONTES BIZARRES	1

ADOLPHE ADAM

SOUVENIRS D'UN MUSICIEN	1
DERNIERS SOUVENIRS D'UN MUSICIEN	1

W.-H. AINSWORTH
Traduction B.-H. Revoil

LE GENTILHOMME DES GRANDES ROUTES	2

GUSTAVE D'ALAUX

L'EMPEREUR SOULOUQUE ET SON EMPIRE	1

***

MADAME LA DUCHESSE D'ORLÉANS, HÉLÈNE DE MECKLEMBOURG-SCHWERIN	1

***

SOUVENIRS D'UN OFFICIER DU 2e DE ZOUAVES	1

ALFRED ASSOLLANT

HISTOIRE FANTASTIQUE DE PIERROT	1

XAVIER AUBRYET

LA FEMME DE VINGT-CINQ ANS	1

ÉMILE AUGIER *de l'Acad. française*

POÉSIES COMPLÈTES	1

***

LES ZOUAVES ET LES CHASSEURS A PIED	1

J. AUTRAN

MILIANAH. Épisode des guer. d'Afrique	1

THÉODORE DE BANVILLE

ODES FUNAMBULESQUES	1

J. BARBEY D'AUREVILLY

L'AMOUR IMPOSSIBLE	1
L'ENSORCELÉE	1

ODYSSE BAROT

HISTOIRE DES IDÉES AU XIXe SIÈCLE. — ÉMILE DE GIRARDIN. Sa vie, ses idées, son œuvre, son influence	1

Mme DE BASSANVILLE

LES SECRETS D'UNE JEUNE FILLE	1

BEAUMARCHAIS

THÉÂTRE, précédé d'une Notice sur sa vie et ses ouvrages, par *Louis de Loménie*	1

ROGER DE BEAUVOIR

	vol.
AVENTURIÈRES ET COURTISANES	1
LE CABARET DES MORTS	1
LE CHEVALIER DE CHARNY	1
LE CHEVALIER DE SAINT-GEORGES	1
L'ÉCOLIER DE CLUNY	1
HISTOIRES CAVALIÈRES	1
LA LESCOMBAT	1
MADEMOISELLE DE CHOISY	1
LE MOULIN D'HEILLY	1
LE PAUVRE DIABLE	1
LES SOIRÉES DU LIDO	1
LES TROIS ROHAN	1

Mme ROGER DE BEAUVOIR

CONFIDENCES DE Mlle MARS	1
SOUS LE MASQUE	1

HENRI BÉCHADE

LA CHASSE EN ALGÉRIE	1

Mme BEECHER STOWE

LA CASE DE L'ONCLE TOM. (*Traduction L. Pilatte*)	2
SOUVENIRS HEUREUX. (*Traduction E. Forcade*)	3

GEORGES BELL

SCÈNES DE LA VIE DE CHATEAU	1

BENJAMIN CONSTANT

ADOLPHE, avec un avant-propos de M. Sainte-Beuve	1

A. DE BERNARD

LE PORTRAIT DE LA MARQUISE	1

CHARLES DE BERNARD

LES AILES D'ICARE	1
UN BEAU-PÈRE	2
L'ÉCUEIL	1
LE GENTILHOMME CAMPAGNARD	2
GERFAUT	1
UN HOMME SÉRIEUX	1
LE NŒUD GORDIEN	1
LE PARATONNERRE	1
LE PARAVENT	1
LA PEAU DU LION ET LA CHASSE AUX AMANTS	1

ÉLIE BERTHET

LA BASTIDE ROUGE	1
LES CHAUFFEURS	1
LE DERNIER IRLANDAIS	1
LA ROCHE TREMBLANTE	1

CAROLINE BERTON

ROSETTE	1

CH. DE BOIGNE

LES PETITS MÉMOIRES DE L'OPÉRA	1

LOUIS BOUILHET
	vol.
MÉLÆNIS, conte romain	1

RAOUL BRAVARD
L'HONNEUR DES FEMMES	1
UNE PETITE VILLE	1
LA REVANCHE DE GEORGES DANDIN	1

A. DE-BRÉHAT
SCÈNES DE LA VIE CONTEMPORAINE	1

A. BRIZEUX
LES BRETONS	1

MAX BUCHON
EN PROVINCE	1

E.-L. BULWER *Trad. Amédée Pichot*
LA FAMILLE CAXTON	2
LE JOUR ET LA NUIT	2

S. CAMBRAY
LE MOULIN	1

ÉMILIE CARLEN
Traduction Marie Souvestre
DEUX JEUNES FEMMES	1

ÉMILE CARREY
L'AMAZONE. HUIT JOURS SOUS L'ÉQUATEUR.	1
— LES RÉVOLTÉS DU PARA.	1

HIPPOLYTE CASTILLE
HISTOIRES DE MÉNAGE	1

CHAMPFLEURY
LES AMOUREUX DE SAINTE-PÉRINE	1
AVENTURES DE MADEMOISELLE MARIETTE.	1
LES BOURGEOIS DE MOLINCHART.	1
CHIEN-CAILLOU.	1
LES EXCENTRIQUES.	1
M. DE BOISDHYVER.	1
LES PREMIERS BEAUX JOURS.	1
LE RÉALISME	1
LES SENSATIONS DE JOSQUIN.	1
SOUVENIRS DES FUNAMBULES.	1
LA SUCCESSION LE CAMUS.	1
L'USURIER BLAIZOT.	1

PHILARÈTE CHASLES
LE VIEUX MÉDECIN.	1

F. DE CHATEAUBRIAND
ATALA—RENÉ—LE DERNIER ABENCÉRAGE, avec avant-propos de *M. Ste-Beuve*.	1
LE GÉNIE DU CHRISTIANISME, avec un avant-propos de *M. Guizot*.	2
ITINÉRAIRE DE PARIS A JÉRUSALEM.	1
LES MARTYRS, avec un discours de *J.-J. Ampère*.	2
LES NATCHEZ, avec une étude du *Prince Albert de Broglie*.	2
LE PARADIS PERDU de *Milton* (traduct.)	1

GUSTAVE CLAUDIN
POINT ET VIRGULE.	1

Mme LOUISE COLET
QUARANTE-CINQ LETTRES DE BÉRANGER.	1

HENRI CONSCIENCE
L'ANNÉE DES MERVEILLES.	1
AURÉLIEN.	2
BATAVIA.	1

HENRI CONSCIENCE (*Suite*)
	vol.
LES BOURGEOIS DE DARLINGEN.	1
LE CONSCRIT.	1
LE COUREUR DES GRÈVES	1
LE DÉMON DE L'ARGENT.	1
LE DÉMON DU JEU	1
LES DRAMES FLAMANDS.	1
LE FLÉAU DU VILLAGE.	1
LE GENTILHOMME PAUVRE.	1
LA GUERRE DES PAYSANS.	1
HEURES DU SOIR	1
LE JEUNE DOCTEUR	1
LE LION DE FLANDRE	2
LE MAL DU SIÈCLE	1
LE MARCHAND D'ANVERS	1
LA MÈRE JOB.	1
L'ORPHELINE	1
SCÈNES DE LA VIE FLAMANDE	2
SOUVENIRS DE JEUNESSE	1
LA TOMBE DE FER	1
LE TRIBUN DE GAND.	2
LES VEILLÉES FLAMANDES	1

H. CORNE
SOUVENIRS D'UN PROSCRIT POLONAIS.	1

P. CORNEILLE
ŒUVRES, précéd. d'une notice sur sa vie et ses ouvrages par *M. Sainte-Beuve*.	2

LA COMTESSE DASH
UN AMOUR COUPABLE	1
LES AMOURS DE LA BELLE AURORE.	2
LES BALS MASQUÉS.	1
LA BELLE PARISIENNE	1
LA CHAINE D'OR.	1
LA CHAMBRE BLEUE.	1
LE CHATEAU DE LA ROCHE-SANGLANTE.	1
LES CHATEAUX EN AFRIQUE	1
LA DAME DU CHATEAU MURÉ	1
LES DEGRÉS DE L'ÉCHELLE.	1
LA DERNIÈRE EXPIATION.	2
LA DUCHESSE DE LAUZUN	3
LA DUCHESSE D'ÉPONNES.	1
LES FOLIES DU CŒUR.	1
LE FRUIT DÉFENDU	1
LES GALANTERIES DE LA COUR DE LOUIS XV.	4
— LA RÉGENCE	1
— LA JEUNESSE DE LOUIS XV	1
— LES MAITRESSES DU ROI.	1
— LE PARC AUX CERFS	1
LE JEU DE LA REINE	1
LA JOLIE BOHÉMIENNE	1
LES LIONS DE PARIS	1
MADAME LOUISE DE FRANCE.	1
MADAME DE LA SABLIÈRE.	1
MADEMOISELLE DE LA TOUR DU PIN	1
LA MAIN GAUCHE ET LA MAIN DROITE.	1
LA MARQUISE DE PARABÈRE	1
LA MARQUISE SANGLANTE.	1
LE NEUF DE PIQUE.	1
LA POUDRE ET LA NEIGE.	1
UN PROCÈS CRIMINEL	1
UNE RIVALE DE LA POMPADOUR	1
LE SALON DU DIABLE.	1
LES SECRETS D'UNE SORCIÈRE	2
LA SORCIÈRE DU ROI.	2
LES SUITES D'UNE FAUTE	1
TROIS AMOURS	1

COLLECTION MICHEL LÉVY. — 1 FR. LE VOLUME. 23

	vol.		vol.
LE GÉNÉRAL DAUMAS		**ALEXANDRE DUMAS** (*Suite*)	
LE GRAND DÉSERT.	1	UNE FILLE DU RÉGENT.	1
E.-J. DELÉCLUZE		LE FILS DU FORÇAT.	1
DONA OLYMPIA.	1	LES FRÈRES CORSES.	1
MADEMOISELLE JUSTINE DE LIRON.	1	GABRIEL LAMBERT.	1
LA PREMIÈRE COMMUNION.	1	GAULE ET FRANCE.	1
ÉDOUARD DELESSERT		GEORGES.	1
VOYAGE AUX VILLES MAUDITES.	1	UN GIL BLAS EN CALIFORNIE.	1
PAUL DELTUF		LES GRANDS HOMMES EN ROBE DE CHAMBRE — CÉSAR.	2
AVENTURES PARISIENNES.	1	—HENRI IV — LOUIS XIII ET RICHELIEU.	2
LES PETITS MALHEURS D'UNE JEUNE FEMME.	1	LA GUERRE DES FEMMES.	2
CHARLES DICKENS *Trad. Am. Pichot*		HISTOIRE D'UN CASSE-NOISETTE.	1
CONTES DE NOEL.	1	L'HOROSCOPE.	1
LE NEVEU DE MA TANTE.	2	IMPRESSIONS DE VOYAGE — EN SUISSE.	3
OCTAVE DIDIER		— EN RUSSIE.	4
UNE FILLE DE ROI.	1	— UNE ANNÉE A FLORENCE.	1
MADAME GEORGES.	1	— L'ARABIE HEUREUSE.	3
MAXIME DU CAMP		— LES BORDS DU RHIN.	2
MÉMOIRES D'UN SUICIDÉ.	1	— LE CAPITAINE ARÉNA.	1
LE SALON DE 1857.	1	— LE CAUCASE.	3
LES SIX AVENTURES.	1	— LE CORRICOLO.	2
ALEXANDRE DUMAS		— LE MIDI DE LA FRANCE.	2
ACTÉ.	1	— DE PARIS A CADIX.	2
AMAURY.	1	— QUINZE JOURS AU SINAI.	1
ANGE PITOU.	2	— LE SPERONARE.	2
ASCANIO.	2	— LE VÉLOCE.	2
AVENTURES DE JOHN DAVYS.	2	— LA VILLA PALMIÉRI.	1
LES BALEINIERS.	2	INGÉNUE.	2
LE BATARD DE MAULÉON.	3	ISABEL DE BAVIÈRE.	2
BLACK.	1	ITALIENS ET FLAMANDS.	2
LA BOUILLIE DE LA COMTESSE BERTHE.	1	IVANHOE de W. Scott (*Traduction*).	2
LA BOULE DE NEIGE.	1	JANE.	1
BRIC-A-BRAC.	2	JEHANNE LA PUCELLE.	1
UN CADET DE FAMILLE.	3	LOUIS XIV ET SON SIÈCLE.	4
LE CAPITAINE PAMPHILE.	1	LOUIS XV ET SA COUR.	2
LE CAPITAINE PAUL.	1	LOUIS XVI ET LA RÉVOLUTION.	2
LE CAPITAINE RICHARD.	1	LES LOUVES DE MACHECOUL.	3
CATHERINE BLUM.	2	MADAME DE CHAMBLAY.	2
CAUSERIES.	1	LA MAISON DE GLACE.	2
CÉCILE.	1	LE MAITRE D'ARMES.	1
CHARLES LE TÉMÉRAIRE.	2	LES MARIAGES DU PÈRE OLIFUS.	1
LE CHASSEUR DE SAUVAGINE.	1	LES MÉDICIS.	1
LE CHATEAU D'EPPSTEIN.	2	MES MÉMOIRES.	10
LE CHEVALIER D'HARMENTAL.	2	MÉMOIRES DE GARIBALDI.	2
LE CHEVALIER DE MAISON-ROUGE.	2	MÉMOIRES D'UNE AVEUGLE.	2
LE COLLIER DE LA REINE.	3	MÉMOIRES D'UN MÉDECIN (BALSAMO).	5
LA COLOMBE. Maître Adam le Calabrais.	1	LE MENEUR DE LOUPS.	1
LE COMTE DE MONTE-CRISTO.	6	LES MILLE ET UN FANTOMES.	1
LA COMTESSE DE CHARNY.	6	LES MOHICANS DE PARIS.	4
LA COMTESSE DE SALISBURY.	2	LES MORTS VONT VITE.	2
LES COMPAGNONS DE JÉHU.	3	NAPOLÉON.	1
LES CONFESSIONS DE LA MARQUISE.	2	UNE NUIT A FLORENCE.	1
CONSCIENCE L'INNOCENT.	1	OLYMPE DE CLÈVES.	3
LA DAME DE MONSOREAU.	3	LE PAGE DU DUC DE SAVOIE.	2
LA DAME DE VOLUPTÉ.	2	LE PASTEUR D'ASHBOURN.	2
LES DEUX DIANE.	3	PAULINE ET PASCAL BRUNO.	1
LES DEUX REINES.	2	UN PAYS INCONNU.	1
DIEU DISPOSE.	2	LE PÈRE GIGOGNE.	2
LE DRAME DE 93.	3	LE PÈRE LA RUINE.	1
LES DRAMES DE LA MER.	1	LA PRINCESSE DE MONACO.	2
LA FEMME AU COLLIER DE VELOURS.	1	LA PRINCESSE FLORA.	1
FERNANDE.	1	LES QUARANTE-CINQ.	3
		LA RÉGENCE.	1
		LA REINE MARGOT.	2
		LA ROUTE DE VARENNES.	1
		LE SALTEADOR.	1

ALEXANDRE DUMAS (Suite)

	vol.
SALVATOR	5
SOUVENIRS D'ANTONY	1
LES STUARTS	1
SULTANETTA	1
SYLVANDIRE	1
LE TESTAMENT DE M. CHAUVELIN	1
TROIS MAITRES	1
LES TROIS MOUSQUETAIRES	2
LE TROU DE L'ENFER	1
LA TULIPE NOIRE	1
LE VICOMTE DE BRAGELONNE	6
LA VIE AU DÉSERT	2
UNE VIE D'ARTISTE	1
VINGT ANS APRÈS	3

ALEXANDRE DUMAS FILS

ANTONINE	1
AVENTURES DE QUATRE FEMMES	1
LA BOITE D'ARGENT	1
LA DAME AUX CAMÉLIAS	1
LA DAME AUX PERLES	1
DIANE DE LYS	1
LE DOCTEUR SERVANS	1
LE RÉGENT MUSTEL	1
LE ROMAN D'UNE FEMME	1
TROIS HOMMES FORTS	1
SOPHIE PRINTEMS	1
TRISTAN LE ROUX	1
LA VIE A VINGT ANS	1

MISS EDGEWORTH. Trad. Jousselin

DEMAIN!	1

GABRIEL D'ENTRAGUES

HISTOIRES D'AMOUR ET D'ARGENT	1

ERCKMANN-CHATRIAN

L'ILLUSTRE DOCTEUR MATHÉUS	1

XAVIER EYMA

AVENTURIERS ET CORSAIRES	1
LES FEMMES DU NOUVEAU-MONDE	1
LES PEAUX NOIRES	1
LES PEAUX ROUGES	1
LE ROI DES TROPIQUES	1
LE TRÔNE D'ARGENT	1

GUSTAVE FLAUBERT

MADAME BOVARY	2

PAUL FÉVAL

ALIZIA PAULI	1
LES AMOURS DE PARIS	2
BLANCHEFLEUR	1
LE BOSSU OU LE PETIT PARISIEN	3
LE CAPITAINE SIMON	1
LES COMPAGNONS DU SILENCE	3
LES DERNIÈRES FÉES	1
LES FANFARONS DU ROI	1
LE FILS DU DIABLE	4
LES NUITS DE PARIS	1
LA REINE DES ÉPÉES	1
LE TUEUR DE TIGRES	1

PAUL FOUCHER

LA VIE DE PLAISIR	1

ARNOULD FRÉMY

	vol.
LES CONFESSIONS D'UN BOHÉMIEN	1
LES MAITRESSES PARISIENNES	2

GALOPPE D'ONQUAIRE

LE DIABLE BOITEUX A PARIS	1
LE DIABLE BOITEUX EN PROVINCE	1
LE DIABLE BOITEUX AU VILLAGE	1
LE DIABLE BOITEUX AU CHATEAU	1

THÉOPHILE GAUTIER

CONSTANTINOPLE	1
LES GROTESQUES	1

SOPHIE GAY

ANATOLE	1
LE COMTE DE GUICHE	1
LA COMTESSE D'EGMONT	1
LA DUCHESSE DE CHATEAUROUX	1
ELLÉNORE	2
LE FAUX FRÈRE	1
LAURE D'ESTELL	1
LÉONIE DE MONTBREUSE	1
LES MALHEURS D'UN AMANT HEUREUX	1
UN MARIAGE SOUS L'EMPIRE	1
LE MARI CONFIDENT	1
MARIE DE MANCINI	1
MARIE-LOUISE D'ORLÉANS	1
LE MOQUEUR AMOUREUX	1
PHYSIOLOGIE DU RIDICULE	1
SALONS CÉLÈBRES	1
SOUVENIRS D'UNE VIEILLE FEMME	1

JULES GÉRARD

LA CHASSE AU LION. Orné de 12 dessins de Gust. Doré	1

GÉRARD DE NERVAL

LA BOHÊME GALANTE	1
LES FILLES DU FEU	1
LE MARQUIS DE FAYOLLE	1
SOUVENIRS D'ALLEMAGNE	1

ÉMILE DE GIRARDIN

ÉMILE	1

Mme ÉMILE DE GIRARDIN

CONTES D'UNE VIEILLE FILLE A SES NEVEUX	1
LA CROIX DE BERNY (en société avec Th. Gautier, Méry et Jules Sandeau)	1
MARGUERITE	1
M. LE MARQUIS DE PONTANGES	1
NOUVELLES — Le Lorgnon. — La Canne de M. de Balzac — Il ne faut pas jouer avec la douleur	1
POÉSIES COMPLÈTES	
LE VICOMTE DE LAUNAY. Lettres parisiennes. Édition complète	4

GŒTHE
Traduction N. Fournier

WERTHER, avec notice, d'H. Heine	1
HERMANN ET DOROTHÉE	1

OLIVIER GOLDSMITH
Traduction N. Fournier

	vol.
LE VICAIRE DE WAKEFIELD, avec étude de lord Macaulay, trad. G. Guizot	1

LÉON GOZLAN

LE BARIL DE POUDRE D'OR	1
LA COMÉDIE ET LES COMÉDIENS	1
LA DERNIÈRE SŒUR GRISE	1
LA FAMILLE LAMBERT	1
LA FOLLE DU LOGIS	1
LE NOTAIRE DE CHANTILLY	1
LES NUITS DU PÈRE LACHAISE	1

Mme MANOEL DE GRANDFORT

L'AUTRE MONDE	1

LÉON HILAIRE

NOUVELLES FANTAISISTES	1

HILDEBRAND
Traduction Léon Wocquier

LA CHAMBRE OBSCURE	1
SCÈNES DE LA VIE HOLLANDAISE	1

ARSÈNE HOUSSAYE

L'AMOUR COMME IL EST	1
LES FEMMES COMME ELLES SONT	1
LA VERTU DE ROSINE	1

CHARLES HUGO

LA CHAISE DE PAILLE	1

F. VICTOR HUGO
Traducteur

LE FAUST ANGLAIS de Marlowe	1
SONNETS de Shakspeare	1

F. HUGONNET

SOUVENIRS D'UN CHEF DE BUREAU ARABE	1

JULES JANIN

L'ANE MORT	1
UN CŒUR POUR DEUX AMOURS	1
LA CONFESSION	1

CHARLES JOBEY

L'AMOUR D'UN NÈGRE	1

PAUL JUILLERAT

LES DEUX BALCONS	1

ALPHONSE KARR

AGATHE ET CÉCILE	1
LE CHEMIN LE PLUS COURT	1
CLOTILDE	1
CLOVIS GOSSELIN	1
CONTES ET NOUVELLES	1
DEVANT LES TISONS	1
LA FAMILLE ALAIN	1
LES FEMMES	1
ENCORE LES FEMMES	1

ALPHONSE KARR (Suite)

	vol.
FEU BRESSIER	1
LES FLEURS	1
GENEVIÈVE	1
LES GUÊPES	6
HORTENSE	1
MENUS PROPOS	1
MIDI A QUATORZE HEURES	1
LA PÊCHE EN EAU DOUCE ET EN EAU SALÉE	1
LA PÉNÉLOPE NORMANDE	1
UNE POIGNÉE DE VÉRITÉS	1
PROMENADES HORS DE MON JARDIN	1
RAOUL	1
ROSES NOIRES ET ROSES BLEUES	1
LES SOIRÉES DE SAINTE-ADRESSE	1
SOUS LES ORANGERS	1
SOUS LES TILLEULS	1
TROIS CENTS PAGES	1
VOYAGE AUTOUR DE MON JARDIN	1

KAUFFMANN

BRILLAT LE MENUISIER	1

LÉOPOLD KOMPERT
Traduction Daniel Stauben

LES JUIFS DE LA BOHÊME	1
SCÈNES DU GHETTO	1

DE LACRETELLE

LA POSTE AUX CHEVAUX	1

Mme LAFARGE
née Marie Capelle

HEURES DE PRISON	1

G. DE LA LANDELLE

LES PASSAGÈRES	1

CHARLES LAFONT

LES LÉGENDES DE LA CHARITÉ	1

STEPHEN DE LA MADELAINE

LE SECRET D'UNE RENOMMÉE	1

JULES DE LA MADELÈNE

LES AMES EN PEINE	1
LE MARQUIS DES SAFFRAS	1

A. DE LAMARTINE

ANTAR	1
BALZAC ET SES ŒUVRES	1
BENVENUTO CELLINI	1
BOSSUET	1
CHRISTOPHE COLOMB	1
CICÉRON	1
LES CONFIDENCES	1
LE CONSEILLER DU PEUPLE	6
CROMWELL	1
FÉNELON	1
LES FOYERS DU PEUPLE	2
GENEVIÈVE. Histoire d'une servante	1
GRAZIELLA	1
GUILLAUME TELL	1
HÉLOÏSE ET ABÉLARD	1
HOMÈRE ET SOCRATE	1
JACQUARD — GUTENBERG	1

A. DE LAMARTINE (Suite) vol.
JEAN-JACQUES ROUSSEAU	1
JEANNE D'ARC	1
Mme DE SÉVIGNÉ	1
NELSON	1
RÉGINA	1
RUSTEM	1
TOUSSAINT LOUVERTURE	1
VIE DU TASSE	1

L'ABBÉ DE LAMENNAIS
LE LIVRE DU PEUPLE, avec une étude de M. Ernest Renan	1
PAROLES D'UN CROYANT, avec une étude de M. Sainte-Beuve	1

VICTOR DE LAPRADE
PSYCHÉ	1

CHARLES DE LA ROUNAT
LA COMÉDIE DE L'AMOUR	1

H. DE LATOUCHE
AYMAR	1
CLÉMENT XIV ET CARLO BERTINAZZI	1
FRANCE ET MARIE	1
FRAGOLETTA	1
GRANGENEUVE	1
LÉO	1
UN MIRAGE	1
LE PETIT PIERRE	1
OLIVIER BRUSSON	1
ADRIENNE	1
LA VALLÉE AUX LOUPS	1

THÉOPHILE LAVALLÉE
HISTOIRE DE PARIS	2

CARLE LEDHUY
LE CAPITAINE D'AVENTURES	1
LE FILS MAUDIT	1
LA NUIT TERRIBLE	1

LÉOUZON LE DUC
L'EMPEREUR ALEXANDRE II	1

LOUIS LURINE
ICI L'ON AIME	1

FÉLICIEN MALLEFILLE
LE CAPITAINE LAROSE	1
MARCEL	1
MÉMOIRES DE DON JUAN	2
MONSIEUR CORBEAU	1

CH. MARCOTTE DE QUIVIÈRES
DEUX ANS EN AFRIQUE. Avec une introduction du *bibliophile Jacob*	1

MARIVAUX
THÉATRE. Précédé d'une notice par *Paul de St-Victor*	1

X. MARMIER
AU BORD DE LA NÉVA	1
LES DRAMES INTIMES	1
UNE GRANDE DAME RUSSE	1
HISTOIRES ALLEMANDES ET SCANDINAVES	1

LE DOCTEUR FÉLIX MAYNARD
UN DRAME DANS LES MERS BORÉALES	1
JOURNAL D'UNE DAME ANGLAISE	1
VOYAGES ET AVENTURES AU CHILI	1

LE CAPITAINE MAYNE-REID vol.
Traduction Allyre Bureau
LES CHASSEURS DE CHEVELURES	1

MÉRY
UN AMOUR DANS L'AVENIR	1
ANDRÉ CHÉNIER	1
LA CHASSE AU CHASTRE	1
LE CHATEAU DES TROIS TOURS	1
LE CHATEAU VERT	1
UNE CONSPIRATION AU LOUVRE	1
LES DAMNÉS DE L'INDE	1
UNE HISTOIRE DE FAMILLE	1
UN HOMME HEUREUX	1
UNE NUIT DU MIDI	1
LES NUITS ANGLAISES	1
LES NUITS D'ORIENT	1
LES NUITS ITALIENNES	1
SALONS ET SOUTERRAINS DE PARIS	1
LE TRANSPORTÉ	1

PAUL MEURICE
LES TYRANS DE VILLAGE	1

PAUL DE MOLÈNES
AVENTURES DU TEMPS PASSÉ	1
CARACTÈRES ET RÉCITS DU TEMPS	1
CHRONIQUES CONTEMPORAINES	1
HISTOIRES INTIMES	1
HISTOIRES SENTIMENTALES ET MILITAIRES	1
MÉM. D'UN GENTILH. DU SIÈCLE DERNIER	1

MOLIÈRE
ŒUVRES COMPLÈTES.—*Nouvelle édition* publiée par *Philarète Chasles*	5

Mme MOLINOS-LAFITTE
L'ÉDUCATION DU FOYER	1

HENRY MONNIER
MÉMOIRES DE M. JOSEPH PRUDHOMME	2

CHARLES MONSELET
M. DE CUPIDON	1

LE COMTE DE MONTALIVET
Ancien ministre
RIEN ! 18 années de gouvernement parlementaire. 3e *édition*	1

LE COMTE DE MOYNIER
BOHÉMIENS ET GRANDS SEIGNEURS	1

HÉGÉSIPPE MOREAU
ŒUVRES, avec une notice par *Louis Ratisbonne*	1

FÉLIX MORNAND
BERNERETTE	1
LA VIE ARABE	1

HENRY MURGER
LES BUVEURS D'EAU	1
LE DERNIER RENDEZ-VOUS	1
MADAME OLYMPE	1
LE PAYS LATIN	1
PROPOS DE VILLE ET PROPOS DE THÉATRE	1
LE ROMAN DE TOUTES LES FEMMES	1
SCÈNES DE CAMPAGNE	1
SCÈNES DE LA VIE DE BOHÈME	1
SCÈNES DE LA VIE DE JEUNESSE	1
LE SABOT ROUGE	10
LES VACANCES DE CAMILLE	1

A. DE MUSSET, DE BALZAC, G. SAND vol.
LES PARISIENNES A PARIS 1

PAUL DE MUSSET
LA BAVOLETTE. 1
PUYLAURENS. 1

NADAR
LE MIROIR AUX ALOUETTES. 1
QUAND J'ÉTAIS ÉTUDIANT. 1

HENRI NICOLLE
LE TUEUR DE MOUCHES. 1

ÉDOUARD OURLIAC
LES GARNACHES. 1

PAUL PERRET
LES BOURGEOIS DE CAMPAGNE. . . . 1
HISTOIRE D'UNE JOLIE FEMME. . . . 1

LAURENT PICHAT
LA PAÏENNE. 1

AMÉDÉE PICHOT
UN DRAME EN HONGRIE. 1
L'ÉCOLIER DE WALTER SCOTT. . . . 1
LA FEMME DU CONDAMNÉ. 1
LES POÈTES AMOUREUX. 1

EDGAR POE
Traduction Ch. Baudelaire

AVENTURES D'ARTHUR GORDON PYM. . 1
HISTOIRES EXTRAORDINAIRES 1
NOUVELLES HISTOIRES EXTRAORDINAIRES. 1

F. PONSARD
ÉTUDES ANTIQUES. 1

A. DE PONTMARTIN
CONTES D'UN PLANTEUR DE CHOUX. . 1
CONTES ET NOUVELLES. 1
LA FIN DU PROCÈS. 1
MÉMOIRES D'UN NOTAIRE 1
OR ET CLINQUANT. 1
POURQUOI JE RESTE A LA CAMPAGNE. 1

L'ABBÉ PRÉVOST
MANON LESCAUT, précédée d'une Étude par *John Lemoinne*. 1

ANNE RADCLIFFE
Traduction N. Fournier

LA FORÊT OU L'ABBAYE DE SAINT-CLAIR. 1
L'ITALIEN OU LE CONFESSIONNAL DES PÉNITENTS NOIRS. 1
LES MYSTÈRES DU CHATEAU D'UDOLPHE. 2
LES VISIONS DU CHATEAU DES PYRÉNÉES. 1

RAOUSSET-BOULBON
UNE CONVERSION 1

B.-H. REVOIL
Traducteur

LE DOCTEUR AMÉRICAIN. 1
LES HAREMS DU NOUVEAU-MONDE. . . 1

LOUIS REYBAUD
CE QU'ON PEUT VOIR DANS UNE RUE. . 1
CÉSAR FALEMPIN. 1
LA COMTESSE DE MAULÉON. 1
LE COQ DU CLOCHER. 1
LE DERNIER DES COMMIS-VOYAGEURS. . 1
ÉDOUARD MONGERON. 1
L'INDUSTRIE EN EUROPE. 1
JÉRÔME PATUROT à la recherche de la meilleure des Républiques. . . . 1
JÉRÔME PATUROT à la recherche d'une position sociale. 1
MARIE BRONTIN 1
MATHIAS L'HUMORISTE 1
PIERRE MOUTON. 1
LA VIE A REBOURS. 1
LA VIE DE CORSAIRE. 1

AMÉDÉE ROLLAND
LES MARTYRS DU FOYER. 1

NESTOR ROQUEPLAN
REGAIN : LA VIE PARISIENNE. . . . 1

JULES DE SAINT-FÉLIX
SCÈNES DE LA VIE DE GENTILHOMME. . 1
LE GANT DE DIANE. 1
MADEMOISELLE ROSALINDE. 1

GEORGE SAND
ADRIANI 1
LES AMOURS DE L'AGE D'OR. 1
LES BEAUX MESSIEURS DE BOIS-DORÉ. 2
LE CHATEAU DES DÉSERTES. 1
LE COMPAGNON DU TOUR DE FRANCE. . 2
LA COMTESSE DE RUDOLSTADT. . . . 2
CONSUELO. 3
LES DAMES VERTES. 1
LA DANIELLA 2
LE DIABLE AUX CHAMPS. 1
LA FILLEULE. 1
FLAVIE. 1
HISTOIRE DE MA VIE. 10
L'HOMME DE NEIGE. 3
HORACE. 1
ISIDORA. 1
JEANNE. 1
LÉLIA — Métella — Melchior — Cora. 2
LUCREZIA FLORIANI — Lavinia . . . 1
LE MEUNIER D'ANGIBAULT. 1
NARCISSE. 1
LE PÉCHÉ DE M. ANTOINE. 2
LE PICCININO. 2
PROMENADES AUTOUR D'UN VILLAGE. . 1
LE SECRÉTAIRE INTIME. 1
SIMON. 1
TEVERINO — Léone Léoni. 1
L'USCOQUE. 1

JULES SANDEAU

	vol.
CATHERINE	1
NOUVELLES	1
SACS ET PARCHEMINS	1

EUGÈNE SCRIBE

COMÉDIES	3
OPÉRAS	2
OPÉRAS-COMIQUES	5
COMÉDIES-VAUDEVILLES	10

ALBÉRIC SECOND

CONTES SANS PRÉTENTION	1

FRÉDÉRIC SOULIÉ

AU JOUR LE JOUR	1
LES AVENTURES DE SATURNIN FICHET	2
LE BANANIER — EULALIE PONTOIS	1
LE CHATEAU DES PYRÉNÉES	2
LE COMTE DE FOIX	1
LE COMTE DE TOULOUSE	1
LA COMTESSE DE MONRION	2
CONFESSION GÉNÉRALE	1
LE CONSEILLER D'ÉTAT	1
CONTES ET RÉCITS DE MA GRAND'MÈRE	1
CONTES POUR LES ENFANTS	1
LES DEUX CADAVRES	1
DIANE ET LOUISE	1
LES DRAMES INCONNUS	5
— LA MAISON N° 3 DE LA RUE DE PROVENCE	1
— AVENTURES D'UN CADET DE FAMILLE	1
— LES AMOURS DE VICTOR BONSENNE	1
— OLIVIER DUHAMEL	2
UN ÉTÉ A MEUDON	1
LES FORGERONS	1
HUIT JOURS AU CHATEAU	1
LA LIONNE	1
LE MAGNÉTISEUR	1
UN MALHEUR COMPLET	1
MARGUERITE	1
LE MAÎTRE D'ÉCOLE	1
LES MÉMOIRES DU DIABLE	3
LE PORT DE CRÉTEIL	1
LES PRÉTENDUS	1
LES QUATRE ÉPOQUES	2
LES QUATRE NAPOLITAINES	2
LES QUATRE SŒURS	1
UN RÊVE D'AMOUR — LA CHAMBRIÈRE	1
SATHANIEL	1
SI JEUNESSE SAVAIT, SI VIEILLESSE POUVAIT	2
LE VICOMTE DE BÉZIERS	1

ÉMILE SOUVESTRE

LES ANGES DU FOYER	1
AU BORD DU LAC	1
AU BOUT DU MONDE	1
AU COIN DU FEU	1
CAUSERIES HISTORIQUES ET LITTÉRAIRES	3
CHRONIQUES DE LA MER	1

ÉMILE SOUVESTRE (Suite)

	vol.
LES CLAIRIÈRES	1
CONFESSIONS D'UN OUVRIER	1
CONTES ET NOUVELLES	1
DANS LA PRAIRIE	1
LES DERNIERS BRETONS	2
LES DERNIERS PAYSANS	1
DEUX MISÈRES	1
LES DRAMES PARISIENS	1
L'ÉCHELLE DE FEMMES	1
EN FAMILLE	1
EN QUARANTAINE	1
LE FOYER BRETON	2
LA GOUTTE D'EAU	1
HISTOIRES D'AUTREFOIS	1
L'HOMME ET L'ARGENT	1
LOIN DU PAYS	1
LA LUNE DE MIEL	1
LA MAISON ROUGE	1
LE MAT DE COCAGNE	1
LE MÉMORIAL DE FAMILLE	1
LE MENDIANT DE SAINT-ROCH	1
LE MONDE TEL QU'IL SERA	1
LE PASTEUR D'HOMMES	1
LES PÉCHÉS DE JEUNESSE	1
PENDANT LA MOISSON	1
UN PHILOSOPHE SOUS LES TOITS	1
PIERRE ET JEAN	1
PROMENADES MATINALES	1
RÉCITS ET SOUVENIRS	1
LES RÉPROUVÉS ET LES ÉLUS	2
RICHE ET PAUVRE	1
LE ROI DU MONDE	2
SCÈNES DE LA CHOUANNERIE	1
SCÈNES DE LA VIE INTIME	1
SCÈNES ET RÉCITS DES ALPES	1
LES SOIRÉES DE MEUDON	1
SOUS LA TONNELLE	1
SOUS LES FILETS	1
SOUS LES OMBRAGES	1
SOUVENIRS D'UN BAS-BRETON	2
SOUV. D'UN VIEILLARD. La dernière étape	
SUR LA PELOUSE	1
THÉATRE DE LA JEUNESSE	1
TROIS FEMMES	1
LA VALISE NOIRE	1

MARIE SOUVESTRE

PAUL FERROLL, *traduit de l'anglais*	1

DANIEL STAUBEN

SCÈNES DE LA VIE JUIVE EN ALSACE	1

DE STENDHAL (H. BEYLE)

DE L'AMOUR	1
CHRONIQUES ET NOUVELLES	1
LA CHARTREUSE DE PARME	1
PROMENADES DANS ROME	2
LE ROUGE ET LE NOIR	1

STERNE *Trad. N. Fournier* vol.

VOYAGE SENTIMENTAL, avec Notice de
Walter-Scott.................. 1

EUGÈNE SUE

LA BONNE AVENTURE............ 2
LE DIABLE MÉDECIN............ 3
— ADÈLE VERNEUIL............ 1
— CLÉMENCE HERVÉ............ 1
— LA GRANDE DAME............ 1
LES FILS DE FAMILLE......... 3
GILBERT ET GILBERTE......... 3
LES SECRETS DE L'OREILLER... 3
LES SEPT PÉCHÉS CAPITAUX.... 6
— L'ORGUEIL................. 2
— L'ENVIE — LA COLÈRE....... 2
— LA LUXURE — LA PARESSE.... 1
— L'AVARICE — LA GOURMANDISE. 1

Mme DE SURVILLE née DE BALZAC

BALZAC, SA VIE ET SES ŒUVRES... 1

FRANÇOIS TALON

LES MARIAGES MANQUÉS.......... 1

E. TEXIER

AMOUR ET FINANCE.............. 1

WILLIAM THACKERAY
Traduction W. Hughes

LES MÉMOIRES D'UN VALET DE PIED.. 1

LOUIS ULBACH

LES SECRETS DU DIABLE......... 1
SUZANNE DUCHEMIN.............. 1
LA VOIX DU SANG............... 1

JULES DE WAILLY FILS vol.

SCÈNES DE LA VIE DE FAMILLE... 1

OSCAR DE VALLÉE

LES MANIEURS D'ARGENT......... 1

VALOIS DE FORVILLE

LE COMTE DE SAINT-POL......... 1
LE CONSCRIT DE L'AN VIII...... 1
LE MARQUIS DE PAZAVAL......... 1

MAX VALREY

LES FILLES SANS DOT........... 1
MARTHE DE MONTBRUN............ 1

V. VERNEUIL

MES AVENTURES AU SÉNÉGAL...... 1

LE DOCTEUR L. VÉRON

CINQ CENT MILLE FRANCS DE RENTE. 1
MÉMOIRES D'UN BOURGEOIS DE PARIS. 5

CHARLES VINCENT ET DAVID

LE TUEUR DE BRIGANDS.......... 1

FRANCIS WEY

LES ANGLAIS CHEZ EUX.......... 1
LONDRES IL Y A CENT ANS....... 1

COLLECTION A 50 CENTIMES

Jolis volumes format grand in-32, sur beau papier

UN ASTROLOGUE vol.

LA COMÈTE ET LE CROISSANT. Présages
et prophéties sur la Guerre d'Orient. 1

GUSTAVE CLAUDIN

PALSAMBLEU !.................. 1

Mme LOUISE COLET

QUATRE POÈMES couronnés par l'Académie................... 1

ALEXANDRE DUMAS

LA JEUNESSE DE PIERROT. Conte de fée. 1
MARIE DORVAL.................. 1

HENRY DE LA MADELÈNE

GERMAIN BARBE-BLEUE........... 1

MÉRY

LES AMANTS DU VÉSUVE.......... 1

LÉON PAILLET vol.

VOLEURS ET VOLÉS.............. 1

J. PETIT-SENN

BLUETTES ET BOUTADES.......... 1

NESTOR ROQUEPLAN

LES COULISSES DE L'OPÉRA...... 1

AURÉLIEN SCHOLL

CLAUDE LE BORGNE.............. 1

EDMOND TEXIER

UNE HISTOIRE D'HIER........... 1

H. DE VILLEMESSANT

LES CANCANS................... 1

WARNER

SCHAMYL, le Prophète du Caucase. 1

COLLECTION FORMAT IN-32

1 FRANC LE VOLUME

Jolis volumes papier vélin

ÉMILE AUGIER   vol.
LES PARIÉTAIRES. Poésies. 1

BAISSAC
LES FEMMES DANS LES TEMPS ANCIENS. 1
LES FEMMES DANS LES TEMPS MODERNES. 1

H. DE BALZAC
LES FEMMES 1

THÉODORE DE BANVILLE
LES PAUVRES SALTIMBANQUES. 1
LA VIE D'UNE COMÉDIENNE. 1

A. DE BELLOY
PHYSIONOMIES CONTEMPORAINES. . . . 1
PORTRAITS ET SOUVENIRS 1

ALFRED BOUGEARD
LES MORALISTES OUBLIÉS. 1

ÉMILE DESCHANEL
LE BIEN et LE MAL qu'on a dit des enfants. 1
HISTOIRE DE LA CONVERSATION. . . . 1
LE MAL QU'ON A DIT DE L'AMOUR. . . 1

XAVIER EYMA
EXCENTRICITÉS AMÉRICAINES 1

OL. GOLDSMITH *Trad. Alph. Esquiros*
VOYAGE D'UN CHINOIS EN ANGLETERRE. 1

LÉON GOZLAN
BALZAC EN PANTOUFLES 1
LES MAITRESSES A PARIS 1
UNE SOIRÉE DANS L'AUTRE MONDE . . 1

LE COMTE F. DE GRAMMONT
COMMENT ON SE MARIE 1
COMMENT on vient et COMMENT on s'en va. 1

CHARLES JOLIET
L'ESPRIT DE DIDEROT 1

LAURENT-JAN
MISANTHROPIE SANS REPENTIR 1

E. DE LA BÉDOLLIÈRE
HISTOIRE DE LA MODE EN FRANCE . . 1

A. DE LAMARTINE
LES VISIONS. 1

LARCHER ET JULIEN   vol.
CE QU'ON a dit de la FIDÉLITÉ et de L'INFIDÉLITÉ 1

ALBERT DE LASALLE
HISTOIRE DES BOUFFES-PARISIENS. . . 1

ALFRED DE LÉRIS
MES VIEUX AMIS. 1
TROIS NOUVELLES ET UN CONTE. . . . 1

ALBERT LHERMITE
UN SCEPTIQUE S'IL VOUS PLAIT. . . . 1

Mme MANNOURY-LACOUR
ASPHODÈLES. 1
SOLITUDES. 2ᵉ *édition* 1

MÉRY
ANGLAIS ET CHINOIS. 1
HISTOIRE D'UNE COLLINE. 1

MICHELET
POLOGNE ET RUSSIE. 1

HENRY MONNIER
LES BOURGEOIS AUX CHAMPS. 1
GALERIE D'ORIGINAUX 1
LES PETITES GENS. 1

CHARLES MONSELET
LA CUISINIÈRE POÉTIQUE. 1

HENRY MURGER
BALLADES ET FANTAISIES. 1
PROPOS DE VILLE ET PROPOS DE THÉATRE. 1

EUGÈNE NOEL
RABELAIS. 1
LA VIE DES FLEURS ET DES FRUITS . 1

F. PONSARD
HOMÈRE. Poëme 1

JULES SANDEAU
LE CHATEAU DE MONTSABREY. 1
OLIVIER 1

***
PARIS CHEZ MUSARD. 1

P. J. STAHL
DE L'AMOUR ET DE LA JALOUSIE. . . 1
LES BIJOUX PARLANTS. 1
L'ESPRIT DE VOLTAIRE. 1
HIST. D'UN PRINCE ET D'UNE PRINCESSE. 1

MUSÉE LITTÉRAIRE CONTEMPORAIN
CHOIX DES MEILLEURS OUVRAGES DES AUTEURS MODERNES
10 Centimes la Livraison — Format in-4º à 3 colonnes

ROGER DE BEAUVOIR — fr. c.

	fr. c.
LE CHEVALIER DE SAINT-GEORGES	» 90
LE CHEVALIER DE CHARNY	» 90

CHARLES DE BERNARD

	fr. c.
UN ACTE DE VERTU	» 50
LA PEINE DU TALION	» 30
L'ANNEAU D'ARGENT	» 50
UNE AVENTURE DE MAGISTRAT	» 30
LA CINQUANTAINE	» 50
LA FEMME DE QUARANTE ANS	» 50
LE GENDRE	» 50
L'INNOCENCE D'UN FORÇAT	» 30
LE PERSÉCUTEUR	» 30

CHAMPFLEURY

	fr. c.
LES GRANDS HOMMES DU RUISSEAU	» 60

LA COMTESSE DASH

	fr. c.
LES GALANTERIES DE LA COUR DE LOUIS XV	3 »
— LA RÉGENCE	» 90
— LA JEUNESSE DE LOUIS XV	» 90
— LES MAÎTRESSES DU ROI	» 90
— LE PARC AUX CERFS	» 90

ALEXANDRE DUMAS

	fr. c.
ACTÉ	» 90
AMAURY	» 90
ANGE PITOU	1 80
ASCANIO	1 50
AVENTURES DE JOHN DAVYS	1 80
LES BALEINIERS	1 30
LE BATARD DE MAULÉON	2 »
BLACK	» 90
LA BOULE DE NEIGE	» 90
BRIC-A-BRAC	1 20
LE CAPITAINE PAUL	» 70
LE CAPITAINE RICHARD	» 90
CATHERINE BLUM	» 70
CAUSERIES — LES TROIS DAMES	1 30
CÉCILE	» 90
CHARLES LE TÉMÉRAIRE	1 30

ALEXANDRE DUMAS (Suite)

	fr. c.
LE CHATEAU D'EPPSTEIN	1 50
LE CHEVALIER D'HARMENTAL	1 50
LE CHEV. DE MAISON ROUGE	1 50
LE COLLIER DE LA REINE	2 50
LA COLOMBE — MURAT	» 50
LES COMPAGNONS DE JÉHU	2 10
LE COMTE DE MONTE-CRISTO	4 »
LA COMTESSE DE CHARNY	4 50
LA COMTESSE DE SALISBURY	1 50
LES CONFESSIONS DE LA MARQUISE	1 70
CONSCIENCE L'INNOCENT	1 30
LA DAME DE MONSOREAU	2 50
LA DAME DE VOLUPTÉ	1 30
LES DEUX DIANE	2 20
LES DEUX REINES	1 50
DIEU DISPOSE	1 80
LES DRAMES DE LA MER	» 70
LA FEMME AU COLLIER DE VELOURS	» 70
FERNANDE	» 90
UNE FILLE DU RÉGENT	» 90
LES FRÈRES CORSES	» 60
GABRIEL LAMBERT	» 90
GAULE ET FRANCE	» 90
UN GIL-BLAS EN CALIFORNIE	» 70
GEORGES	» 90
LA GUERRE DES FEMMES	1 65
HISTOIRE D'UN CASSE-NOISETTE	» 50
L'HOROSCOPE	» 90
IMPRESSIONS DE VOYAGE :	
UNE ANNÉE A FLORENCE	» 90
L'ARABIE HEUREUSE	2 10
LES BORDS DU RHIN	1 30
LE CAPITAINE ARÉNA	» 90
LE CORRICOLO	1 65
DE PARIS A CADIX	1 65
EN SUISSE	2 20
LE MIDI DE LA FRANCE	1 30
QUINZE JOURS AU SINAÏ	» 90
LE SPÉRONARE	1 50
LE VÉLOCE	1 65
LA VILLA PALMIERI	» 90
INGÉNUE	1 80
ISABEL DE BAVIÈRE	1 30

ALEXANDRE DUMAS (Suite) fr. c.

ITALIENS ET FLAMANDS. . . . —	1 50
IVANHOE de Walter Scott . . —	1 70
JEHANNE LA PUCELLE. . . . . —	» 90
LES LOUVES DE MACHECOUL. . —	2 50
MADAME DE CHAMBLAY . . . . —	1 50
LA MAISON DE GLACE. . . . . —	1 50
LE MAITRE D'ARMES . . . . . —	» 90
LES MARIAGES DU PÈRE OLIFUS . —	» 70
LES MÉDICIS. . . . . —	» 70
MES MÉMOIRES. (Complet). . .	8 »
— 1re série. (Séparément) .	3 60
— 2e série. (—). .	4 50
MÉM. DE GARIBALDI. (Complet) =	1 30
—1re série. (Séparément) . —	» 70
—2e série. (—). . —	» 70
MÉMOIRES D'UNE AVEUGLE. . .	1 70
MÉM. D'UN MÉDECIN — BALSAMO	4 »
LE MENEUR DE LOUPS . . . . —	» 90
LES MILLE ET UN FANTÔMES . —	» 70
LES MOHICANS DE PARIS . . . —	3 60
LES MORTS VONT VITE . . . . —	1 50
NOUVELLES . . . . —	» 50
UNE NUIT A FLORENCE . . . . —	» 70
OLYMPE DE CLÈVES. . . . . . —	2 60
OTHON L'ARCHER. . . . . . . —	» 50
LE PAGE DU DUC DE SAVOIE . —	1 70
PASCAL BRUNO. . . . . —	» 50
LE PASTEUR D'ASHBOURN . . . —	1 80
PAULINE. . . . . —	» 50
LA PÊCHE AUX FILETS . . . . —	» 50
LE PÈRE GIGOGNE . . . . . . —	1 50
LE PÈRE LA RUINE. . . . . . —	» 90
LA PRINCESSE FLORA. . . . . —	» 70
LES QUARANTE-CINQ. . . . . —	2 50
LA REINE MARGOT . . . . . . —	1 65
LA ROUTE DE VARENNES . . . —	» 70
LE SALTEADOR. . . . . —	» 70
SALVATOR	4 »
SOUVENIRS D'ANTONY . . . . —	» 90
SYLVANDIRE . . . . —	» 90
LE TESTAMENT DE M. CHAUVELIN. —	» 70
LES TROIS MOUSQUETAIRES. . . —	1 65
LE TROU DE L'ENFER . . . . . —	» 90
LA TULIPE NOIRE. . . . . . . —	» 90
LE VICOMTE DE BRAGELONNE. . —	4 75
LA VIE AU DÉSERT. . . . . . —	1 30
UNE VIE D'ARTISTE. . . . . . —	» 70
VINGT ANS APRÈS. . . . . . . —	2 20

ALEXANDRE DUMAS FILS fr. c.

CÉSARINE . . . . —	» 50
LA DAME AUX CAMÉLIAS. . . . —	» 90
UN PAQUET DE LETTRES. . . . —	» 50
LE PRIX DE PIGEONS. . . . . . —	» 50

XAVIER EYMA

LES FEMMES DU NOUVEAU-MONDE. —	» 90

PAUL FÉVAL

LES AMOURS DE PARIS. . . . . —	1 30
LE BOSSU OU LE PETIT PARISIEN. —	2 50
LE FILS DU DIABLE. . . . . . —	3 »
LE TUEUR DE TIGRES. . . . . —	» 70

LÉON GOZLAN

LES NUITS DU PÈRE-LACHAISE. . —	» 90

CHARLES HUGO

LA BOHÊME DORÉE. . . . . . —	1 50

CH. JOBEY

L'AMOUR D'UN NÈGRE. . . . . —	» 90

ALPHONSE KARR

FORT EN THÈME. . . . . —	» 70
LA PÉNÉLOPE NORMANDE. . . . —	» 90
SOUS LES TILLEULS. . . . . . —	» 90

A. DE LAMARTINE

LES CONFIDENCES. . . . . . . —	» 90
L'ENFANCE. . . . . —	» 50
GENEVIÈVE. Hist. d'une Servante —	» 70
GRAZIELLA. . . . . —	» 60
LA JEUNESSE. . . . . —	» 60
RÉGINA . . . . —	» 50

FÉLIX MAYNARD

L'INSURRECTION DE L'INDE. De —	
Delhi à Cawnpore.	» 70

MÉRY

	fr. c.
UN ACTE DE DÉSESPOIR	— » 50
LE BONHEUR D'UN MILLIONNAIRE.	— » 50
LE CHATEAU DES TROIS TOURS.	— » 70
LE CHATEAU D'UDOLPHE.	— » 50
UNE CONSPIRATION AU LOUVRE.	— » 70
LE DIAMANT A MILLE FACETTES.	— » 60
HISTOIRE DE CE QUI N'EST PAS ARRIVÉ	— » 50
LES NUITS ANGLAISES.	— » 90
LES NUITS ITALIENNES.	— » 90
SIMPLE HISTOIRE.	— » 70

EUGÈNE DE MIRECOURT

LES CONFESSIONS DE NINON DE LENCLOS.	— 3 70

HENRY MURGER

LES AMOURS D'OLIVIER	— » 30
LE BONHOMME JADIS.	— » 30
MADAME OLYMPE.	— » 50
LA MAITRESSE AUX MAINS ROUGES	— » 30
LE MANCHON DE FRANCINE.	— » 30
SCÈNES DE LA VIE DE BOHÈME.	— » 90
LE SOUPER DES FUNÉRAILLES.	— » 50

JULES SANDEAU

SACS ET PARCHEMINS.	— » 90

SCRIBE

CARLO BROSCHI.	— » 50

FRÉDÉRIC SOULIÉ

AU JOUR LE JOUR.	— » 70
AVENT. DE SATURNIN FICHET.	— 1 30
LE BANANIER.	— » 50
LA COMTESSE DE MONRION.	— » 70
CONFESSION GÉNÉRALE.	— 1 80
LES DEUX CADAVRES.	— » 70
LES DRAMES INCONNUS.	— 2 50
— LA MAISON N° 3, RUE DE PROVENCE.	— » 70
— LES AVENTURES D'UN CADET DE FAMILLE	— » 70
— LES AMOURS DE VICTOR BONSENNE	— » 70
— OLIVIER DUHAMEL.	— » 70

FRÉDÉRIC SOULIÉ (Suite)

	fr. c.
EULALIE PONTOIS.	— » 30
LES FORGERONS.	— » 50
HUIT JOURS AU CHATEAU.	— » 70
LE LION AMOUREUX.	— » 30
LA LIONNE.	— » 70
LE MAITRE D'ÉCOLE.	— » 30
MARGUERITE	— » 50
LES MÉMOIRES DU DIABLE.	— 2 »
LE PORT DE CRETEIL.	— » 70
LES QUATRE NAPOLITAINES.	— 1 30
LES QUATRE SŒURS.	— » 50
SI JEUNESSE SAVAIT, SI VIEILLESSE POUVAIT.	— 1 50

ÉMILE SOUVESTRE

DEUX MISÈRES	— » 90
L'HOMME ET L'ARGENT.	— » 70
JEAN PLEBEAU.	— » 50
LE MENDIANT DE SAINT-ROCH.	— » 70
PIERRE LANDAIS.	— » 50
LES RÉPROUVÉS ET LES ÉLUS.	— 1 50
SOUVENIRS D'UN BAS-BRETON.	— 1 50

EUGÈNE SUE

LES SEPT PÉCHÉS CAPITAUX.	— 5 »
— L'ORGUEIL	— 1 50
— L'ENVIE.	— » 90
— LA COLÈRE.	— » 70
— LA LUXURE	— » 70
— LA PARESSE	— » 50
— L'AVARICE	— » 50
— LA GOURMANDISE	— » 50
LA BONNE AVENTURE.	— 1 50
GILBERT ET GILBERTE.	— 2 70
LE DIABLE MÉDECIN.	— 2 70
— LA FEMME SÉPARÉE DE CORPS ET DE BIENS	— » 90
— LA GRANDE DAME.	— » 50
— LA LORETTE	— » 30
— LA FEMME DE LETTRES	— » 90
— LA BELLE FILLE	— » 50
LES MÉMOIRES D'UN MARI.	— 2 70
— UN MARIAGE DE CONVENANCES.	— 1 50
— UN MARIAGE D'ARGENT	— » 90
— UN MARIAGE D'INCLINATION.	— » 50
LES SECRETS DE L'OREILLER.	— 2 20
LES FILS DE FAMILLE.	— 2 70

VALOIS DE FORVILLE

LE CONSCRIT DE L'AN VIII.	— » 90

BROCHURES DIVERSES

ÉMILE AUGIER — fr. c.
DISCOURS DE RÉCEPTION A L'ACADÉMIE FRANÇAISE . . . . 1 »

***
LA QUESTION ALGÉRIENNE à propos de la lettre adressée par l'Empereur au maréchal de Mac-Mahon . . . . 1 »

LOUIS BLANC
LA RÉVOLUTION DE FÉVRIER AU LUXEMBOURG . . . . 1 »

BLANQUI ET ÉMILE DE GIRARDIN
DE LA LIBERTÉ DU COMMERCE ET DE LA PROTECTION DE L'INDUSTRIE . . 2 »

H. BLAZE DE BURY
M. LE COMTE DE CHAMBORD — UN MOIS A VENISE . . . . 1 »

BONNAL
ABOLITION DU PROLÉTARIAT . . . . 1 »
LA FORCE ET L'IDÉE . . . . 1 »

G. BOULLAY
RÉORGANISATION ADMINISTRATIVE . . 1 »

CHAMPFLEURY
RICHARD WAGNER . . . . » 50

RENÉ CLÉMENT
ÉTUDE SUR LE THÉATRE ANTIQUE . . 1 »

ATHANASE COQUEREL FILS
SERMON D'ADIEU prêché dans l'église de l'Oratoire . . . . » 50
PROFESSION DE FOI CHRÉTIENNE . . » 50
LE CATHOLICISME ET LE PROTESTANTISME considérés dans leur origine et leur développement . . . . . 1 »
LE BON SAMARITAIN, sermon prêché en 1864, dans les églises de Lusignan et de Reims . . . . » 50
L'ÉGOÏSME DEVANT LA CROIX, sermon sur Luc, prêché dans les églises de Vauvert, Anduze, Sommières, Uzès et Clairac . . . . » 50
LES CHOSES ANCIENNES ET LES CHOSES NOUVELLES, sermon prononcé en 1864, dans les églises de Poitiers, Reims, Nîmes, Montpellier, Montauban et Lyon . . . . » 50
LA SCIENCE ET LA RELIGION, sermon prêché en 1864, dans les églises de Nîmes et de Dieppe . . . . . » 50

L. COUTURE
DU BONAPARTISME DANS L'HISTOIRE DE FRANCE . . . . 1 »
DU GOUVERNEMENT HÉRÉDITAIRE EN FRANCE 1 50

UN CURÉ
A NOTRE SAINT-PÈRE LE PAPE . . . 1 »

CHARLES DIDIER
QUESTION SICILIENNE . . . . 1 »
UNE VISITE AU DUC DE BORDEAUX . 1 »

ERNEST DESJARDINS
NOTICE SUR LE MUSÉE NAPOLÉON III et promenade dans les galeries . » 50

DUFAURE
DU DROIT AU TRAVAIL . . . . . . » 30

ALEXANDRE DUMAS — fr. c
RÉVÉLATIONS SUR L'ARRESTATION D'ÉMILE THOMAS . . . . » 50

ADRIEN DUMONT
LES PRINCIPES DE 1789 . . . . . . 1 »

LÉON FAUCHER
LE CRÉDIT FONCIER . . . . » 30

OCTAVE FEUILLET
DISCOURS DE RÉCEPTION A L'ACADÉMIE FRANÇAISE . . . . 1 »

LE MARQUIS DE GABRIAC
DE L'ORIGINE DE LA GUERRE D'ITALIE. 1 »

ÉMILE DE GIRARDIN
L'ABOLITION DE L'AUTORITÉ . . . . 1 »
ABOLITION DE L'ESCLAVAGE MILITAIRE. 1 »
AVANT LA CONSTITUTION . . . . . » 50
L'EXPROPRIATION ABOLIE PAR LA DETTE FONCIÈRE CONSOLIDÉE . . . . . 2 »
LE GOUVERNEMENT LE PLUS SIMPLE. 1 »
LA CONSTITUANTE ET LA LÉGISLATIVE. 1 »
LE DROIT DE TOUT DIRE . . . . . . 1 »
L'ÉQUILIBRE FINANCIER PAR LA RÉFORME ADMINISTRATIVE . . . . 1 »
JOURNAL D'UN JOURNALISTE AU SECRET. 1 »
LA NOTE DU XIV DÉCEMBRE . . . . 1 »
L'ORNIÈRE DES RÉVOLUTIONS . . . . 1 »
LA PAIX. 2e *édition* . . . . 1 »
RESPECT DE LA CONSTITUTION . . . 1 »
LE SOCIALISME ET L'IMPOT . . . . 1 »
SOLUTION DE LA QUESTION D'ORIENT. 2 50

GLADSTONE
DEUX LETTRES au lord Aberdeen sur les poursuites politiques exercées par le gouvernement napolitain . . . . 1 »

JULES GOUACHE
LES VIOLONS DE M. MARRAST . . . . » 50

LE COMTE D'HAUSSONVILLE
CONSULTATION DE MM. LES BATONNIERS DE L'ORDRE DES AVOCATS . . 1 »
LETTRE AUX BATONNIERS DE L'ORDRE DES AVOCATS . . . . 1 »
M. DE CAVOUR ET LA CRISE ITALIENNE. 1 »

LÉON HEUZEY
CATALOGUE DE LA MISSION DE MACÉDOINE ET DE THESSALIE . . . . » 50

VICTOR HUGO ET CRÉMIEUX
DISCOURS SUR LA PEINE DE MORT (*Procès de l'Evénement*) . . . . . . 1 »

LOUIS JOURDAN
LA GUERRE A L'ANGLAIS. 2e *édit.* . 1 »

LAMARTINE
DU DROIT AU TRAVAIL . . . . . . » 30
LETTRE AUX DIX DÉPARTEMENTS . . » 30
LA PRÉSIDENCE . . . . » 30
DU PROJET DE CONSTITUTION . . . » 30
UNE SEULE CHAMBRE . . . . » 30

ÉDOUARD LEMOINE
ABDICATION DU ROI LOUIS-PHILIPPE . » 50

JOHN LEMOINNE
AFFAIRES DE ROME . . . . 1 »

A. LEYMARIE

                                                fr. c.

HISTOIRE D'UNE DEMANDE EN AUTORISATION DE JOURNAL. — Simple question de propriété. . . . . 2 »

ÉTIENNE MAURICE

DÉCENTRALISATION ET DÉCENTRALISATEURS. . . . . 1 »

LE COMTE DE MONTALIVET

OBSERVATIONS SUR LE PROJET DE LOI RELATIF AUX CONSEILS-GÉNÉRAUX. 1 »
LE ROI LOUIS-PHILIPPE ET SA LISTE CIVILE. . . . . » 50

LE BARON DE NERVO

L'ADMINISTRATION DES FINANCES SOUS LA RESTAURATION. . . . . . . 1 »
LES FINANCES DE LA FRANCE SOUS LE RÈGNE DE NAPOLÉON III. . . . . 1 »

D. NISARD

LES CLASSES MOYENNES EN ANGLETERRE ET LA BOURGEOISIE EN FRANCE. . . . . 1 »
DISCOURS PRONONCÉ A L'ACADÉMIE FRANÇAISE en réponse au discours de réception de M. Ponsard. . . . 1 »

UN PAYSAN CHAMPENOIS.

A TIMON sur son projet de Constitution. . . . . » 50

CASIMIR PERIER

LE BUDGET DE 1863. . . . . 1 »
LA RÉFORME FINANCIÈRE DE 1862. . 1 »

GEORGES PERROT

CATALOGUE DE LA MISSION D'ASIE-MINEURE. . . . . » 50

ANSELME PETETIN

DE L'ANNEXION DE LA SAVOIE. 2 éd. 1 »

H. PLANAVERGNE

                                                fr. c.

NOUVEAU SYSTÈME DE NAVIGATION fondé sur le principe de l'envergence des corps roulants sur l'eau 1 50

A. PONROY

LE MARÉCHAL BUGEAUD. . . . . . . 1 »

F. PONSARD

DISCOURS DE RÉCEPTION A L'ACADÉMIE FRANÇAISE. . . . . 1 »

PRÉVOST-PARADOL

DE LA LIBERTÉ DES CULTES EN FRANCE. 1 »
DEUX LETTRES SUR LA RÉFORME DU CODE PÉNAL. . . . . 1 »
LES ÉLECTIONS DE 1863. . . . . . . 1 »
DU GOUVERNEMENT PARLEMENTAIRE ET DU DÉCRET DU 24 NOVEMBRE . . . 1 »
QUELQUES RÉFLEXIONS SUR NOTRE SITUATION INTÉRIEURE. . . . . . . » 50

ESPRIT PRIVAT

LE DOIGT DE DIEU. . . . . 1 »

ERNEST RENAN

CATALOGUE DES OBJETS PROVENANT DE LA MISSION DE PHÉNICIE. . . . » 50

SAINT-MARC GIRARDIN

DU DÉCRET DU 24 NOVEMBRE ou de la réforme de la Constitution de 1852. . . . . 1 »

GEORGE SAND

LA GUERRE. . . . . 1 »

G. SAND ET V. BORIE

TRAVAILLEURS ET PROPRIÉTAIRES. . 1 »

THIERS

DU CRÉDIT FONCIER. . . . . » 30
LE DROIT AU TRAVAIL. . . . . . . » 30

L'UNIVERS ILLUSTRÉ
JOURNAL PARAISSANT DEUX FOIS PAR SEMAINE
Chaque numéro contient 8 pages format in-folio (4 de texte et 4 de gravures)
Prix : 15 Centimes le numéro
Abonnement : un An, 15 fr. — Six Mois, 8 fr.
— Pour plus de détails, faire demander le prospectus —

LE JOURNAL DU DIMANCHE
LITTÉRATURE — HISTOIRE — VOYAGES — MUSIQUE
18 vol. sont en vente. Chaque vol. format in-4, orné de 104 gravures. Prix : 3 fr.

LE JOURNAL DU JEUDI
LITTÉRATURE — HISTOIRE — VOYAGES
13 vol. sont en vente. Chaque vol. format in-4, orné de 104 gravures. Prix : 3 fr.

LES BONS ROMANS
CHEFS-D'ŒUVRE DE LA LITTÉRATURE CONTEMPORAINE
Par VICTOR HUGO, ALEXANDRE DUMAS, GEORGE SAND, LAMARTINE, ALFRED DE MUSSET, EUGÈNE SUE, FRÉDÉRIC SOULIÉ, ALPHONSE KARR, CH. DE BERNARD, ALEX. DUMAS FILS, HENRY MURGER, HENRI CONSCIENCE, PAUL FÉVAL, ÉMILE SOUVESTRE, ETC., ETC.
13 vol. sont en vente. Chaque volume, format in-4, orné de 104 gravures. Prix : 3 fr.

DICTIONNAIRE FRANÇAIS ILLUSTRÉ
ET ENCYCLOPÉDIE UNIVERSELLE
Ouvrage qui peut tenir lieu de tous les vocabulaires et de toutes les encyclopédies
ENRICHI DE 20,000 FIG. GRAVÉES SUR CUIVRE PAR LES MEILLEURS ARTISTES
Dirigé par **B. Dupiney de Vorrepierre**
ET RÉDIGÉ PAR UNE SOCIÉTÉ DE SAVANTS ET DE GENS DE LETTRES
169 livraisons à 50 centimes. Chaque livraison est composée de deux feuilles de texte et contient la matière d'un volume in-8 ordinaire. L'ouvrage, composé en caractères entièrement neufs et imprimé sur papier de luxe, forme deux magnifiques volumes in-4. . . . . Prix, broché : 80 fr.
Demi-reliure chagrin, plats toile. . . . . Prix . . . . 92 fr.

DICTIONNAIRE DE LA CONVERSATION
ET DE LA LECTURE
INVENTAIRE RAISONNÉ DES NOTIONS GÉNÉRALES LES PLUS INDISPENSABLES A TOUS
PAR
UNE SOCIÉTÉ DE SAVANTS ET DE GENS DE LETTRES
Deuxième Édition
Entièrement refondue, corrigée et augmentée de plusieurs milliers d'articles tous d'actualité
16 volumes grand in-8°. Prix : 200 francs

LES FIGURES DU TEMPS
NOTICES BIOGRAPHIQUES
Par LEMERCIER DE NEUVILLE. Brochures grand in-18, avec des Photographies.
DE PIERRE PETIT
Prix : 1 fr. chaque

Mme **RISTORI**	**ROBERT HOUDIN**
GUSTAVE DORÉ	Mme **PETIPA**

Imp. L. TOINON et Cie, à Saint-Germain.

www.ingramcontent.com/pod-product-compliance
Lightning Source LLC
Chambersburg PA
CBHW070859170426
43202CB00012B/2117